KB165657

로컬 거버넌스 시대의 지방의제21과
지속가능한 지역공동체

갈등을 넘어 협력 사회로

갈등을 넘어
협력 사회로

초판 1쇄 발행 2014년 1월 27일
초판 2쇄 발행 2016년 9월 19일

지은이 이창언·오수길·유문종·신윤관
펴낸이 김승희
펴낸곳 도서출판 살림터

기획 정광일
편집 조현주
북디자인 시아

인쇄·제본 (주)현문
종이 월드페이퍼(주)

주소 서울시 영등포구 양평로21가길 19 선유도 우림라이온스밸리 1차 B동 512호
전화 02-3141-6553
팩스 02-3141-6555
출판등록 2008년 3월 18일 제313-1990-12호
이메일 gwang80@hanmail.net
블로그 http://blog.naver.com/dkffk1020

ISBN 978-89-94445-52-6 03300

*가격은 뒤표지에 있습니다.
*잘못된 책은 바꾸어 드립니다.

로컬 거버넌스 시대의 지방의제21과
지속가능한 지역공동체

갈등을 넘어 협력 사회로

이창언 · 오수길 · 유문종 · 신윤관 지음

살림터

머리말

한국 지방 지속가능성 추진 과정의 독특한 에너지와 성과

1990년대 중후반 이후 한국의 지방 지속가능성 추진 과정은 국제기구, 지방정부, 시민사회, 기업, 다부문적 네트워크의 독특한 에너지와 자질을 보여주는 것 이상을 의미한다. 한국에서 지방의제21의 등장과 활동은 매우 낯선 개념이었던 '거버넌스'를 우리 사회 주요한 화두로 대두시키는 한편, 지방정부의 권력 분권화, 부서 구조 개혁, 전통적인 운영 절차의 혁신을 가져왔다. 거버넌스 논의는 여러 구조적 한계에도 불구하고 실제적인 문화적·제도적 혁신, 즉 새로운 사회계약인 공동 책임의 새로운 윤리를 만들어내는 데 일조했다. 균형 잡힌 경험 교환, 존중될 필요성이 있는 공유된 원칙의 발견과 이행은 지속가능한 지역공동체를 만드는 밑거름이 되었다.

한편, 지난 20년 가까이 지방의제21을 통해 조직된 다부문적 참여는 지역사회 문제에 대한 새로운 정의, 변화의 방향과 비전을 합의하고 갈등을 해소하는 데 기여하였다. 지방의제21을 통한 로컬 거버넌스 실험의 결과, 개방적·참여적·헌신적·효과적인 지자체의 상과 관계 모형에 대한 논의가 활성화되었다. 지방의제21은 개인의 의식과 생활양식의 혁신, 다양한 이해 관계자 간 신뢰에 기초한 소통과 대화, 공공 참여 문화의 증진을 통해 지방 차원의 갈등을 줄이고 분권적 협력을 증진하는 데 기여하였다.

이제 지방 지속가능성 운동은 지속가능성이라는 전략적 목적을 명확히 세우고 다양한 지구-국가-지역 차원의 문제를 효과적으로 조절하는 지속가능성 관리 체계, 통합적 관리 틀의 확립이 필수적임을 강조한다. 이를 위해 참여적이고 다부문적 접근 방법과 함께 다층적 거버넌스 시스템의 기초를 구축하기 위해 노력하고 있다. 최근 한국의 지방 지속가능성 행동은 지방정부의 전략, 시민사회의 이니셔티브, 네트워크 간 협력과 제도화를 결합하여 새로운 비전의 구축을 목표로 설정하고 있다.

한국 로컬 거버넌스와 지방 지속가능성의 한계와 과제

그러나 강력한 지방 지속가능성 과정을 위해서는 아직도 넘어야 할 산, 건너야 할 강이 많다. 한국의 지방 지속가능성이라는 주제는 진입 지점에서 완숙한 과정에 이르기까지 일정한 규칙성 또는 전형적인 궤적을 보여주고 있다. 현 단계에서 나타나는 지방 지속가능성의 장애 요인으로 거버넌스의 권한과 책임, 지속성 확보, 중앙 수준의 지원 부족과 정권 변화에 따른 잦은 부침浮沈, 지방 정책 전문가와 정보의 부족, 제도화의 문제, 기타 외부 조건들이 거론된다. 이는 여전히 수단으로서의 거버넌스와 목표로서의 지속가능성에 대한 다층적 합의와 제도화가 완숙한 단계에 이르지 못했음을 보여주는 한 예라 할 수 있다.

따라서 지방 지속가능성 비전 구축은 성공 스토리 못지않게 기회와 장애 요소를 확인하고 발전 대안을 지방적 차원의 맥락 내에 위치시켜야 하는 과제에 직면해 있다. 우리가 이 책을 기획하게 된 첫 번째 이유가 바로 여기에 있다. 사실, 지방 지속가능성 운동의 성과와 한계를 엄밀하게 평가할 때에만 비로소 올바른 비전과 목표를 수립할 수 있기 때문이다.

한편, 지방의제21의 역사만큼 지방의제21에 대한 활동을 객관적으로 정리하고 통합적 관점에서 지방 지속가능성의 비전과 목표를 제시한 연구(단행본 포함)는 대단히 부족했다. 이러한 현실 때문에 지역 차원에서 공공 참여, 사회 통합, 참여적 거버넌스를 실천하려는 많은 사람이 어려움을 겪어왔다. 한국의 지방의제21과 로컬 거버넌스에 대한 객관적인 평가와 비전 구축은 우리가 이 책을 기획한 두 번째 이유이다.

이 책의 세 가지 기본 관점: 인식 틀의 전환, 정책 형성 역량 개발, 민주적 재설계

지방 지속가능성은 목표, 구조(조직과 절차), 사람 모두가 변화하는 것에서 시작되어야 한다. 지방 지속가능성은 결과만큼 과정이 중요하기 때문이다. 이 책은 첫째, 시대와 다중의 변화를 읽어내기 위한 인식 틀의 전환rethinking을 강조한다. 거버넌스적 문화와 행위양식은 자신 혹은 자신이 속한 집단의 가치와 이념에 대해 질문하고 성찰하고 개조하는 가치관의 재정립과 맞닿아 있다. 거버넌스는 성찰과 상호 부조에 기초한 지속가능한 사회의 전기를 만들어나갈 수 있는 사유의 틀과 삶의 양식, 윤리가 무엇인지를 찾는 과정이기 때문이다.

이 책은 둘째, 지속가능한 지역공동체를 구현하기 위한 정책 형성 역량 개발reinventing을 강조한다. 정책 형성의 역량 개발은 거시-구조적 사회 변동은 물론 대중의 일상의 삶에 이르는 다양한 이슈와 요구에 대한 대응성을 강화하는 것을 의미한다. 이것은 삶의 공간으로서의 지역의 지속가능한 비전을 수립하고 제시하는 정책적 능력을 높이는 것을 의미한다.

인식 틀의 전환과 정책 형성 역량 개발은 시대적 환경 변화에 따른 요구에 부응하여 통합적인 시각(사회-환경-경제-문화)과 마인드를 조성하기 위한 지역의 주요 행위자 간 관계 맺기 방식의 전환과 깊은 관련이 있다.

물론 '전환'은 자신(집단)의 특성과 문화라는 기존의 존재론에 대한 전면적 단절이 아닌 지속적 연관성의 차원에서, 새로운 역동성을 찾는 과정으로 이해되어야 한다. 그것은 조직문화, 행위양식의 재설계restructuring로 이어진다. 이 책이 세 번째로 강조하는 지역의 민주적 재설계는 심의민주주의의 관점에서 다양한 부문과의 소통을 확장하는 한편, 지속가능 이니셔티브가 지역사회 내에서 나온다는 재발견, 지방정부의 재발견, 신뢰에 기초한 협력의 재발견과 직접 연결된다.

책의 구성과 각 장의 핵심 논의

이 책은 위의 관점에 따라 총 6개의 장과 부록으로 구성하였다.

1장 '협동으로 하나 되는 지역, 통치가 아닌 협치'에서는 서론 격으로서 지방 지속가능성 추진 과정의 쟁점과 제도적 틀의 설계의 의미에 대해 논한다. 동시에 기획과 연구 과정, 활용한 방법론, 독특함, 차별성에 관해서 서술하고 있다.

2장 '지방의제21의 목표와 수단: 지속가능발전과 거버넌스'에서는 지구적 환경위기의 대응 차원에서 등장한 지속가능발전, 새로운 지역문제 해결 기제로서 거버넌스의 개념, 특징, 사회적 의미를 검토했다. 즉, 두 개의 주요한 개념(지속가능성, 거버넌스)의 등장과 확산 배경, 지속가능발전의 원칙, 협력적·참여적 관리 모델의 개념과 유의미성을 다루고 있다.

3장 '지방 지속가능발전의 역사'에서는 지구적 차원에서 전개된 지방 지속가능성 운동의 국내외 추진 과정과 유형에 대한 소개와 함께 지방의제21을 역사적 맥락에서 평가한다. 이를 통해 지방 지속가능성 추진 과정의 지구적-한국적 일반성과 특수성, 성과와 한계, 과제를 도출하는 근거를 제공한다. 나아가 리우+20 이후 지방의제21의 새로운 위상과 역할에 대해서도 제시한다.

4장 '지방의제21과 지속가능한 지역공동체'에서는 그동안 논란이 되었던 지속가능한 지역공동체의 개념과 이를 실현하는 기본적인 관점, 지속가능성 과정의 목표와 비전, 통합적 관리체계에 대해서 검토한다.

5장 '지속가능한 지역공동체 추진 현황과 실천 과제'에서는 구체적인 현황과 정책 대안을 제시하고 있다. 여기서는 지속가능한 지역 공동체 5대 정책 목표의 현황과 이를 구체적으로 매니페스토(공약)화할 것을 제안한다. 나아가 참여적 거버넌스의 제도화 현황에 대한 비판적 검토와 개선 방안을 검토한다. 개선 방안은 지방의제21 내부 토론을 통해 수렴된 정제精製된 내용을 정리하여 제시하였다.

6장은 이 책의 결론 부분으로서 출판 기획의 의미와 지방의제21의 발전 방향에 대해 간략히 정리하고 있다.

'부록'은 독자들이 한국 지방의제21의 문제의식, 주요 이슈와 과제를 한눈에 볼 수 있도록 그간의 결의문을 실었다.

국내 최초의 '지방의제21' 지침서

이 책은 2012년 11월부터 '지방의제21' 내부 워크숍과 연계하여 진행해온 기획으로서 연구자와 현장 활동가가 참여하여 만든 공동 작업의 결과물이다. 따라서 기존의 연구물과 비교해서 현장의 목소리가 더 생생하게 살아 있다는 것이 장점이라고 할 수 있다.

그러나 이 책 곳곳에는 공동 작업이 갖는 한계도 분명히 있다. 연구자와 현장 활동가의 관점, 서술 방식의 차이가 존재한다. 반면, 짧은 시간 안에 차이를 좁히는 과정은 거버넌스를 배우는 과정이기도 했다.

이 책은 갈등 사회에서 협력 사회로 전환하기 위한 '민주적 거버넌스'를 실현하고, 이에 맞는 지방의제를 설정, 실현하는 방법을 집중적으로 살펴보고자 했다. 비록 1년이라는 짧은 기간이었지만 지혜와 힘을 모아준 전국지속가능발전협의회와 광역, 기초 지방의제21 관계자들의 노고는 절대 적지 않았다. 이 자리를 빌려 『갈등을 넘어 협력 사회로: 로컬 거버넌스 시대의 지방의제21과 지속가능한 지역공동체』가 세상에 나올 수 있도록 도와주신 모든 분의 수고에 깊이 고개 숙여 감사를 드린다.

먼저, 집필자 모임을 물심양면으로 지원한 이상은 전국지속가능발전협의회 상임회장과 관계자, 전체 원고를 꼼꼼히 읽으면서 조언을 주신 조희연 성공회대학교 교수님, 수원시정연구원 손혁재 원장님, 한국NGO학회 이정옥 회장님께도 고마움을 전해드린다. 책을 세상에 내보이면서 감사의 마음을 표현해야 할 분들을 여기에 다 적지는 못하겠지만 도서출판 살림터의 정광일 대표님께서 보여주신 이 책에 대한 애정 그리고 출판 과정에서 보내주신 친절한 도움을 빼놓아서는 안 될 것이다.

로컬 거버넌스 시대의 '지속가능한 지역공동체 비전' 구축을 위한 실행 가이드북

실질적으로 환경 변화에 적응하면서 지속가능한 지역공동체 비전을 수립하기 위해서는 지역의 주요 행위자의 긍정적인 생활상의 변화reorienting와 적응 능력reskilling이 강화되어야 한다. 지역에서의 자율적 삶의 장이라는 우리의 이상 복원과 창조는 차이와 갈등이라는 이분법적 틀을 넘어선 관계의 재구성, 확장된 관계성relationship에서만 가능할 것이다. 우리가 이 책을 세상에 내놓을 즈음 합의한 결론은 진정한 지속가능성은 구조와 개인 사이의 역전된 관계에 탄식하기보다는 새로운 의사소통 기술을 활용하여 사회적 혁신의 잠재력을 이해하고 개발하는 노력을 하는 것이라는 점이다. 실질적으로 지속가능한 사회가 되기 위해서는 서로 다른 주장들의 관계 지점이 좀 더 필요하고, 다양한 관점에서의 사고와 대화가 필요하다. 그것은 다양한 주체, 인식, 수단, 방향, 방법을 연계하고 통합하는 사회적인 역량과 실천을 강화하는 것이다.

우리는 『갈등을 넘어 협력 사회로: 로컬 거버넌스 시대의 지방의제21과 지속가능한 지역공동체』의 출간이 시민, 공무원, 기업인 등 지역사회 주요 행위자가 지역사회 문제에 좀 더 적극적인 관심을 두는 계기가 되기를 바란다. 특히 변화의 역동성에 대한 높은 반응성, 다양성에 대한 포용성, 그리고 사회적 합의 형성 및 실행에 대한 효율성과 책임성을 가진 사회적 능력social capacity을 함양하는 데 작게나마 기여하는 매개체가 되기를 기대해 마지않는다.

2014년 1월 20일

이창언, 오수길, 유문종, 신윤관 드림

차례

머리말 4

1장_협동으로 하나 되는 지역, 동치가 아닌 협치 15

1. 문제 제기: 지방 지속가능성 과정의 쟁점과 제도적 틀의 설계 17
2. 연구 방법 21
3. 이 책의 차별성과 의미 27

2장_지방의제21의 목표와 수단: 지속가능발전과 거버넌스 31

1. 지구환경의 위기: 지속가능발전 개념의 등장과 확산 33
2. 지속가능발전의 원칙: 지속가능발전의 사다리 40
3. 전통적인 정부의 형태에서 거버넌스로의 변화: 협력적·참여적 관리 모델 44
4. 거버넌스적 사고와 생활양식으로의 전환: 한국의 역사적 상황과 거버넌스 46

3장_지방 지속가능발전의 역사 59

1. 리우+20과 지방의제21: 지방 지속가능성 운동의 국내외 추진 과정 61
2. '지방 지속가능성 과정'의 다섯 가지 유형 68
3. 한국 지방의제21 역사와 평가 76
4. 리우+20 이후 지방의제21의 새로운 위상과 역할 99

4장_지방의제21과 지속가능한 지역공동체 107
1. 지속가능한 지역공동체의 개념 정의 110
2. 지속가능한 지역공동체 구축의 기본 관점과 내용 116
3. 지속가능성 과정과 이행 평가의 준거(틀) 125
4. 지방 지속가능성과 통합적 관리체계 130

5장_지속가능한 지역공동체 추진 현황과 실천 과제 137
1. 지속가능한 지역공동체 5대 목표별 정책 현황 139
2. 참여적 거버넌스의 제도화 현황과 개선 방안 144
3. 지속가능한 지역공동체를 위한 지방의제21의 역할과 추진 전략 190
4. 지속가능한 지역공동체를 위한 민선 6기 매니페스토 개발 방안 194

6장_마치며 205

주해 211
부록 | 지방의제21 전국대회 선언문 219
참고문헌 270
찾아보기 277

1장

협동으로 하나 되는 지역,
통치가 아닌 협치

1. 문제 제기:
지방 지속가능성 과정의 쟁점과 제도적 틀의 설계

최근 국가 발전이나 지역 발전을 위해 다양한 자원을 동원해야 할 경우가 점점 늘어나는 상황에서 사회적으로 국가, 시장, 시민사회가 서로 긴밀하게 협력해야 할 필요성이 커지고 있다.

특히 1990년대 중후반 이후 지속가능한 사회를 실현하는 수단으로서 '거버넌스Governance'에 대한 관심이 높아졌다. 이는 "수직적 의사결정 및 비자발적 통합을 특성으로 하는 관 주도의 위계적 관리체계와 사적 이해관계를 중심으로 한 시장의 한계를 깨닫고 관계를 새롭게 설정"할 것을 요구하는 데서 비롯되었다.[김석준, 2000: 7] 이러한 관심에는 갈등으로 인한 사회적 비용을 절감하는 효율성 측면에서 도움이 될 뿐 아니라 민주주의의 기본 이념을 강화하는 한편, 지속가능한 사회를 추구하는 데 거버넌스가 크게 기여할 것이라는 기대가 반영되어 있다.

우리 사회가 권위주의 정권에 의한 정부 주도의 개발 시대에서 벗어나 민주화, 다원화 시대로 전환되면서 시민사회가 중심이 되는 거버넌스가 대두되었고, 그 실현 수단으로서 지방의제21이 추진되었다. 시민사회가 지방의제21에 깊이 관심을 가지게 된 이유는 지역사회에서 의사결정 권한을 공유하며, 지역 주민의 자치권과 독립성을 함양하며, 시민 참여를 통해 공공재를 개발하려는 그들의 전략과 로컬 거버넌스가 일치했기 때문이다. 로컬 거버넌스는 다양한 행위자의 참여, 행위자에게 권한 부여, 행위자 간의 의사소통, 네트워크, 파트너십, 정당성을 중시한다. 따라서 이것은 시민사회의 자발적 결사체인 NGO Non Governmental Organization가 중요한 행위자로 부각되었던 흐름과 관련이 있다. 또한 로컬 거버넌스는 거버넌스 이론을 국지적으로 적용하는 의미를 넘어서서, '지구적 민주주의'와 '직접민주주의 체제'로 전환하기 위한 실천적 연습이라는 차원에서 민주화 이후 확산된 새로운 사회운동의 이념, 가치, 행위 양식과 맞아떨어졌다.

지방의 지속가능발전을 모색하기 위해 1994년 말부터 소개, 도입, 추진되어온 한국의 지방의제21은 20년에 이르는 역사에도 불구하고, 지방자치단체 사이에 차이가 있고 일관된 점검과 평가를 위한 평가체계가 미흡하여 시·공간적으로 축적된 경험이 전파되고 확산되는 데 한계를 보이기도 했다.

즉 지속가능한 사회를 목표로 하는 지방의제21이 진정한 의미의 조정, 합의, 책임의 가치를 실현하는 민주적 거버넌스 차원으로까지 발전하지 못한 것도 사실이다. 그 이유는 거버넌스 개념이 제대로 이해되거나 합의되어 있지 않았고, 지방의제21이 겉으로는 거버넌스의 틀을 갖추고 있지만, 민관 협력의 차원에서 보면 여전히 낮은 수준에 머물러 있기 때문이다.

거버넌스에 참여하는 다양한 행위자 사이의 권력 불평등성과 거버넌스 환경을 둘러싼 체제의 불평등성에 대하여 검토하는 것은 거버넌스를 민주적으로 재구축하기 위한 중요한 시사점이 될 수 있다. 거버넌스 전략의 행위자, 제도 그리고 체제적 수준에서 총체적인 이해와 비판적 접근은 당면한 공통의 위기에 대한 대응과 해결 능력을 높여줄 수 있기 때문이다.

이 책은 로컬 거버넌스의 대표적 조직인 지방의제21과 그 추진 기구들을 살펴봄으로써 한국 사회 거버넌스의 수준을 파악하고자 한다. 이를 위해 지방의제21 추진 과정(등장과 확산)의 역사, 현황(성과와 한계)을 분석하는 동시에 거버넌스 체제로서의 역할을 제고하기 위한 방안을 제시하고자 한다.

이는 지속가능성을 얼마나 이해(인지)하고 있는지, 전략과 행동(목표)을 얼마나 공유하고 있는지 파악하는 작업에서부터 시작하려고 한다. 협력 관계를 구축하려면 거버넌스의 주요 행위자인 (지방)정부, 기업, 시민사회가 서로를 어떻게 이해하고 있고, 지역문제를 어떻게 인식하며 공유하고 있는지를 확인하는 것이 중요하기 때문이다.

우리의 미래는 결코 비관적이지만은 않다. 오늘날 전 지구적, 국가적, 지방적 차원에서 지속가능성을 실현하기 위한 행동이 이루어지면서, 지구와 인간의 미래에 미치는 영향에 대한 자각이 이렇게 고조된 적이 없다는 공감대가 전 세계적으로 형성되고 있기 때문이다. 이런 관점에서 보면, 전 지구적 지속가능성은 결국 지방의 생활 조건을 개선함으로써 얻게 되는 의식적이고 의도적인 부수 효과라 할 수 있다.

따라서 지방행동의 전 지구적·한국적 차원의 추세와 영향에 관한 정보는 미래 세대를 위해 정치와 경제 차원에서 의사결정을 내리는 데 필요한 기초 토대로 활용될 수 있어야 한다. 지금까지의 다양한 지방행동은 국가와 지구적 차원에서의 지속가능성 정책을 개선할 수 있는 기반을 제공해나갈 수 있다.

지방 지속가능성 과정은 사회혁신의 출발이자 중심이다. 고전적인 자문 방식과 참여적 정책 개발을 모색하는 새로운 형태의 지방행동과 결합한 지방 지속가능성 과정은 지속가능한 혁신을 시험하는 역할을 강화할 수 있다. 이는 기술적 혁신만이 아니라 사회혁신, 즉 환경 정의 및 사회적 불평등을 개선하려는 노력과 연결되어야 한다.

나아가 분권화된 해결책과 공유재를 공적으로 통제하는 것이 핵심이 되어야 한다. '우리가 원하는 미래'를 만들기 위해서는 성장을 새롭게 정의하는 것이 필요하다. 또한 정치·사회 혁신을 통해 총체적인 정책 변화를 준비하게 될 지방 지속가능성 과정의 잠재력을 인식하고 발전시켜야 할 의무도 제기된다.

지방 전략의 다양성, 창의성, 적응성은 국가 및 국제적 지원 구조와 보편적으로 결합되어야 하고, 지속가능발전을 위한 전 지구적 프로그램 역시 지방 전략으로까지 이어져야 한다. 우리는 이 책에서 지방 지속가능성 과정의 이슈를 해결하는 대안으로 지속가능발전을 위한 제도적 틀Institutional Framework for Sustainable Development의 설계를 강조할 것이다.

2. 연구 방법

이 책은 국제사회와 한국의 지방의제21 추진 과정의 성과와 평가를 바탕으로 한국 지방의제21이 앞으로 추진해나갈 새로운 전략을 도출하는 데 목적이 있다. 이를 위해 지방의제21과 지속가능발전에 관한 문헌들을 검토하고 FGI(Focus Group Interview, 표적집단면접법)[1]와 델파이 조사[2]를 수행하였다.

지방의 지속가능한 공동체 추진 전략의 비전, 목표, 원칙을 도출하기 위한 FGI는 2013년 3월부터 6월까지 네 차례에 걸쳐 진행되었다.[3] FGI는 현황 공유와 자유토론은 물론 연구진의 중간 연구 결과 발표를 바탕으로 진행되었다. 델파이 조사는 상설 사무국이 있는 전국 95개(2012년 현재) 지방자치단체의 지방의제21 추진 기구 사무국 실무자들을 대상으로 2012년 10월과 2013년 2월 두 차례에 걸쳐 실시되었고, 총 159명이 참여하였다.

델파이 방법Delphi technique은 예측하려는 문제에 관하여 전문가들의 견해를 유도하고 종합하여 집단적 판단으로 정리하는 일련의 절차로서 '절차의 반복과 통제된 환류', '응답자의 익명', '통계적 집단 반응의 절차'를 통해 이루어진다. 1회 조사에서는 개방형 설문으로 비체계적인 개방형 응답을 편집하였다. 2회 조사에서는 구조화된 폐쇄형 질문들을 만들어 다시 패널들로 하여금 질문의 각 항목 내용의 중요성, 희망사항, 가능성 등에 대하여 동의하는 강도(보통 리커트형 척도)를 평정하도록 하였다. 한편 목표조사 도구로서 진행한 델파이 조사의 질문에는 지방의제21의 성과 목표, 이를 실현하기 위한 과정, 방법, 전략과 과제가 포함되었다.

추진 전략을 도출하는 과정은 다양한 행위 주체가 거버넌스를 어떻게 인식하고 있는지 확인하고, 이를 지속가능성 이니셔티브라는 큰 틀에서 지역 상황에 맞추는 것을 염두에 두고 진행되었다. 또한 다양한 이해 관계자가 참여하여 비전을 찾고 목표를 설정하며 절차를 검토하는 방식으로 이루어졌다. 나아가 최근의 구조적인 도전 요소 등 새로운 문제를 찾아낼 수 있도록 하였다.

한편, 델파이 조사에 관한 결과를 FGI 등과 교차·비교 해석하면서 역사적 맥락과 다양성을 고려하여 통합과 유형화를 꾀했다. 즉 다양한 요구를 수용하되 유사한 내용은 통합하고 유형화하려고 했다. 이는 네 번째 FGI에서 환류의 절차를 밟아 최종적으로 결정되었다.

지방의제21의 추진 원칙과 가치에 대한 FGI 논의와 병행하여 진행된 델파이 조사에서는 한국 지방의제21이 새롭게 추진해나갈 목표와 의제가 선정되었다. 최종적으로 자립적 활동(12.58%), 관계망(14.47%), 공동체 문화(15.09%), 생명과 공존(5.03%), 미래 세대 배려(5.03%), 공동체 형평성(8.18%), 녹색경제(6.29%), 공동체 역량(11.95%), 기후변화대응(12.58%), 민주주의(8.80%) 등이 도출되었다.

두 차례에 걸친 델파이 조사 결과와 네 차례에 걸친 FGI 결과, 한국의 지방의제21이 새롭게 추진할 목표로 8대 의제가 선정되었다. 새로운 과제가 들어오거나 유사한 주제가 병존하면 주제를 분류하는 데 혼란이 생기는 것이 사실이다. 따라서 핵심적인 과제와 고유한 특징과 유사맥락을 잡아서 유형화할 필요가 있었다. 델파이 조사 결과를 분석한 것을 바탕으로 세 번째와 네 번째 FGI에서 이들 의제를 지역 자립경제, 녹색 지역경제, 이웃관계, 공동체 형평성, 생

지속가능한 지역공동체의 구체적인 상을 도출하려면 집단지성이 필요하다. 2012년 대구에서 개최된 지방의제21 활동가 워크숍.

태적 건강, 기후변화대응, 공동체 문화, 민주주의 역량 등으로 이름 붙였다. 각 의제에는 그간 델파이 참여자들이 제시한 내용들을 분류하여 집어넣었다. 세 번째와 네 번째 FGI를 통해 8대 분야의 의제에는 새로운 비전 구축과 관련, 앞에 언급한 가치와 원칙, 실천 의지가 포함되었고, 이러한 8대 분야 의제가 지향할 수 있는 목표로는 녹색경제공동체, 자치공동체, 미래공동체, 생명공동체, 이웃공동체가 꼽혔다. 이 결과는 그동안의 델파이 조사와 FGI에서 제기된 주요 의제를 분류하면서 도출된 것이다. 이것들은 각기 8대 분야 의제 가운데 어느 하나에 속한다기보다는 전체적으로 지향할 수 있는 목표라는 데 의견이 모아졌고, 이러한 것들을 포괄할 수 있는 궁극적인 목표로서 '지속가능한 지역공동체SLC: Sustainable Local Community'가 도

2012 전국 지방의제21 실무자 워크숍이 10월 22일(목)~23일(금) 평산아카데미에서 열렸다. 제15회 지속가능발전 전국대회 준비 정책 마련을 위한 델파이 분석의 의미, 지방의제21의 조직 현황과 비전 찾기, 비전을 위한 실천 과제가 논의되었다.

출되었다. 따라서 전체적인 비전이 담긴 목적을 도출하는 전 과정은 지방의제21 추진 기구 실무자와 전문가들의 상향식bottom-up 접근 방식에 의해 이루어졌다.

지방의제21의 주요 행위자가 '지방 지속가능성'을 어떻게 인식하고 있는지 파악하고 분석하는 것은 다음과 같은 의의가 있다.

첫째, 우리의 목표를 규정하고 다가올 10년을 대비하여 효과적인 정책을 설계하는 근거를 제공한다. '지속가능한 지역공동체에 대한 개념 정의'와 '지속가능한 지역공동체의 우선순위를 논의하는 과정'은 실천 과정으로서 의미를 지닌다. 일례로 민선 5기 정책사업 분석, 지방의제21 사례 분석을 통해 우리는 지속가능한 지역공동체를 설계하고, 이를 토대로 지방 지속가능성을 이루어가는 데 필요한 새로운 추진력을 얻을 수 있다.

둘째, 지구-지역사회의 필요와 요구에 능동적으로 대응한다는 성격을 가진다. 지난 20년간 한국 사회는 경제 성장과 물리적 인프라 확충으로 양적 성장의 기반은 개선되었으나 성장의 질과 사회적 형평성은 낮아지고 있다. 나아가 에너지와 자원의 소비는 늘고 효율성은 떨어져 오염물질 배출량은 증가하고 있다. 2011년 말 독일 비영리 민간기후연구소 '저먼워치Germanwatch'가 세계 58개국을 대상으로 온실가스 감축 노력을 살펴본 결과, 한국은 51.3점으로 41위를 차지해 그 성과가 매우 낮은 것으로 드러났다.

지속가능한 지역공동체 구축을 저해하는 요인으로 양극화, 에너지, 지역 불균형 발전, 기후변화, 일자리, 취약한 거버넌스, 저출산 고령화 문제가 주요한 과제(7대 과제)로 제기되고 있다. 이러한 위기, 즉 지구·지역의 지속가능성을 가로막는 장애 요인을 극복하기 위해 사회적으로 대응하는 것이 바로 지속가능한 지역공동체의 비전을 수립해가는 과정이라 할 수 있다.

논의 과정은 개발과 성장 위주의 패러다임에 대해 반성하고 정책통합 메커니즘과 거버넌스를 혁신적으로 구축하는 것으로 이어진다. 이는 기존의 지구-지역 차원의 지속가능발전 지표, 국가 전략, 지구·국가·지방 차원에서 지속가능성 기본 계획을 전면적으로 재검토하고 새로운 목표와 비전을 개발하며, 그 과정에 이해 당사자가 더 많이 참여하고, 지속가능성 성과를 모니터링하고 환류할 것을 제도화한다.

한편 지속가능한 지역공동체 추진 현황을 살펴보기 위해 민선 5기 기초자치단체의 분야별 정책 추진 상황을 조사하여 〈표 1〉과 같

〈표 1〉 민선 5기 기초자치단체장 공약사업 수 현황

광역지역명	기초지자체 수	분석 지자체 수	총 공약 수	평균 공약 수	순위
서울	25	25	1,121	44.84	10
부산	16	16	557	34.81	14
대구	8	8	330	41.25	11
인천	10	10	371	37.1	12
광주	5	5	181	36.2	13
대전	5	5	168	33.6	15
울산	5	5	289	57.8	3
광역시 합	74	74	3,017	40.77	
경기	31	31	2,222	71.68	1
강원	18	16	836	52.25	6
충북	12	12	612	51	7
충남	15	14	813	58.07	2
전북	14	12	685	57.08	4
전남	22	18	916	50.89	8
경북	23	21	979	46.62	9
경남	18	17	904	53.18	5
광역도 합	153	141	7,967	56.50	
총합	227	215	10,984	51.09	

이 정리하였다. 분야별 정책 추진 상황은 자치단체장이 선거 당시 지역 주민에게 약속한 공약사업 이행계획서를 확보하여 활용하였다.[4] 이 책에서는 서울특별시 25개 자치구를 포함하여 특히, 7개 특별시 및 광역시의 74개 자치구·군의 단체장 공약 약 3,017개와 경기도 31개 자치시·군을 포함하여 8개 광역도의 141개 단체장의 공약 7,967개, 총 215개 기초자치단체 단체장의 10,984개 공약을 분석하였다. 이는 2013년 10월 현재 27개 기초자치단체 중에서 공약사업 이행계획서를 확인할 수 없는 12개 기초자치단체를 제외하고 대부

분(약 95%)의 자치단체를 포함하고 있다. 특히, 7개 특별시·광역시와 경기도, 충청북도는 전체 기초자치단체장의 자료를 확보하여 분석에 활용하였다.

기초지자체별 단체장의 공약사업 수는 평균 51.09개이고, 특별시·광역시의 기초자치구(40.77개)보다는 광역도의 자치시·군 공약사업 수(56.50개)가 많은 것으로 나타났다. 경기도 시·군의 평균 공약사업 수가 71.68개로 전국에서 가장 많고, 충청남도(58.07개), 울산광역시(57.8개)가 그 뒤를 잇고 있다. 반면 평균 공약사업 수가 가장 적은 곳은 대전광역시 자치구로서 33.6개를 기록하였으며 그 다음은 부산광역시(34.81개), 광주광역시(36.2개) 순이었다.

3. 이 책의 차별성과 의미

이 책은 지난 20여 년에 걸친 한국 지방의제21 추진 과정에 대한 평가를 바탕으로 지속가능한 지역공동체의 생생한 비전과 구체적인 실천 전략을 개발하고, 향후 10년간 한국 지방의제21이 해야 할 역할과 추진해야 할 전략을 도출하는 데 목적이 있다.

이를 위해 한국 지방의제21의 20년 역사를 엄밀히 평가하여 지방의제21의 비전, 역할, 체계에 대한 성찰과 과제를 모색한다. 또한 2012년 ICLEI(이클레이, Local Governments for Sustainability-지속가능성을 위한 세계지방정부, 이하 ICLEI로 약칭)[5] 세계총회와 리우+20회의를 통해 제기된 지구촌 의제를 평가하고, 이를 한국 지방의제21의 지방 지속가능성 운동 과제와 통합적으로 연계하여 실천 방안을 도출한다. 나아가 민선 6기 지방정부의 경제, 사회, 환경을 통합하는 지속가능발전 전략과 행동 과제를 제안한다.

나아가 연구의 실천적 함의를 확보하기 위해 지방정부정상포럼과 연계, 지방의제21 공동의 전략과 행동 과제를 선정하고 주제별 네트워크 활성화 방안을 제시한다.

지속가능발전에 대한 주요 행위자가 문제를 어떻게 인식하고 있는지 탐색적으로 조사하는 형식이자 역사 연구의 성격도 갖고 있는 이 책은 다음과 같은 몇 가지 함의를 줄 수 있을 것으로 기대된다.

첫째, 연구 과정과 결과를 활용함으로써 지방의제21 활성화에 기여할 수 있다. 연구 과정에서 진행되는 활동가 워크숍, 토론회, 설문조사 등을 통해 지속가능한 지역 발전 의제agenda를 발굴·확산시키

〈그림 1〉 연구의 성격과 의의

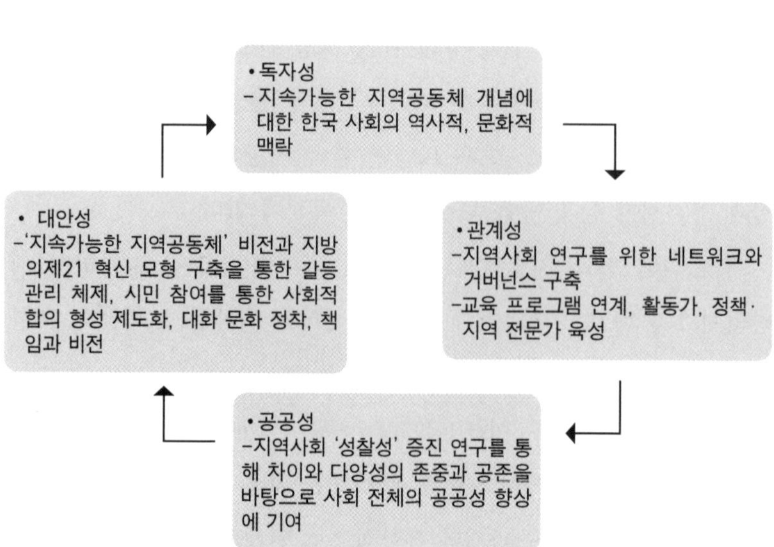

며, 관련자들의 관심을 불러일으키고 목표를 추진해나가는 전략을 깊이 이해시킴으로써 지방의제21이 질적으로 발전하는 데 기여한다. 그리고 한편으로는, 전국지속가능발전대회를 통해 연구 결과를 발표함으로써 지방의제21 관련자뿐만 아니라 지방정부 및 다양한 지역 리더의 동의를 얻어 향후 지방의제21의 활동 기반을 다져나갈 수 있다.

둘째, 구체적인 현실에 기반하여 지속가능한 지역공동체 개념을 재구성함으로써 서구와는 다른 역사적·문화적 공간에서 태동하고 성장하는 한국 사회의 단면을 총체적으로 보여줄 수 있을 것이다. '지속가능한 지역공동체'의 비전과 모델 구축은 사회적 갈등 관리, 사회 통합 매니페스토, 그리고 국가/시장/시민사회 각 주체들의 바람직한 관계를 보여준다는 점에서 구체적인 이슈의 관리 방안에서 거시적인 사회 정책 수립에 이르기까지 여러모로 기여할 수 있을 것이다.[이창언·유문종, 2013b]

셋째, 각 단계별 연구 결과를 교육 프로그램과 연계하여 활용함으로써 지방에 토대를 둔 사회정책 전문가, 지역 전문가, 지역 활동가의 정책 능력을 키우는 데 기여할 수 있다. 이 연구는 '시민사회 거버넌스와 갈등 관리 체제', '시민의 참여를 통한 사회적 합의 형성 제도', '사회적 신뢰 형성', 그리고 '소통 문화 정착' 등의 과제가 포함되어 있는 '지속가능한 지역공동체' 모형 구축과 관련되어 있다.

따라서 사회 갈등 해소에 기여할 수 있는 사회 갈등 해소 프로그램 개발과 전문 인력을 양성하는 데 크게 기여할 수 있을 것이다. 나아가 새로운 거버넌스를 구축하기 위한 지역사회의 조직화와 협동 계획 수립, 자원의 순환(자원의 동원-교환-결합)과 집행을 위한 기초 토대를 만드는 데(실천적 연구) 이바지할 것이다.

2장

지방의제21의 목표와 수단: 지속가능발전과 거버넌스

1. 지구환경의 위기: 지속가능발전 개념의 등장과 확산

환경문제에 대한 중요성은 누구나 인식하지만, 그것이 구체적인 지역 발전 문제와 연결되면 해결의 실마리는 쉽게 드러나지 않는다. 그래서 환경문제와 지역 발전 문제를 호순환win-win의 맥락에서 바라보면서 이 두 가지를 결합시키기 위해 지역사회의 다양한 주체가 경주하는 노력이 더욱 중요해지고 있다. 이를 위해 과학기술 차원에서만 환경문제를 바라보는 협소한 시각을 탈피해야 한다. 따라서 지구·국가·지방의 정치·경제 차원에서 사회를 바라보는 질문에도 관심을 기울이는 한편, 정치적 합리성의 문제, 정책의 우선성과 정당성 문제, 능률성과 민주성의 조화 문제 등에 균형 잡힌 시각을 갖는 것이 필요하다.

환경문제에 국제적으로 대응할 필요성은 대체로 다음 세 가지 맥락에서 제기된다.

첫째, 환경문제는 지구 전역에서 많은 국가가 공통적으로 안고 있는 문제로서 공해, 토양의 퇴화, 삼림파괴 등이 모두 이에 속한다. 여러 나라가 이 문제들로 고민하고 있으므로 그것을 해결하기 위한 국제회의를 주최하여 광범위한 정책의 틀에 대한 합의를 도출하는 것이 적절한 접근 방법이 될 수 있다. 예를 들어 1972년 스톡홀름회의, 1980년 세계환경보전전략World Conservation Strategy 수립, 1987년 「브룬트란트 보고서Brundtland Report」 작성 과정 등은 대부분 공통의 문제들과 그에 대처할 수 있는 정책 수단이 무엇인지에 대한 의견을 모으는 것이었는데, 이 과정은 서로의 인식과 경험을 공유하는 데 초점이 맞춰졌다.

둘째, 어떤 환경문제는 한 국가에 집중되어 있지만 그것이 전 지구에 파급효과를 몰고 올 경우가 있다. 세계 최대 소비국인 미국의 에너지나 자원 이용이 이런 경우이다. 왜냐하면 미국의 소비 패턴이 다른 나라의 생활수준에 제약을 가하고 그들이 유사한 가격으로 동일한 양의 자원에 접근할 수 있는 능력을 제한하기 때문이다. 인구문제도 이런 부류에 속한다.

셋째, 어떤 환경문제는 그 속성상 필연적으로 국경을 초월하거나 명실상부하게 전 지구에 영향을 미친다. 국경을 초월하는 문제를 해결하는 데에는 외교가 필요하며, 진정 전 지구적 해결책이 요구된다. 티모시 도일·더그 맥케이언, 2002: 202[6] 지구환경문제에 대한 인식을 바꾸게 만든 주요 환경 사건과 국제회의를 요약하면 〈표 2〉와 같다.

1972년 로마클럽의 지구환경 보고서였던 『성장의 한계』를 계기로 지구환경에 대한 위기의식이 고조되기 시작하였다. 그해 UN이 스웨덴의 스톡홀름에서 'UN인간환경회의UNCHE'를 개최함으로써 지구환경문제에 대해 범세계적으로 대응하기 시작하였다. 이 회의에서는

〈표 2〉 주요 환경 사건과 국제회의

연도	국제 회의	주요 내용
1972	유엔인간환경회의UNCHE에서 UNEP 설립	인간환경선언, 유엔환경계획UNEP 창설 결의
1980	국제자연보호연맹IUCN, 유엔환경계획UNEP, 세계자연보호기금WWWP의 세계환경보전전략WCS 발표	'지속가능한 발전' 용어 사용
1982	나이로비선언	환경과 개발에 관한 세계위원회WCED 설치 결의
1987	WCED 최종회합, WCED의 「Brundtland 보고서」 발간	동경선언 채택, 지속가능한 발전의 정착
1992	환경과 개발에 관한 유엔회의 UNCED	리우선언, 의제21, 기후온난화방지조약, 생물다양성보호조약 서명, 산림선언 채택
1994	세계인간정주회의Habitat II	지구행동계획GPA
1995	리우+5회의	지구헌장위원회The Earth Charter Commission 구성, 지구헌장 초안Benchmark Draft I 발표
2000	지구헌장위원회	지구헌장 최종 문서 발표
2002	리우+10회의	지속가능발전에 관한 세계총회WSSD에서 국가별 지속가능발전 이행계획 수립 합의

자료: 지방의제21 전국협의회(2005)

개발도상국의 빈곤문제에 관심이 집중되었는데, 인디라 간디 수상은 '가난이 최악의 오염이다.'라고 했고, 이 회의는 환경문제를 처음으로 국제적인 의제로 채택하였다. 그 결과 모리스 스트롱Maurice Strong을 의장으로 하는 유엔환경계획UNEP: UN Environment Program이 창설되었고, 자연을 보존하려는 염원과 발전을 조화시키고자 '생태발전ecodevelopment'이라는 개념이 제시되기도 했다.

『성장의 한계』1972와 더불어 프리츠 슈마허Fritz Schumacher의 『작은 것이 아름답다』1973의 출간 역시 당대의 문제의식을 확산시키는 데 기여했다. 특히 슈마허는 "평범한 사람들이 이해하고 조절할 수 있는 소규모의 적절한 기술을 통해 대량생산이 아닌 대중에 의한 생산을 유지할 수 있을 것"이라고 주장했다.

이 밖에 세계교회협의회는 형평성과 민주주의를 강조하는 '지속가능한 사회'라는 개념을 통해 사회적 안전성은 희소 자원을 균등하게 배분하거나 사회적인 의사결정에 참여할 수 있는 기회를 보장하지 않고는 달성될 수 없다고 주장한다. 한편 국제자연보호연맹IUCN은 「세계자연보호전략1980」을 발표하고, 모든 인류가 안정적으로 생존하고 번영하기 위한 보전과 발전을 통합할 '생태적 지속가능성'을 제안하기도 한다.

지속가능발전이 공론화된 것은 1983년 유엔총회에서 노르웨이 노동당 총재인 그로 할렘 브룬트란트Gro Harlem Brundtland를 의장으로 하는 세계환경개발위원회WCED: World Commission on Environment and Development가 창설된 것이 계기가 되었다. 지금과 같은 추세의 개발은 수많은 사람에게 가난과 질병을 안겨줄 뿐이며 이와 함께 환경의 질은 더욱 나빠질 것이라는 문제 제기가 있었다. 이 위원회의 보고서인 『우리 공동의 미래』「브룬트란트 보고서Brundtland Report」, 1987는 지속가능발전 개념을 명시하였다. 「브룬트란트 보고서」는 '미래 세대의 필요를 충족시킬 잠재력을 훼손하지 않으면서 현 세대의 필요를 충족시키는 발전'을 지속가능발전이라고 규정했다.

이 보고서는 '필요needs'와 '환경 용량의 한계'라는 두 가지 핵심 개념을 담고 있는데, 첫째는 (특히 세계 빈민들의) 필수적인 필요에 대한 개념이다. 빈곤은 사회적·문화적으로 결정되는 것이며, 모두가 합당하게 원할 수 있는 패턴으로 소비에 대한 가치의 방향을 다시 설정해야 한다고 주장했다. 특히 서구 선진국의 소비수준을 낮추어야 한다고 역설했다.

둘째, 현재와 미래의 필요를 충족시키기 위한 환경 용량에는 한계가 있다는 개념이다. 이는 현 상태의 기술과 사회조직을 유지하는 데는 한계가 있다는 것을 의미한다.

1992년 6월에는 지속가능발전을 범세계적으로 실현하기 위한 국제회의인 'UN환경개발회의UNCED'가 브라질 리우데자네이루에서 개최되어 '환경적으로 건전하고 지속가능한 발전ESSD'이라는 개념이 자리 잡게 되었다. 그리고 2002년 8월 남아프리카공화국 요하네스버그에서 '지속가능발전세계정상회의WSSD'가 열려 '지속가능발전'이라는 개념이 21세기 인류의 보편적인 발전 전략을 함축하는 핵심 개념으로 자리 잡게 된 것이다.환경부, 2004: 14

WSSD는 1992년 브라질 리우데자네이루에서 개최되었던 지구정

1992년 리우회의

상회의 이후 10년간 국제사회가 거둔 지속가능발전 추진 성과를 평가하고, 향후 구체적인 추진 계획을 마련하기 위한 자리였다. 이 회의를 통해 국제사회는 지속가능발전을 이루기 위한 다음과 같은 소중한 결실들에 합의하였다.

첫째, 지속가능발전을 위한 정치적 선언으로서 '요하네스버그 선언문'을 채택하였다. 경제, 사회, 환경을 동시에 고려하는 지속가능발전을 위한 각국의 정치적 의지를 다시 확인하자는 것이다. '요하네스버그 선언문'은 정치적 약속으로서 의제21의 구체적인 실천계획인 '이행계획'의 내용을 담고 있다. 즉 정치적 선언에 따라 각 분야별로 어떻게 실제 행동으로 옮길 것인지에 대한 내용이 포함되어 있다. 이행계획에는 빈곤 퇴치, 지속가능하지 못한 생산과 소비 패턴의 개선, 자연자원의 보전 및 관리, 이행수단 마련, 지속가능한 발전을 위한 제도적 기틀 마련, 에너지 분야 등이 포함되어 있다.

둘째, 파트너십의 활성화를 보여주었다. 이 회의를 위한 준비위원회는 각국 정부, 국제기구, 이해 당사자, NGO 등이 파트너십을 형성하여 추진하는 실천 사업들의 내용, 형태, 조건 등을 논의해왔었다. 그것은 정부 간 협상을 통해 공식적으로 채택된 원칙이나 선언을 근거로 추진되는 사업을 관련 이해 당사자들이 구체적인 계획을 세워 실행하는 협력 사업으로 발전시키자는 것이다.

셋째, 지방의제21에서 실천을 강조하는 '지방행동21Local Action 21'을 발표하였다. 이 회의기간 중 열린 각국 지방정부 대표단의 지방정부회의에서 '지방정부 선언문'이 발표된 것이다. 이 선언문은 각국 지방정부가 그간 작성한 지방의제21을 실제 행동으로 옮겨 실천해나갈 것을 적극적으로 표명한 것이다.

1992년 지구정상회의 당시 환경 보전과 지속가능발전을 위한 행동계획을 담은 지침서 성격으로 채택된 의제21을 지방정부 단위에서 지방정부-기업-시민사회의 파트너십을 통해 수립·실천하도록 한 것이 '지방의제21'이었다면, '지방행동21'은 법적·제도적 한계를 극복하면서 향후 10년간 지방의제21을 구체적인 행동으로 옮기기 위한 실천 전략이라고 말할 수 있다.

덧붙여 이 회의와 연계하여 UN에서는 전 세계가 공유할 수 있도록 그간 각 국가와 지역에서 지속가능발전을 위해 노력해온 사업 가운데 성공적인 이행 사례를 선정하여 발표하였다. 한국은 지방의제21의 전국적인 네트워크를 구성하여 다양한 실천 사업을 벌여온 대표적 우수 사례로 선정되어 UN에 보고되었다.

'발전'과 '환경'의 결합은 1972년 스톡홀름 유엔인간환경회의에서 시작되었다.[문순홍, 1999: 262] 이후 「브룬트란트 보고서」가 주요 정치적·사회적 변화와 연계시켜 지구 차원의 지속가능발전을 제기했다. 여기에는 빈곤과 착취의 제거, 지구자원의 공평한 배분, 현재와 같은 형태의 군비지출 종식, 새로운 방식의 적정한 인구통제, 생활양식의 변화, 적절한 기술, 그리고 민주화를 포함한 제도 변화 등이 포함되며, 이는 의사결정 과정에 시민이 효과적으로 참여하도록 함으로써 달성될 수 있다고 제시되었다.[WCED, 1987: 8-9]

이는 과거 로마클럽 보고서[1972]에서 주장된 '성장의 한계' 논쟁과는 달리 환경보호와 지속적인 경제 성장이 반드시 상충하지 않을 수도 있다는 관점을 제시함으로써 지속가능발전에 대한 이해를 향상시킨 것이다. 또한 이 보고서는 경제·사회 체제와 생태 환경이 나라마다 크게 달라 지속가능발전에는 어떤 단일한 청사진도 존재하지 않는다고 주장했다.[Baker et al., 1997: 4] 즉 지속가능발전은 지구 차원의 목적이지만, 각 나라가 스스로 구체적인 정책적 함의를 고안해야 한다는 것이다.

지속가능발전 개념의 확장과 더불어 그 용어를 사용하는 데도 애매하고 일관성이 없다는 지적이 끊임없이 제기되었다. 그러나 상충되는 상이한 이해관계 속에서 '환경'과 '발전'을 조화시켜나갈 여지가 있다는 점을 고려할 때, 개념 정의에 대해 명확히 합의하지 않은 것이 이롭지 않은 것은 아니었다.[Jacobs, 1991: 59-60] 이런 의미에서 O'Riordan[1995]은 지속가능발전 그 자체를 목표로 보지 말고 창조적인 사고와 실천의 촉매로 보는 것이 좋다고 지적한다.

그간 지속가능발전 개념이 확산됨으로써 환경 거버넌스에 대한 논의가 발전할 수 있었고, 다양한 유형의 환경 거버넌스 모델들을 대안적으로 모색할 수 있었다고 본다. 지방의제21 역시 지속가능발전을 지방 차원에서 이뤄내자는 아이디어였고, 각 지방정부에서 추진 기구가 마련되어 지방의제21을 추진하는 다양한 형태와 모습의 환경 거버넌스로 이끌어졌다.

2. 지속가능발전의 원칙: 지속가능발전의 사다리

지속가능발전에 부여된 몇 가지 의미들을 더 살펴보면, 지방의제21의 거버넌스가 규범적인 차원과 경험적인 차원에서 지속적으로 연구될 필요성이 있음이 느껴진다. Atkinson[2000: 30]은 지속가능발전을 발전의 특정 경로라기보다는 권한을 부여하는 개념으로 본다. Barry[1999]는 미래 세대가 사용할 수 있는 발전의 기회가 줄어들지 않게 해야 한다는 관점에서 보아야 한다고 주장한다. 더 나아가 Toman[1998]은 경제 발전, 더 나은 환경, 빈민에 대한 특별한 관심, 의사결정에서 지역사회가 참여하는 것 같은 많은 목표들을 달성하는 데 도움이 된다고 말한다. '사회자본'[Putnam, 1993] 논의에 비춰보면, 사회적 유대가 강해질수록 관리체계는 쉽게 무너지지 않을 것이라는 논의도 가능하다.[Atkinson, 2000: 32]

위에서 언급한 것처럼, 각 나라마다 자연환경과 산업구조가 서로 다르기 때문에 지속가능발전은 각 나라의 실정에 맞게 적용되어야 한다. 따라서 지속가능발전을 실현하기 위한 전제조건으로 무엇보다 강조되어야 할 것은 각 사회집단의 참여이다. 지속가능발전은 경제와 환경, 문화와 사회 등 제반 요인을 고려한 통합적 발전 전략이어야 하기 때문에 각국 정부가 시민을 의사결정에 참여시키는 합의과정을 거쳐야 진정한 지속가능발전을 이룰 수 있다.

지속가능발전을 달성하기 위한 원칙으로는 세대 간 형평성, 삶의 질 향상, 사회적 통합, 그리고 지구촌 구성원으로서의 책임 등을 들 수 있다.

결국 지속가능발전 개념은 경제 발전, 더 나은 환경, 빈민에 대한 특별한 관심, 지역사회 구성원들의 의사결정 참여 등 여러 가지 관련된 목표들을 달성하는 것이다. 지금 당장 이러한 모든 정책 목표들을 한꺼번에 실현할 수는 없다. 하지만 각자의 경제·사회·생태 환경을 토대로 하여 지속가능발전을 위한 청사진을 마련하는 것이 중요하다.[지방의제21 전국협의회, 2005: 4-5]

이와 같이 지속가능발전에 사회적·정치적 의의를 부여한다면, 그 용어의 정확한 의미를 따지는 무모한 논쟁에서 벗어나 현재의 과정과 현실에서 지속가능발전을 어떻게 해석해야 하는가에 대한 논의로 이어질 수 있을 것이다. 즉 어떠한 담론들이 지방의제21의 거버넌스를 규정하고 있고, 그에 따라 어떤 체계와 양상을 보이는지 진단해볼 수 있을 것이다. 그렇게 되면, 참여와 실천을 어떤 식으로 강조할 것인지, 공동의 문제 해결 기제를 어떻게 모색하고 있는지, 혹은 어떻게 모색할 것인지 하는 논의에 기여할 수 있을 것이다.

예컨대 〈표 3〉에서 보는 것처럼, Baker et al.[1997]은 지속가능성의 거버넌스가 지리적 초점, 자연, 정책과 부문의 통합, 기술, 제도, 정책 수단과 도구, 재분배, 시민사회의 참여, 철학을 둘러싼 사회-정치적 과정을 바탕으로 '이상적인', '강한', '약한', '단순한' 유형 등으로 나타날 것이라고 주장했다. 그는 이것을 '지속가능발전의 사다리'라고 표현했다.

그간 지방 차원의 지속가능발전을 추구하기 위해 마련된 지방의제21은 1990년대 들어 외적으로는 국제사회가 전 세계적인 환경문제에 대응하고, 내적으로는 민주화로 시민사회가 폭발적으로 성장하고 지방화로 인해 자율성이 커지는 상황에서 우리 사회에 도입되었다.[정규호, 2005] 그리고 지난 10년 동안 우리나라에서 지방의제21 활동이 진행되고 있는 곳은 전체 지방정부의 90%에 육박한다.

그런데 그간의 성과에도 불구하고 지방의제21의 추진 과정에서 예산·조직·인력의 제도적 기반 불안정, 지속가능발전 목표에 대한 합의 형성 부족 등이 향후 해결해야 할 큰 과제로 제기되어왔다.[정규호, 2005] 또한 '협치 기구'라는 의의에 걸맞지 않게 참여의 질, 참여 비용, 대표성, 행정 절차의 까다로움 등 몇 가지에서 주민이 참여하

〈표 3〉 지속가능발전의 사다리

지속 가능 발전의 접근 방법	경제의 역할과 성장의 성격	지리적 초점	자연	정책과 부문의 통합	기술	제도	정책 수단과 도구	재분배	시민 사회	철학
지속가능 발전의 '이상적인 모형'	올바른 살림; 욕심없는 만남; 생산과 소비의 패턴과 수준 에서의 변화	생물 지역 주의; 광범위한 지방의 자급 자족;	생물종 다양성의 장려와 보호	전체적인 부문 간 통합	노동 집약적 적정기술	정치, 법, 사회, 경제 제도의 분권화	풍부한 정책 도구; 사회적 차원으로 확대되는 복잡한 지표의 활용	세대 간, 세대 내 형평성	상향식 공동체 구조와 통제, 노동가치 평가에 대한 새로운 접근방법	생태 중심; 생물 중심
강한 지속 가능발전	환경 규제를 받는 시장; 생산과 소비 패턴 에서의 변화	세계 시장의 맥락에서 촉진되는 지방 경제의 자급자족 강화	환경 관리와 보호	부문 간 환경정책 의 통합	청정 기술; 생애주기 생산품 관리; 노동 -자본 혼합 집약 기술	일부 제도의 재구조화	지속 가능성 지표 사용의 개선; 광범위한 정책 도구;	재분배 정책의 강화	개방형 대화와 계획	
약한 지속 가능발전	시장 의존적 환경 정책; 소비 패턴의 변화	초보적인 지방 경제의 자급 자족; 세계 시장력을 완화 하려는 부차적인 이니셔 티브	유한 자원을 자본으로 대체; 재생가능 자원의 개발	부문에 기반한 접근방법	사후처리 기술적 해결책; 노동 -자본 혼합 집약 기술	최소한의 제도 개선	환경 지표의 상징적 활용; 제한된 범위의 시장주도 정책도구	부차적 이슈 에서의 형평성	하향식 이니셔 티브; 국가 -환경 운동 간 제한된 대화	↑
단순한 모형 treadmill approach	지수적인 성장	세계 시장과 세계 경제	자원개발	무변화	자본 집약적 생산 기술; 점진적 자동화	무변화	전통적인 회계	비형평성	국가 -환경 운동 간 극히 제한된 대화	인간 중심

자료: Baker et al. 1997: 9.

는 데 한계가 있었음이 지적되고 있다.[환경부, 2005: 39-40] 이에 따라 여론 조사, 공론 조사, 자문위원회 등의 의견 청취 강화, 규제 협상, 라운드 테이블, 시나리오 워크숍, 조정 등 협상의 성격 강화, 합의회의,

시민 배심원, 주민 발의, 포커스 그룹 등 시민이 참여하는 정책 결정을 강화하는 등의 대안도 제시되고 있다.환경부, 2005: 42-45

환경부2004는 목표로서의 지속가능발전과 수단으로서의 거버넌스를 구분하고 지속가능한 지역 발전을 위한 환경 거버넌스를 분석한 바 있다. 이에 따르면, 지방의제21 추진에 관여하고 있는 관계자들이 생각하고 있는 '거버넌스' 개념의 이미지는 상호 협력(파트너십), 의견 조정/토론/합의, 목표와 책임의 공유, 상호 신뢰(사회자본) 등의 순서로 드러났다.

3. 전통적인 정부의 형태에서 거버넌스로의 변화: 협력적·참여적 관리 모델

수직적 의사결정 및 비자발적 통합을 특성으로 하는 관 주도의 위계적 관리체계와 함께 개인의 자유와 사적 이해관계를 중심으로 한 시장의 한계가 강하게 대두되면서, 다양한 참여자들 간의 연대와 소통을 중심으로 지식과 경험을 공유하면서 공동의 발전을 모색하는 협력적 관리체계로서 거버넌스 개념이 주목을 받아왔다.김석준, 2000: 7

과거에는 정부를 바라보는 관점의 특성이 국가중심주의, 제도적인 고립과 동질성, 국가주권의 우월성, 헌법을 중심으로 한 체계적 법률 구조의 중시 등이었지만, 정부도 이제는 점차 '소프트한 통치구조'로 재구성되고 있다. 이제 자원을 배분하고 공공 의사를 결정하며 갈등을 조정하기 위한 새로운 해결 방식을 모색하고 있다. 사회를 운영하는 새로운 방식은 다양한 행위자의 참여, 행위자에 권한 부여, 행위자 간의 의사소통·네트워크·파트너십 등을 중시한다. 이 새로운 운영 방식에는 시민사회의 자발적 결사체인 NGO가 중요한 행위자로 등장한다.

셀러먼Salamon[1994]은 거버넌스 개념이 재조명되도록 한 주요 요인으로 세계화, 신자유주의 확산, 정보화, 민주주의 및 국가의 기능 변화 등을 꼽았다. 특히 "시장과 국가 영역 밖에 있다는 독특한 위치, 일반적으로 규모가 작다는 특성, 시민과의 관련성, 유연성, 공적 목적을 달성하기 위해 사적 창의력을 발휘하는 역량, 새로이 재발견된 '사회자본'에 대한 기여 때문에, 시장이나 국가 어느 한쪽에 완전히 의존하지 않은 채 '중도의 길'을 꾸준히 모색하는 과정에서 시민사회단체들이 전략적으로 주요한 참여자로 부각되고 있다."라고 강조한다.[주성수, 1999] 거버넌스의 부각은 기존의 국민국가 중심의 통치체제에서 벗어나 탈산업사회에 맞는 새로운 관계 설정과 조정 양식을 통하여 국가 운영을 새롭게 하려는 요구를 반영한 것이라 할 수 있다.[박상필, 2002][7]

이처럼 거버넌스는 환경과 정부 기능의 변화에 따라 나타난 새로운 국정운영체이고,[8] 분석 수준에 따라 전 세계, 국가, 지방에 이르기까지 다양한 차원의 범위를 포함하고 있다. 민주주의 확산이라는 사회 변화에 기반을 둔 활발한 상향적 참여와 의안 발의와 지역사회 포럼 등을 통한 풀뿌리 민주주의의 새로운 형태[김석준, 2000: 35][9]라는 차원에서 거버넌스의 의의는 크다.

거버넌스의 역사적 흐름과 맥락에 대해서는 바너[Gerhard Banner, 2000:10]가 잘 설명하고 있는데, 그의 견해를 빌리자면 독일에서 지방정부의 역할은 1980년대까지 규제 중심에서 신자유주의적 흐름을 타고 고객만족과 효율성, 경쟁력을 중시하는 서비스 제공자로 변화하였다가 1990년대 말에는 지역사회 개발자로 바뀌게 되었다고 말한다.

4. 거버넌스적 사고와 생활양식으로의 전환: 한국의 역사적 상황과 거버넌스

그간 우리나라에서 거버넌스에 주목해왔던 현상은 독특한 측면이 있다. 거버넌스 개념이 '다목적용 용어'Moon, 1999: 112로서 전통적인 공공 부문의 수단에 비춰 새로운 방식의 통치를 의미하는 것이지만, 그 용어의 설명이 주는 매력이 더욱 확대된 경향도 있다. 즉 "정부 활동을 불러일으키고 규정하고 가능하게 하는 법률, 행정규칙, 사법 판결, 실행체제"Lynn et al., 2000: 3라는 일반적이고 중립적인 의미를 훨씬 뛰어넘은 것이다.

이 때문에 정부 재정적자를 해소하거나 복잡한 사회문제를 해결하는 새로운 정책 수단 등의 논의보다는 거버넌스를 재구성하는 논의 자체가 하나의 대안처럼 여겨지기도 했다. 민간 기업의 원리를 공공 부문에 도입, 적용하는 데 초점을 둔 '신공공관리론NPM: New Public Management' 대안이 새로운 거버넌스인 것처럼 과장되기도 했고, 파트너십과 같은 거버넌스의 한 유형이 거버넌스 개념 자체와 동일시되기도 했던 것이다.

미국과 유럽에서 논의한 거버넌스에 차이가 있고, 이들 논의가 우리나라에서 서로 다른 경로를 통해 우리나라에 소개, 수용되었다는 점도 우리나라에서 거버넌스에 대한 논의가 독특한 현상을 띠게 된 또 다른 이유라 할 수 있다. 미국이나 영국에서는 주로 산출(결과) 지향적 접근에 가깝다. 반면, 유럽에서는 '사회적 상호작용의 다양성, 역동성, 복잡성'Kooiman, 2003에 대응하기 위한 국가-사회 관계의 재구성을 강조했다는 점에서 서로 다르다고 할 수 있다.

그런데 우리나라의 경우 1990년대 말 제도권에서는 영미식 접근법을 받아들이면서 이른바 신자유주의에 치우친 반면에, 시민사회에서는 정부와 시민사회를 동등하게 보는 사회 조정 원리로 받아들이면서 '민주화 이후의 민주주의'의 한 대안으로 여겨졌다.

Newman2001: 24이 기존 문헌들에서 정리한 '거버넌스의 전환governance shift'과 관련된 주제들을 보더라도 거버넌스 개념의 다중적 의미를 알 수 있다. 크게 볼 때는 '권한'과 '통제'라는 직접 거버넌스 형태가 '방향 잡기'와 '조정하기'를 통한 간접 거버넌스 형태로 전환되고 있다 할 것이다.

- 서비스 전달의 대안적 모델의 경우 계층제, 경쟁, 연대로부터 공공, 민간, 자원봉사 부문을 아우르는 네트워크, 팀, 파트너십으로의 이동.
- 공공과 민간, 국가와 시민사회, 국가와 국제 간 경계가 흐려져 정치·사회·경제 이슈를 다룰 책임의 경계가 흐려진다는 인식.
- 이슈 네트워크와 정책 네트워크의 인식과 통치 과정으로의 통합.
- 계층제적 통제와 명령이라는 전통적 양식을 '원거리에서의 통치'로 대체.
- 더욱 성찰적이고 대응적인 정책 도구들의 개발.
- 리더십 제공, 파트너십 형성, 방향 잡기와 조정, 시스템 전반의 통합과 규제에 관한 초점으로 정부 역할을 전환.

- 네트워크와 파트너십을 통한 새로운 조정 활동 수행에 바탕을 둔 지역사회, 도시와 지역에서 '협상에 의한 자치'의 등장.
- 더 많은 대중이 참여하도록 의사결정을 개방.
- 권한의 복잡성과 파편화에 대한 대응으로서 민주적 실제의 혁신, 이것이 전통적인 민주적 모델에 주는 도전.
- 거버넌스 과정에서 시민사회 관계를 포함하기 위해 정부의 초점이 제도적 관련성을 넘어서도록 확대.

출처: Newman[2014: 24]

이렇게 볼 때, 거버넌스란 '공동의 문제를 해결하기 위한 기제'라고 이해하는 것이 오히려 유익할 수 있고, '다스림의 대상을 사람이 아니라 공동의 문제로 정의'함으로써 다양한 유형의 거버넌스를 고려할 수도 있다.[이명석, 2002] 그리고 "상이한 수준, 양식, 질서에서 발생하는 사회-정치적 행위자들의 사회문제 해결의 노력"[Kooiman, 2003]이라는 정의에 충실한 것이 최근 들어 거버넌스 개념에 주목했던 의의에 더욱 부합할 것으로 보인다.[10]

이처럼 거버넌스 용법의 배경과 의의를 분명히 할 때, 정부나 공공 부문이 손에 잘 잡히지 않는 결과나 성과에 집착하려는 허황됨을 극복하고 우리 고유의 공공성을 추구하는 데 도움이 될 수 있을 것이다. 또한 특히 환경문제와 관련하여 '공동의 문제'임을 인식하는 데 역량을 집중할 수 있으며, 어떤 유형의 거버넌스가 어떤 목적에 더 유용한가 하는 경험적인 분석 이외에도 '시민 우선!'이라는 식의 규범적 의미를 부여할 수도 있을 것이다.

종합적으로 볼 때, 그간 거버넌스의 용어 사용과 중요성이 새롭게 조명되었던 경향은 다음 세 가지로 정리할 수 있다.

첫째, 복지국가의 '비효율성'으로 인한 정부 재정적자 증가에 따른 선진국들의 대응, 둘째, 개발도상국과 구사회주의권 국가들을 지원해온 국제기구들의 정부 운영 지침 성격, 셋째, 더욱 역동적이고 복잡하고 다양해지는 사회문제를 사회 내 어느 한 주체만의 힘으로는 해결할 수 없다는 통치 불능ungovernability에 대한 대안이다.

첫 번째는 조세 감면, 규제 완화, 공공 부문의 비효율성 감소 등을 주장하며 정부란 '어떤 것도 잘할 수 없기 때문에' 가능한 한 역할을 줄여야 한다는 우파 정치인들의 관점이다. 두 번째는 유엔개발프로그램UNDP, 세계은행World Bank 등과 같은 국제개발 원조 기구들이 제시하는 '굿 거버넌스good governance', '건전한 거버넌스sound governance' 등의 정의이다. 세 번째는 사회적·정치적 이질성의 증가, 적절한 타협점을 찾기 어려워지는 사회문제, 안정된 조직의 쇠퇴 등으로 인해, 그간 정부가 주도적으로 통제하고 규제해온 경제와 사회가 점점 더 관리하기 힘들어지고 있으므로 문제에 관련된 행위자들 간의 상호작용에 주목하고 의사소통, 파트너십, 네트워크 등을 강조하는 관점이다.

그렇다면 거버넌스 논의에는 거버넌스의 유형을 결정하는 방향과 내용이 반드시 전제될 수밖에 없다고 볼 수 있다. 즉 '거버넌스의 거버넌스' 혹은 '거버넌스 설계governance design; architecturing governance'가 필요하다는 것이다. 제기되는 이슈에 따라, 사회-정치적 역학관계에 따라, 공동의 문제에 대한 정의에 따라, 공익에 대한 이해와 합의 정도에 따라 상이한 거버넌스 유형이 등장할 것이다.

예컨대, World Bank 1992의 '굿 거버넌스' 개념은 시민사회의 참여를 배제하지는 않지만, '한 나라의 발전을 위한 경제 사회 자원을 관리하는 데 권력이 발휘되는 수단'이며 '건전한 개발 관리sound development management'와 동의어이다. 이것이 거버넌스의 '좋은' 구성 요소를 담고 있을지언정 지속가능발전 거버넌스에도 그대로 적용될 수 있음을 의미하지는 않을 것이기 때문에 지속가능발전 거버넌스를 규정하는 차원에서도 또 다른 '담론'을 필요로 할 것이다.

Glasbergen1998: 3은 정부-사회, 공공-민간, 국가-시장 등의 특정 관계, 변화를 유도하려는 의도의 개념, 의도가 실현되어야 하는 사회적 상황의 개념 등을 추상적이고 이론적인 거버넌스의 세 가지 요소로 제시한다. 그는 이를 환경 거버넌스에 적용하여 다음과 같은 다섯 가지 구체적인 범주, 즉 거버넌스 유형을 설명한다.

- 첫째, 규제를 통한 통제regulatory control 모델로서 핵심적인 역할은 정부가 담당하고, 정부는 변화 과정의 규제자가 된다. 변화의 메커니즘은 기준을 정하고 설득력 있는 규칙을 정한다.
- 둘째, 시장 규제market regulation 모델은 가격 메커니즘에 핵심적인 역할을 부여한다. 정부는 시장 과정의 촉진자가 되며, 가격 메커니즘이 변화의 수단이다.
- 셋째, 시민사회civil society 모델은 적극적인self-confident 시민이 자발적으로 창출한 사회적 연대에 핵심적인 역할을 부여한다. 변화의 메커니즘은 시민사회를 더욱 역동적으로 만들려는 노력이라 할 수 있다.
- 넷째, 상황의 통제와 자기 규제contextual control and self-regulation 모델은 사회의 하위 체계가 가진 자기 성찰 역량에 핵심적인 역할을 부여한다. 이는 스스로의 개발논리를 갖고 있어, 정부가 올바른 조건을 만들어준다면 내적인 동력을 통해 집단의 문제를 해결할 수 있다.
- 다섯째, 협력적 관리co-operative management 모델은 정부, 비정부 기구, 민간 이해 관계자 간의 협력 관계에 핵심적 역할을 부여한다. 의사소통과 대화가 변화의 메커니즘이 되는데, 이는 참여자 간의 자발적인 합의에 따른다.

출처: Glasbergen1998: 3

〈표 4〉 환경 거버넌스의 다섯 가지 모델과 초점

구분	핵심적 역할	정부의 역할	변화 메커니즘	강조되는 합리성
규제적 통제	정부	규제자	기준 설정과 설득력 있는 규칙 부과	기능적 합리성
시장 규제	가격 메커니즘	촉진자	시장 작동의 보장	경제적 합리성
시민사회	시민과 사회적 연대	공적 논쟁 동원자/ 사적 이익 옹호자	대화와 논쟁/ 반대와 사회 비판	의사소통적 합리성
맥락적 통제와 자기 규제	사회 하부 체제의 자기 성찰과 자기 규제	대화 절차와 구조의 확립	환경으로부터의 직접적인 피드백	자기 준거 체제들의 부분적 합리성
협력적 관리	협력 관계	제한적	의사소통과 대화	여러 합리성 유형들의 조합

자료: Glasbergen(1998: 3-13)을 정리

이상의 내용을 정리하면, 〈표 4〉와 같이 정리할 수 있다.

먼저, 규제를 통한 통제는 환경정책의 가장 기초라 할 수 있다. 새로운 사회문제는 항상 정부의 규제를 통한 개입을 불러왔고, 환경 입법 체계가 환경정책의 기본 인프라가 되었다. 환경문제를 해결하려면 외부의 힘이 필요하고, 사회는 관리할 수 있다는 견해를 근거로 하고 있다. 문제는 이 모델로 항상 모순을 해결할 수 있느냐는 점이다. 그 모순이란 환경 질서에 대한 갈망과 고용과 국부의 창출 수단인 기업(경제)의 성장 추구가 서로 상충한다는 점이다. 또한 문제가 복잡해지고 불확실성의 수준이 높으며 전문지식이 들어맞지 않을 경우에도 이 모델이 제대로 작동할지는 미지수다.

시장 규제 모델은 규제를 통한 통제에 의존하는 해결책이 효율적이거나 효과적이지 못하다는 문제의식을 갖고 있다. 조세 등 국가권

력을 인정하는 이 모델은 시장 실패의 관점에서 환경문제를 해석하는데, 생산과 소비에 관련된 환경 비용이 적용되지 않는 점에 주목한다. 재정적 인센티브 구조가 일단 변화되면, 환경재로서 정당한 가격이 매겨질 것으로 보는 이 모델에서는 사익이라는 물질적 이익이 규제를 통한 통제 모델의 경우와 달리 문제가 아니라 해결책이 된다. 하지만 가격 설정의 문제, 최적화의 어려움, 선호 결정의 문제 등으로 실제 환경정책에 적용되는 경우는 드물고 그 내용도 추상적이다.

시민사회 모델은 합리적이고 적극적인 시민과 그들의 자발적인 사회적 연대를 바탕으로 한다. 이 모델은 국가와 경제의 실패를 폭로하는 사회 저항 운동과 함께 환경정책이 발전되었다는 점과, 환경문제가 본질적으로 기술적·합리적 접근 방법으로는 한계가 있을 수밖에 없고 상호 주관적인 합의를 필요로 한다는 점에서 의미가 있다. 이 가운데 참여를 강조하는 주창자들은 참여가 최소한 환경정책의 정당성에 기여한다고 가정한다. 반면 저항을 강조하는 주창자들은 광범위한 참여를 국가와 그 대리인들의 편견을 바로잡을 기회로 인식한다. 하지만 시민사회 모델은 공적인 논쟁의 결과가 항상 긍정적일 것이라고 가정하는 순진한 자기만족에 바탕을 두고 있다는 비판을 받는다. 그렇다 하더라도 시민사회의 활성화는 대화의 폭과 깊이를 확장하여 정치적 의사결정의 질을 향상시킬 수 있을 것으로 기대된다.

상황 통제와 자기 규제 모델은 정부 개입에 의해 사회가 형성될 수 있다는 개념을 근본적으로 비판한다. 이 모델은 자기생산의autopoietic 사회체제 이론과 성찰적 법 이론의 발전에 힘입었다. 모든 희망은 일정한 제약을 바탕으로 하는 자치self-governance에 있다. 고도로 분화된 사회는 기능 분화를 이루어 각 체제는 내적 역동성을 갖추고서 고유한 정체성을 유지하며 재생산할 수 있다. 개별 행위자들의 사익보다는 시민사회 내 권력체계의 사익이 중요하다. 거버넌스는 자기 성찰과 자기 규제의 역량을 자극하는 데 초점을 두어야 한다. 정부의 역할은 사회적 이슈에 대해 이해 당사자들의 대화를 촉진할 수 있는 절차와 구조를 용이하게 만드는 것이다. 문제는 이 모델이 '공익-사익이 실질적으로 중첩되어 있고 행위자 수가 적으며 공동의 운명을 강하게 의식하는 공동체'라는 제한적인 상황에서만 작동할 수 있다는 것이다. 또한 자기 규제가 집단이익의 보호라는 차원으로 전락할 위험이 있다.

협력적 관리 모델은 정부가 의식적으로 사회 발전을 지향하는 데 제한적인 능력을 갖고 있을 뿐이라고 가정한다. 정부가 제기되는 이슈에 이해관계가 얽힌 제도화된 민간 부문들로부터 협력을 구할 수 있을 때만이 사회 변화를 이룰 수 있다고 주장한다. 민간 부문들 간의 상호작용이 갈등을 빚을 때도 있고, 합의적일 때도 있다. 그러나 대부분 이들은 모두 혼재되어 있기 때문에 모든 상황에서 의미 있는 해결책을 찾기 위해 서로를 필요로 한다. 따라서 이 모델의 목표는 상호 의존성을 생산적으로 만드는 것이다. 여기에서는 의사소통과 대화가 가장 중요한 수단 가운데 하나겠지만, 공동의 분석 틀과 규범의 틀을 만들기 위한 협상도 필요할 것이고, 협상 결과에 따라 어느 정도의 계약을 맺는 바탕으로 작용할 수도 있다.

이상에서 살펴보았듯이 각 모델은 각각의 핵심 역할 수행자, 변화 메커니즘과 합리성 유형을 갖추고 있고, 정부의 역할도 다양하게 나타난다. 거버넌스는 아직 이처럼 다양한 방식들이 도출될 만큼 확산되어 있지는 않을 것이다. 그럼에도 불구하고 각 모델의 몇 가지 특성들을 보이는 시도들이 계속되고 있고, 추진 기구의 역할과 위상에 따라 적합한 모델과 메커니즘, 합리성, 또는 몇 가지 혼합된 양상이 나타날 수 있을 것이다. 일반적으로는 시장 모델이 환경 거버넌스에서 취약하게 여겨지지만, 또 다른 인센티브를 제공할 수도 있고, 가장 뚜렷한 대안을 제시하는 협력 모델이 거버넌스의 주된 담론에 따라 형식상 절차에 머물 수도 있다.

각 모델의 특징들을 살펴볼 때, 이와 같은 거버넌스의 모델을 선택하는 문제는 본질적으로 고도의 규범 차원이 될 수도 있다고 하겠다. Burt1992가 말한 '구조적 틈structural holes'[11] 개념을 응용한다면, 환경 거버넌스 모델의 선택은 정보에 대한 접근성, 타이밍, 참조 체제, 통제를 위한 혁신 기회 등이 잘 활용되면서 다양한 관련 행위자들의 관계가 엮이게 해야 할 것이다. 또한 그러한 유형의 거버넌스를 초래하는 규범에 대한 논의가 필요할 것이다.

우리 사회가 권위주의 정권에 의한 정부 주도의 개발독재에서 벗어나 민주화·다원화 시대로 전환되면서 시민사회 중심의 거버넌스가 대두하였고 그 실현 수단으로 지방의제21이 추진되었다. 시민사회가 지방의제에 깊이 관심을 가지게 된 이유는 로컬 거버넌스가 지역사회에서 의사결정 권한의 공유, 지역 시민의 자치권과 독립성 함양, 시민 참여를 통해 공공재를 개발하고자 하는 그들의 전략과 일치했기 때문이다. 로컬 거버넌스는 다양한 행위자의 참여, 행위자에 대한 권한 부여, 행위자 간의 의사소통, 네트워크, 파트너십, 정당성을 중시한다. 따라서 이것은 시민사회의 자발적 결사체인 NGO가 중요한 행위자로 부각되었던 흐름과 관련이 있다. 또한 로컬 거버넌스는 거버넌스 이론을 국지적으로 적용하는 의미를 넘어 '지구적 민주주의'와 '직접민주주의 체제'로 전환하기 위한 실천적 연습이라는 차원에서 민주화 이후 확산된 새로운 사회운동의 이념, 가치, 행위 양식에 부합하였다. 한국의 지방의제21이 거버넌스를 본격적으로 검토한 것은 2000년대 초중반이었고 대체로 광의의 개념에 따르고 있다.

거버넌스는 유형에 따라 수평적 공동 작용이 될 수도 있고 혹은 교묘한 규제체로 작용할 수도 있다. 실제로 거버넌스를 실현하는 과정에서 많은 문제점이 나타나는데 그 근본적인 한계점을 꼽자면 먼저 경제적 이윤과 성장 일변도의 정책, 기존의 제도적 틀을 유지하는 권력 관계들은 거버넌스를 정착시키고 활성화하는 데 걸림돌로 작용한다. 이는 거버넌스를 구성하기 위해서는 단기적인 경제적 이해관계만이 아니라 지자체, 기업, NGO 같은 주된 행위자들에 의해 유지되고 있는 기존의 관계가 재정립되지 않고서는 불가능하다는 것을 단적으로 보여주는 대목이다.

일례로 거버넌스에 대한 정부의 직접적인 역할이 강조될 경우(정부 주도형-신공공관리) 지방의제21은 행정의 대행자로 전락할 우려가 있다. 이 유형은 자자체가 담당했던 공적 역할과 권한 중 정부가 직접 수행하기 부담스러운 영역들을 시민사회나 민간 부문으로 이전시킬 가능성이 높으며 시장이 주도적인 역할(시장 주도형-최소국가론, 신자유주의)을 할 경우 민주주의적 책임성 결여와 자본의 논리가 강조되면서 공공 영역이 축소되거나 왜곡될 수 있기 때문이다. 지자체의 행정적·재정적 동기와 행정 기능의 효율화를 위한 관리적·전략적 동기가 드러나면서 거버넌스의 민주적·공익적 역할은 축소될 수밖에 없다. 따라서 이 책은 정부 주도, 시장 주도형에서 벗어나 참여 주체들이 자율성을 유지하면서도 제도적으로 상호 공동 목표와 기본 가치를 공유하는 가운데 하나의 실체로 존재할 수 있는 방식으로 연결된 관리 체제, 즉 네트워크형 모델을 굿 거버넌스로 제기하고자 한다. 거버넌스는 다양한 행위자들이 참여하고, 내용 면에서도 민주적 의사결정 과정이 보장되어야 한다. 거버넌스 체제에서 시민은 '수동적인 고객'이 아니라 '능동적인 주인'으로 참여할 수 있어야 하며, 정보 교환과 의사결정에서 배제되어서는 안 되기 때문이다. 특히 시민사회 단체들CSOs: Civil Society Organizations의 참여할 기회와 능력을 키우는 것은 거버넌스를 통해 논의된 의제와 녹색 정책의 정당성과 효율성을 높이는 데 가장 중요한 역할을 하기 때문이다. 이처럼 시장 주도, 정부 주도형과 달리 시민사회의 적극적 참여로 이루어진 네트워크적 조직에서는 행위자 간의 상호 의존도가 높고 파트너십이 활발하게 일어난다. 권위를 공유한 행위자는 공동의 목표를 달성하기 위하여 자원을 공유하고 정보를 교환한다. 행위자 간의 신뢰는 협력과 연대가 효과적으로 작동하기 위해서 중요하다. 네트워크 조직에서는 도구의 합리성보다는 성찰의 합리성이 강조된다.[Jessop, 1998]

물론, 권위주의적 통치체제와 경제 성장 중심 정책에 따른 비판과 저항 중심의 사회운동을 하도록 해왔던 조건들이 여전히 존재하는 우리 현실에서 녹색 거버넌스를 실현한다는 것이 결코 쉬운 일은 아닐 것이다. 그것은 현실 지배적인 가치체계와 제도적 양식들에 여전히 제약을 받고 있기 때문이다. 따라서 그동안 관계가 단절되어 있던 공공과 민간 부문의 당사자들이 서로 상이한 활동 목표와 조직 운영 논리에서 벗어나 상호 신뢰 관계를 구축하고 공동 실천을 이끌어내기까지는 아직도 많은 시간과 노력이 필요하다.

그럼에도 불구하고 우리나라에서 녹색 거버넌스의 전형이라 할 수 있는 지방의제21은 앞으로도 '창조적인 사고의 촉매'인 지속가능한 발전을 지향하는 '인큐베이터'가 될 가능성이 여전히 크다고 본다.이상 4절의 내용은 오수길, 2005의 이론 부분을 정리한 것임

3장
지방 지속가능발전의 역사

1. 리우+20과 지방의제21: 지방 지속가능성 운동의 국내외 추진 과정

(1) 리우+20까지의 지구적 추세와 국내 연구 현황

1992년 브라질 리우데자네이루에서 열렸던 유엔환경개발회의 UNCED: UN Conference on Environment and Development(일명 리우회의)의 20주년을 기념하는 유엔지속가능발전회의UNCSD: UN Conference on Sustainable Development(일명 리우+20회의)가 2012년 6월 같은 도시에서 개최되었다.

리우+20회의는 종료된 후 "실질적인 이행 수단과 새로운 정치적 합의에 대한 결정은 후속 과정으로" 미뤘다거나 "선진국의 과거와 현재의 생태 부채나 사회 정의와 환경 정의를 언급하지 않았다"거나 "경제 성장의 지속가능성에만 중점을 두었다."는 등의 비판을 받았다. 하지만 새천년개발계획MDG: Millennium Development Goals을 대체할 지속가능발전목표SDG: Sustainable Development Goals 수립을 결의

했고, '지속가능한 소비·생산 10개년 계획'을 유엔 차원에서 공식적으로 채택하였으며, 국내총생산GDP 개념을 대체할 대안적인 지표를 개발하는 데 착수하고, 시민사회의 역할을 확장하고, 유엔환경계획UNEP을 강화하기로 합의하는 등 성과를 거두었다.

리우+20회의를 일주일쯤 앞둔 시점에서 ICLEI는 브라질 벨루오리존치에서 세계총회World Congress를 개최하여 지속가능한 도시, 복원력 있는 도시, 저탄소 도시, 생물다양성 도시, 자원 효율적 도시, 녹색 도시 인프라, 녹색 도시 경제, 건강하고 행복한 공동체 등 8가지 핵심 주제를 논의하였다. 본래 리우+20회의는 ICLEI 주도로 개최되었지만, 세계총회 폐막식에서 ICLEI는 'ICLEI 세계총회가 리우+20회의에 보내는 메시지'를 통해 "유엔 체제 내에서 정부 이해 당사자governmental stakeholders인 지방정부들이 지속가능발전 추진자로서"의 역할을 수행할 것임을 선언하였다.[12]

또한 리우+20회의가 끝난 후 ICLEI는 "20년 전 리우회의에 모인 각국 대표들이 채택한 의제21Agenda 21과 함께 ICLEI가 지방의제21Local Agenda 21의 선두에 섰고, 지속가능성을 향해 나아가는 글로벌 성공스토리를 만들어왔다."고 주장하며, "리우+20회의의 가장 주목할 만한 결과는 실제로 전 세계 및 지역에서의 자발적 약속일 수 있다."라고 평가하였다.[13]

콘라드 오토 짐머만Konrad Otto-Zimmermann ICLEI 전 사무총장 역시 ICLEI가 세계총회를 준비하며 발간한 『세계 지방의제21 20년사Local Sustainability 2012: Taking Stock and Moving Forward–Global Review』 서문에서 "1992~2012년의 20년은 글로벌 성공 스토리로 기록된다."고 밝혔다. 1992년 리우회의에서 '지방의제21' 추진을 촉구하였고, 10년

남아프리카공화국 요하네스버그에서 열린 '지속가능발전을 위한 세계정상회의WSSD[15](지구정상회의)가 2002년 8월 26일부터 9월 4일까지 열렸다. 2002년 회의에는 174개국이 참가했고, 참가 인원도 각국 정부 대표단과 NGO 등 6만여 명으로 117개국 3만여 명이 참가한 1992년 리우회의의 두 배를 넘었다. 103개국 대표들은 생물다양성 보존과 어류-삼림 고갈 방지를 위한 조치 등을 주요 내용으로 담고 있는 152개 분야에 걸친 이행계획을 확정했다. 여기서 채택한 이행계획은 10년 전 '리우 정상회의'에서 제기한 '지구상 모든 생물의 보호와 지구 온난화 방지를 위한 시급한 과제'를 실현하기 위한 실천 지침이다.

후인 2002년 요하네스버그 정상회의에서는 '지방의제21' 추진 10주년을 맞아 전 세계 도시 및 지방정부에서 사상 최대의 운동으로 발전시킴으로써 현재까지 약 1만여 지방정부가 지방의제21을 통해 지역사회의 다양한 이해 관계자들을 참여시키는 지방 지속가능성 운동을 전개할 수 있었다고 한다.

한국의 경우 1994년 서울시정개발연구원, 한국환경정책학회, 경실련 환경개발센터, 한국환경사회정책연구소가 공동으로 영국 맨체스터 시에서 개최된 '94 지구환경회의Global Forum'94'의 결과를 소개한 이후 1994년 안산시에서 시범 계획을 수립하고 1995년 부산과 인천 등지에서 지방의제21을 본격적으로 수립하기 시작했다. 이 시점을 기준으로 보면, 한국의 지방의제21은 조만간 20주년을 맞이하게 된다.

한국의 지방의제21은 중앙정부의 관심 부족과 지방자치단체장의 인식 부족에도 지난 20년 동안 지방의 지속가능발전을 위한 다양한 실천 사례들을 축적해왔다.오수길, 2003; 유문종, 2005; 오수길, 2006; 이창언, 2009; 이창언, 2013a 참조 세계적으로도 지방정부가 지속가능발전의 주요 촉진자로 전면에 나서고 있는 이때, 한국의 지방의제21 역시 지방 지속가능발전의 중심적인 역할을 더욱 강화할 필요가 있다.[14] 더욱이 중앙정부의 정책변화에 따라 정책 기조의 부침이 심한 한국의 현실에서 지방의제21이 지역의 지속가능성뿐만 아니라 한국의 지속가능성을 개선하는 데 중요한 역할을 수행할 것이 요구된다.[15]

참고로 지방의제21 관련 국내 연구 동향을 살펴보면 다음과 같다. 지방의제21 도입기에는 지방의제 수립 방안과 외국 사례를 소개하기윤양수, 1994; 김귀곤, 1994; 1995; 우동기·정순오, 1995 시작하여 점차 국내의 추진 동향오영석, 1998; 윤기관·성봉석, 1998; 이동근 외, 1999; 송문곤·우형택, 2007에 관한 연구로 이어졌다. 이후 효율적 운영 방안이나 활성화 과제김병완, 2001; 임형백·윤준상; 강정운, 2004; 박미호·이명우, 2002; 정응호, 2003; 강성철·이기영·이종식·김도엽, 2006; 차재권, 2008, 거버넌스의 민주적 재구축오수길, 2003; 2006; 윤경준, 2003; 오수길, 2005; 2009; 윤경준·안형기, 2004; 이창언, 2009; 2013, 오수길·이창언, 2013 등이 연구되었다.

최근 들어서 평가나 성과와 관련된 연구도 있고우형택, 2006; 강성철·문경주·김도엽, 2012, 주요 해외 사례에 대한 소개와 함의 도출에 관한 연구김동희, 2005; 이미홍, 2007; 전춘명, 2009; 오수길·곽병훈·김연수, 2011; 오수길·곽병훈, 2012도 있지만, 지방의제21의 10년에 대한 평가와 과제 제시김갑곤, 2005; 신윤관, 2005; 유문종, 2005; 이창언, 2013; 오수길·이창언, 2013 이후에 20년의 평가와 과제 제시에 관해서는 아직 이렇다 할 연구가 나오지 않고 있다.

(2) 지속가능발전 추진 수단으로서의 지방의제21

1992년 브라질 리우데자네이루의 지구정상회담에서 비롯된 지방의제21은 도시와 지방정부가 이전에는 자신들의 문제로 생각하기 어려웠던 지구의 문제를 연결하여 생각해보는 분수령이 되었다. 1992년 리우회의의 의제21Agenda 21 28장은 "시민에게 가장 가깝게 다가가는 차원의 거버넌스로서 '지방정부'가 지속가능발전을 촉진하기 위해 대중을 교육하고 끌어모으며 반응하는 데에 있어서 분명한 역할이 있다."고 하며 지방의제21 추진을 촉구했다. 이어 의제21은 각국의 지방정부가 1996년까지 지방의제21을 작성하여 실천하도록 명시했다.

5년간의 지방의제21 추진 과정을 평가했던 ICLEI[1997]는 "지방의제21은 지방의 지속가능발전에 대한 관심을 우선적으로 다루는 장기적이고 전략적인 행동을 계획하고 실행함으로써 지방 차원에서 의제21의 목표를 달성하기 위한 참여적이고 다부문에 걸친 과정이다."라고 정의를 내렸다. 이러한 지방 지속가능성 이니셔티브는 여러 가지 형태를 띠고 있고, 공동체 스스로 규정한 다양한 목표를 반영했다 "각자의 가치와 우선순위에 따라 상이한 방식으로 지속가능성을 규정하는 것"이다. 그래서 ICLEI[2013]는 리우+20회의를 맞아 "지속가능성을 지향하는 지방성locality과 지방 정책의 개발에 영향을 주기 위한 장기적이고 다양한 부문의 의도적인 활동"이라는 뜻으로 '지방 지속가능성 과정Local Sustainability Process'이라는 포괄적인 개념을 제시했다.

『세계 지방의제21 20년사』 서문에서 후안 클로스Joan Clos 유엔인간정주프로그램 사무차장이 밝히고 있는 것처럼, "지방의제21은 다양한 산출물만큼이나 다양한 과정에 대한 것이었고, 지방정부에 유용한 접근법을 제공해왔다." 물론 각 도시의 지속가능발전에 대한 접근법은 그 범위가 확장되었고, 도시의 규모, 제도적 환경이나 발전

ICLEI는 세계 최대 규모의 지방정부 지속가능발전 네트워크다. ICLEI는 지속가능성을 위한 지방정부들이 선도적 글로벌 네트워크로서 지속가능한 미래를 위하여 전략적 논의를 이끌어 내고, 지속가능발전 목표를 달성하기 위한 지방정부의 역할과 지역 단위 실천이 얼마나 중요하고 효율적인지를 국제사회에 천명해왔다(데이비드 캐드먼 회장).

사진 출처: ICLEI 한국사무소 홈페이지

의 상황에 따라 차이는 있다. "그럼에도 리우+20은 세계적으로 도시 우선순위를 다시 논의하고 지방 지속가능성 노력에 새로운 추진력을 부여할 큰 기획"이라며, 여전히 지방의 지속가능발전 추진 노력에 무게를 두고 있다.

같은 책 서문에서 콘라드 오토 짐머만 ICLEI 전 사무총장은 "지방 지속가능성 20년의 작업은 지방과 세계의 환경 상황을 개선하는 약 수만 개의 지방 이니셔티브와 도시 계획을 마련했을 뿐 아니라 가장 중요한 성과로 많은 도시, 마을, 국가에서 참여적 거버넌스 문화를 도입하고 정착시켰다."고 평가하였다. 나아가 "비전을 수립하고 목표를 설정하고 절차를 검토할 때, 대중과 이해 관계자들의 협의와 참여를 통합시키는 것이 기획 및 의사결정 과정의 관례가 되었고 이는 장기적인 측면에서 중요한 기반이 되었다."고 인정했다.

사실 "미래 세대의 필요를 충족시키기 위한 잠재력을 훼손하지 않으면서 현 세대의 필요를 충족시키는 발전"을 지속가능발전으로 정의한 브룬트란트 보고서, 즉 『우리 공동의 미래Our Common Future』WCED, 1987 발간 이후 '브룬트란트 공식'은 많은 비판의 대상이 되었다. 지속가능발전의 개념 자체가 애매하고, 일관성이 결여되어 있다거나 구체적인 목표나 지속가능한 수준에 대한 기준이 불분명하다는 것이었다. 하지만 Jacobs[1992: 59-60]가 지적한 것처럼, "개념 정의에 대한 명확한 합의가 없다는 것이 이로울 수도 있다." 상이하고 때로는 상충하는 다양한 이해관계들이 '환경'과 '발전'을 조화시키기 위한 풍부한 논의를 진행해갈 수도 있기 때문이다. 지속가능발전이 창조적인 사고와 실천의 촉매가 될 수도 있는 것이다.[오수길, 2006]

ICLEI의 『세계 지방의제21 20년사』 연구를 지원한 '인류 진보를 위한 샤를 레오폴 마이어 재단'의 피에르 칼람 회장과 줄리앙 보스너 도시 프로그램 책임자 역시 지속가능발전 개념이 '구체적인 실천으로 연결되지 못하는 개념'일 수도 있지만, 지역적인 접근법을 통해 진정한 변화의 수단으로 만들 수 있다고 지적했다. "지역은 물리적 공간 이상의 개념으로서 관계망인 공동체이며, 경제, 사회 통합, 사회와 환경 전체의 관계를 관리하기 위한 가장 최적의 수준을 의미"하기 때문이다. 이를 위해 "지역은 이해 관계자, 각 부문과 각자의 노하우를 바탕으로 협력 관계를 맺는 거버넌스 양식을 전제로 하며, 공동선을 향해 함께 일하기 위한 조건을 만든다." 이것이야말로 실제적인 문화적·제도적 혁명이며, 공동책임이라는 새로운 사회계약을 새로운 윤리로 삼는다고 한다.

1992년 브라질 리우데자네이루의 지구정상회담에서 시작된 지방의제21은 이전에는 자신들의 범위를 넘어서는 것으로 여겨진 지구의 문제를 다루려고 했던 도시와 지방정부에게 하나의 분수령이었다. 마찬가지로 중요하게, 지방의제21 패러다임은 도시의 의사결정에서 참여 과정을 우선시했다. 이후 도시는 세계 지속가능성을 시도하는 노력의 중심이었다.

2. '지방 지속가능성 과정'의 다섯 가지 유형

ICLEI는 지난 20년의 지방 지속가능성 과정을 다섯 가지로 유형화[ICLEI, 2013: 58-105]하여 제시하고 있다. 유형화의 기준은 정치적 수준과 주도 조직에 근거한다. 그러나 주의할 점은 각 유형이 분리되어 있지 않다는 점이다. 각 추진 과정은 다른 유형의 요소를 하나 이상 포함하고 있다. ICLEI의 유형화 작업의 목표는 각 유형의 핵심적인 추진력을 추출해 각 유형의 고유한 특징, 강점과 약점을 찾아내는 데 있다. 시간에 따른 추적을 통해 상이한 추진 과정들이 드러내는 전형적인 문제를 밝히고 이를 보완하자는 것이다. 이는 한국의 지방 지속가능성 추진과 비전 제시에서 나타나는 여러 문제를 해결하는 데 참고가 될 것으로 본다.

ICLEI가 제시한 첫 번째 유형은 지방정부 주도형으로서 비용-효율성 계산과 위기관리 접근법에 의거하여 추진된 합리적인 결정이라 할 수 있다.[16] 이는 지방정부 지도자나 공무원이 자신의 도시나 마을에 몰고 올 수 있는 잠재적인 편익에 주목하여 시작한 지방 지속가능성 과정이라 할 수 있다. 이 유형은 개인의 리더십에 크게 의존한다는 특징이 있다. 이는 지방정부 주도의 행정계획 성격을 띠고 추진되어 정책과 행정계획에 반영되는 사례가 많지만, 광범위한 참여를 이끌어내는 데는 한계가 있다. 지방자치단체가 지속가능성 프로젝트를 실행하는 데, 지방의제21을 실천하는 데, 지속가능성 관리를 위한 혁신적 해결책을 찾는 데 지방정부의 재정 지원이 큰 도움이 된다는 점을 부정할 수는 없다. 그러나 리더의 교체, 리더의 이해관계, 도시의 정치 상황의 변화에 따라 지방 지속가능성 과정이 폐기될 위험도 있다.[ICLEI, 2013: 62-68] 나아가 폭넓은 사회 참여보다는 행정부의 일상적 활동으로 특징되는 상의하달식 접근 방식으로 귀결될 수도 있다. 이 유형은 지속가능발전 전략 집행에 대한 책임이 명확하지 않고, 집행 과정을 감시할 책임을 맡은 외부 기관이나 조직의 역할과 책임도 형식적일 수 있다.

이러한 문제를 해결하기 위해서는 리더의 혁신 용기와 다른 사람들을 참여시킬 수 있는 능력을 강화하는 것이 중요하다. 동시에 지방 정책과 목표를 근본적으로 다시 정의하는 데서 출발해야 한다. 이는 지속가능성 기준에 따라 지방정부의 발전 방향을 다시 잡음으로써 보다 새롭고 지속가능한 기준을 설정하는 것이다. 그리고 부정적 요소를 최소화하기 위해 지역사회가 참여하고 추진 과정을 제도화하는 방안이 마련되어야 한다.

두 번째 유형은 시민사회 주도 및 민관 협력형으로서 시민사회의 발전을 의미하는 민주화와 다원화가 진전되고, 시민사회 조직이 활성화되면서 공공 부문과 민간 부문의 상호 협력이 증진되는 긍정적인 변화를 반영한다. 시민사회 기반의 지속가능성 과정에서는 지방 수준이나 국가 수준에서 핵심적인 시민사회 네트워크가 형성된다. 이것이 지속가능성을 촉진하고 대중의 인식을 제고하기 위한 활동을 일으킨다.

이 유형은 공공 부문이나 국제기구에 의해 시작된 추진 과정과 비교하면, 대개는 새로운 해결책을 탐구하려는 높은 창의력과 의지가 특징이다. 그러나 NGO의 지방 지속가능발전 노력은 이성의 문제라기보다는 열정의 문제인 도덕적 선택으로 묘사된다. 게다가 종종 합리적인 문제라기보다는 양심에 따라 내린 도덕적 결정으로 비칠 때가 있다. 따라서 지방 지속가능성을 실현하기 위한 시민사회 이니셔티브를 논의할 때 핵심 문제는 이니셔티브가 지방정부가 운용하는 공식적인 정책 과정 및 활동과 관련이 있는가이다.[ICLEI, 2013: 72] 이는 시민사회가 주도하는 역동성은 있지만 정책 및 행정계획과 조화가 되는지의 문제와 관련이 있다. 이 유형은 거버넌스의 효율성,

즉 "구체적인 문제에 대한 민감성과 대응성, 이를 해결하기 위한 목표를 설정하면서 목표 실현을 위한 전략들을 개발하고 집행하는 능력"UNDP, 1997을 키울 것을 요청받는다. 시민사회의 주요 행위자인 NGO에게도 적절한 책임을 맡기고 평가 메커니즘을 요구하는 이유가 여기에 있다. 지역사회가 주도하는 지방 지속가능성 과정의 핵심은 지역 네트워크와 지방정부 간의 관계이다. 그 관계는 신뢰와 협력 관계일 수도 있고 경쟁 관계일 수도 있다. 지방정부의 참여가 없다면, 지역사회 이니셔티브는 그 혁신적인 잠재력에도 불구하고 그것이 미치는 범위와 영향에 한계가 있을 것이다. 공동의 신뢰와 공유된 목표가 있을 때만 성공적인 협력이 가능하다. 지방정부와 적극적이고 생산적인 관계를 만들지 못하면 지방 지속성을 추진해나가는 데 난관에 빠질 것이기 때문이다.

세 번째 유형은 지역 조직체들 간의 협력과 네트워크형인데, 국가적·세계적 차원에서 지속가능성 과정을 적극 지지하는 형태로서 지방정부협의회와 네트워크가 보여주는 관계로 드러나고 있다. ICLEI나 지방의제 조직은 정기적 교류를 통하여 정보, 훈련, 지침을 제공함은 물론 경험을 교환하고 네트워크를 구축함으로써 지방정부를 지원해왔다.ICLEI, 2013: 77 지방정부는 재원과 각종 프로그램, 정책 수립에 다양한 네트워크의 참여를 보장하는 방식으로 공동 행동에 참여했다. ICLEI 보고서는 아마존 지방정부 공동의 정치적 약속과 참여를 이끌어내며 회원들에게 지침과 훈련을 제공한 COMAGAConsorcio de Muncipios Amazónicos y Galápagos(아마존 지역 및 갈라파고스 지방자치단체협의회), 공동 행동의 매니페스토가 된 이탈리아 지방의제21협의회Coordinamento Agende 21 Locali Italiane의 페라라

헌장Ferrara Charter, 알보그 헌장Aalborg Charter, 다수의 지방정부가 국가의 지원 없이 국제 수준으로 눈을 돌려 유럽 지속가능 도시 캠페인European Sustainable Cities and Town Campaign에 동참한 사례를 제시한다. ICLEI는 중앙정부와는 대조적으로 지방자치단체협의체가 장기적인 활동에 나서기 쉬울 수 있다고 말한다. 그 이유는 지방의 리더십과 권한이 정치적 변화에 덜 민감하기 때문이다. 공동 행동은 지방 지속가능성 과정이 참여자들 사이에 공동체 정신을 형성해주는 사회적 자본이라고 말한다. 공동 행동을 하면 이러한 공동체와 지속성 결과, 지방 지속가능성 과정에서 높은 탄력성뿐 아니라 유연성이 생기게 된다.

지방정부의 대표들은 동일한 문제에 직면할 때 전혀 다른 방식의 접근이나 다른 조건에서 경험한 지방정부 대표와 지방의제21의 격려나 건설적인 비판을 환영한다. 이와 같은 교류의 기회는 국제 공동체에 대한 생각이 비슷한 사람들에게서 새로운 동기 부여와 지원을 받고 있거나 지방자치단체에 대한 인식이 낮은 사람들에게 특히 소중할 수 있다. 다른 한편으로, 국제 행사의 유치나 참여는 지방행정에서 지속가능발전 이슈를 제기하는 데 기여할 수도 있다. 국제 네트워크는 또한 지방이 처한 난관을 헤쳐 나갈 새로운 해결책을 공유하고, 지속가능발전 협력 프로젝트를 위한 파트너를 찾는 장으로서 중요한 역할을 수행한다. 이 유형은 첫 번째 유형과 두 번째 유형의 장점을 극대화하고 단점을 혁신적으로 개선할 수 있는 공동 행동으로서 다양한 사례 연구가 필요하다.

ICLEI는 지방의 지속가능성 추진 과정이 국가 차원의 지방 지속가능성 정책과 제도화의 수준에 따라 그 내용과 해결 과제도 달라진다고 말한다. 1992년 리우정상회의 이후 지방 지속가능성 과정에 착수하고 수행하는 지방정부를 지원하는 것이 국가 정책 의제의 중요 항목이 되어왔다.

네 번째 추진 유형은 중앙정부 주도형으로서 국가가 주도하지만 글로벌 수준의 시민사회와 국내의 시민사회의 힘과 교류하며 돕는다. 이는 정부가 착수한 지방 수준의 지속가능성 이슈에 대한 인식과 외연 확대를 위한 캠페인, 지침, 훈련, 경험의 교환으로 이루어진 지원 프로그램이 많은 곳에서 확인된다. 추진 과정에 대한 양질의 관리, 공공 참여, 또는 전략 문서에서 지속가능발전 포함 의무와 같은 기준과 연계하여 보조금을 지급하는 재정적인 인센티브도 드물게 있다. 실제로 중앙정부는 지방행동을 위한 우호적인 조건을 만드는 것뿐만 아니라 지방 지속가능성 과정과 전략을 추진하고 지원할 다양한 도구를 갖고 있다. 이는 부문별 입법이나 기금 프로그램에서 지속가능성 기준을 채택하는 것과 같이 규정을 통해 지방정부에 법적 의무를 명확히 부여하는 것에서부터 지방 지속가능성을 위한 국가 캠페인을 확립시킨다. 따라서 중앙정부의 정책이 더 녹색화될 수 있도록 하려는 다부문, 다차원적인 노력은 대단히 중요하다. 국가의 녹색화, 즉 녹색국가는 생태에 대한 책임, 사회적 연대, 참여민주주의를 지향하는 새로운 거버넌스와 리더십을 만들어가는 것이라 할 수 있다(구도완, 2003). 그것은 위 또는 아래로부터 동시에 수행될 수 있다. ICLEI는 자결(self-determination), 즉 지역적인 접근을 강조하는바 이는 정치 생태주의의 4가지 가치, 즉 연대성, 자율성, 생태에 대한 책임, 민주주의의 확대(Lipietz, 2002: 14, 23)를 지방에서 실현하는 방식과 많은 부분 맞닿아 있다. 지방의제21 Ⅳ(실행수단, 37장)에서는 능력을 쌓기 위한 국가의 메커니즘과 국제 협력에 관해 자세히 언급하고 있다.

마지막으로 ICLEI는 지방의 지속가능성 과정에서 좋은 지구화의 효과를 극대화하는 추진 유형을 소개한다. 많은 지방정부와 지역사회에서 지방 지속가능성 과정은 국제개발협력 활동에 참여하는 것으로부터 시작되었다. 이 가운데 기술협력과 개발을 위한 국가 및 국제조직의 프로그램에 참여하는 것은 남과 북, 동과 서의 도시와 지방자치단체 협의체의 개별적인 파트너십과 구분되어야 한다.[ICLEI, 2013: 97] 국제 협력은 양면성을 띠고 있기 때문이다.

국제 협력 프로젝트는 기부자의 지원 종료 이후에도 지속성을 유지하는 문제와 지역의 특수한 상황을 고려한 재구성(창조적 적용)의 문제를 낳는다. 국제 협정의 효과에서부터 다양한 실험과 경험과 정보의 공유, 재정 지원에 이르기까지 긍정적인 측면이 크다. 이를테면 기후변화나 생물종 다양성 거버넌스가 활발하게 진행되고 있는 국제적 네트워크는 여러 지방의 환경정책에 영향을 미친다. 일례로 이명박 정권에서 경제 성장을 위해 환경 아이템들을 접목하려는 '녹색성장'이 등장하였지만, 이미 1987년 「브룬트란트 보고서」 작성 이후 국제사회에서 공유된 가치인 지속가능발전의 의미를 퇴색시킬 수는 없었다. 그러나 여기에는 긍정적 측면만 있는 것은 아니다. 국제 협력 프로젝트는 지방 지속가능성 과정을 획일화하는 경향이 있다. 나아가 이런 방법을 충족시키지 않으면 추가적인 재정 지원이 중단되는 위험에 처하게 된다. 이러한 방식이 상대적으로 단기간 내에 지방 추진 과정을 만들 수는 있다. 하지만 전문적 관리와 측정 가능한 결과보다는 공유된 경험과 상호 교환에 근거한 장기적인 협력 관계,

지방의 특수성을 반영하는 장기적 계획에는 결함이 있을 수 있다. 국제 협력의 빛과 그늘에 대한 면밀한 검토는 한국 지방의제21의 새로운 비전을 구축하는 데도 충분히 고려되어야 한다.

이상의 논의를 정리한 것이 〈표 5〉이다.

지구적 차원에서 새로운 이슈를 형성하고 진입하여, 성숙한 과정으로 전환하려면 한국 지방의제21이 새로운 이슈와 비전을 수립하기에 앞서 다음과 같은 질문을 던지고 이에 대한 해답을 찾아야 할

〈표 5〉 지방 지속가능성 과정의 다양성

유형	지속가능성 추진 과정	특징	주도 조직	한계	과제
지방정부 주도형	지방정부의 전략	비용-효율성 계산과 위기관리	지방정부 리더, 공무원	단기적, 효용 추구, 소통과 참여 부족	참여의 확대, 지속가능성 기준 합의, 제도화
시민사회 주도 및 민관 협력형	시민사회 이니셔티브	지속가능성에 대한 도덕적 이해	지역 시민사회 네트워크	정책 대안과 책임의 부재, 협력적 정치 문화의 부족	거버넌스 효과에 대한 이해 증진, 목표에 대한 책임, 신뢰 증진
지역 조직체들 간의 협력과 네트워크형	공동 행동 (협력적 활동)	협동과 협력의 가치 지향	다부문 (지방정부와 다양한 네트워크)적 특성	상이한 조건과 경험, 작용 원리	지속적인 동기 부여, 건설적 조언과 책임성의 제고
중앙정부 주도형	국가 정책	지속가능성 정책과 제도화와 수준 반영	국가	기술혁신과 성장 강조	국가정책의 녹색화, 거버넌스와 리더십 구축
국제 협력형	국제 협력	글로벌 기준과 약속 제시, 경험과 정보의 공유, 재원 지원	국제기구와 국가·지방 수준의 다양한 네트워크	지속가능성 과정의 획일화	지방의 특수한 상황을 고려한 재구성 (창조적 적용)

자료: ICLEI(2013: 59-108) 재구성

것이다. 그것은 첫째, 한국의 지속가능한 지역공동체를 이루기 위한 다양한 추진력(가치와 지향)은 어떻게 존재하는가, 둘째, 이러한 차이가 한국의 지속가능한 지역공동체의 비전을 구축하는 데 어떤 영향을 미치고 있는가, 셋째, 지난 지방의제21 활동 과정 중에 유의미한 변화(이슈, 우선순위)가 있었는가 등이다. 이러한 질문에 대답하는 것에서부터 한국의 지속가능한 지역공동체의 구체적인 모습을 서서히 만들어갈 수 있을 것이다.

3. 한국의 지방의제21 역사와 평가

(1) 지방의제21 추진의 역사적 배경과 현황

한국에서는 1980년 '환경권'이 국민의 기본 권리로 헌법에 반영되었고, 1980년대 말 이후 민주주의가 크게 신장하면서 생태적 가치를 고려한 새로운 발전의 개념이 활발히 모색된다. 1990년대 들어 시민·사회운동 단체들이 양적·질적으로 증가한 것도 중요한 배경이라 할 수 있다.[염태영, 2004: 28-30] 여기에는 군부 권위주의 시대, 지방정부의 자치권을 극단적으로 제한한 데서 비롯된 지방 민주주의의 정당성 위기legitimacy crisis가 도화선으로 작용한 측면도 있다. 지방정부는 심각하게 훼손된 지자체를 복구하고 이를 확대하기 위한 기회로서 지방의제21을 활용[Jonas, While & Gibbs, 2004: 152-157]했던 것이다.

중앙정부 차원에서는 1997년 4월 환경부가 「지방의제21 작성지침」을 지자체에 보급하고 순회 설명회를 통해 독려하였다. 2000년에는 대통령 자문기구로 국가지속가능발전위원회PCSD가 설립되었다. 시민사회단체의 활동가들이 지방자치단체의 지방의제21 사무국에 참여하고 전국 단위의 네트워크 기구인 '지방의제21 전국협의회(현재의 전국지속가능발전위원회)'를 설립·운영한 점도 촉매제 역할을 하였다.

우리나라에서는 지방의제21이 1992년 리우회의에 참가했던 국내 참가자들에 의해 간간이 소개되었다. 이는 1994년에는 서울시정개발연구원이 다른 기관과 공동으로 주최한 'Local Agenda 21과 지방정부의 대응에 관한 워크숍'에서 본격적으로 소개되었고 각 지역에서 추진 기구를 결성하는 준비 과정에 이어 1995년 '녹색도시 부산21'이 발표되면서 그 모습을 드러내기 시작하였다(지속가능발전협의회 홈페이지).

1995년부터 수립되기 시작한 한국의 지방의제21은 1990년대 말부터 2000년대 초반까지 급속히 수립되고 추진 기구가 창립되었다.[17] 이는 국제적 추세와 같은 흐름이기도 했지만, 우리나라의 경우 민주주의의 심화 과정과 시민사회의 성장 과정, IMF 구제 금융으로 대표되는 사회경제적 위기에 대한 지방 차원의 대응이라는 상황도 작용했다 할 것이다.

한국의 지방의제21 참여율은 아시아에서도 가장 높은 수준으로 평가받고 있다. 상설 사무국을 설치·운영하는 지자체도 2011년 2월 현재 93개에 달해 자율적인 민관 협력 기구로서는 매우 광범위하게 확산되어 있다.환경부, 2011: 55; 59

1999년 9월 제주도에서 제1회 지방의제21 전국대회가 열린 이래 2000년 6월 '지방의제21전국협의(현재 명칭은 전국지속가능발전협의회)'가 발족했다. 이어 2000년 '대통령 자문 지속가능발전위원회 Presidential Commission on Sustainable Development'를 발족시켰다. 지방의

〈그림 2〉 한국 지방의제21 의제 수립 및 추진 기구 창립 현황

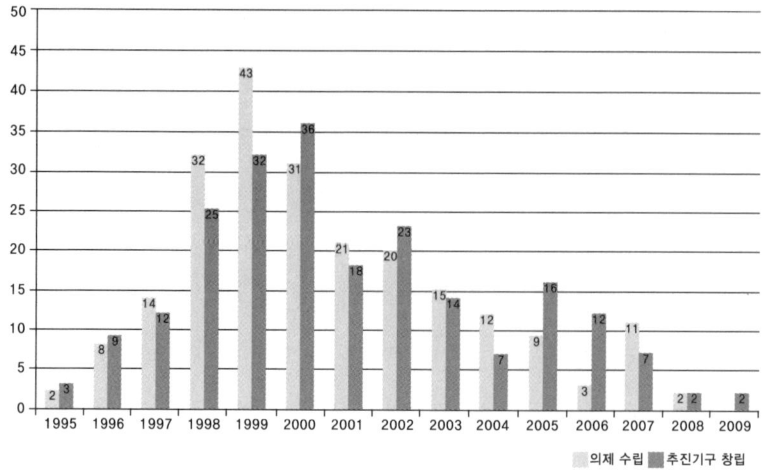

제21은 ICLEI와 같은 국제적인 환경관련 지방정부 협의기구와 긴밀한 만남을 통해 국제적으로도 그 위상을 확립해왔다.

〈그림 2〉는 2009년까지의 한국 지방의제21 의제 수립과 추진 기구 창립 현황을 정리한 것이다.[18]

한국의 지방의제21 추진 기구의 설치 현황을 보면, 2012년 현재 244개 기초 및 광역지방자치단체 가운데 88.5%에 해당하는 216개 지방자치단체가 지방의제21 추진 기구를 설치하고 지방의제를 수립하여 실천하고 있다. 이외에 추진 기구를 설치하지 않은 곳도 28개가 있다. 지방의제21 추진 기구가 있는 216개 지방자치단체 가운데 44.0%에 해당하는 95개 지방자치단체에는 상설 사무국이 설치되어 있다. 비상설 추진 기구는 NGO 내에 사무국이 있는 경우에 해당한다. 전국지속가능발전협의회가 2012년에 조사한 바에 따르면, 광역지방자치단체의 경우 주로 3~6개의 분과위원회로 구성되어 운영되

〈표 6〉 지방의제21 관련 광역자치단체 제도화 현황

지역명	의제 추진 기구명	수(개)	분과(위원회)
서울	녹색서울시민위원회	5	기획조정위원회, 서울행동21실천분과위원회, 지속가능발전분과위원회, 서울기후행동분과위원회, 환경교육분과위원회
부산	녹색도시부산21추진협의회	5	기후및에너지분과위원회, 낙동강특별분과위원회, 산과숲분과위원회, 녹색도시계획분과위원회, 해양환경분과위원회
대구	맑고푸른대구21추진협의회	5	에너지분과위원회, 대기분과위원회, 수질분과위원회, 폐기물분과위원회, 생태분과위원회
인천	인천의제21실천협의회	5+1	지속가능발전포럼, 환경분과, 경제분과, 사회분과, 문화분과, (기초의제협의회)
광주	푸른광주21협의회	3	교육홍보분과, 생활실천분과, 녹색기업분과
대전	대전의제21추진협의회	4	정책분과위원회, 교육홍보분과위원회, 시민협력분과위원회, 복지여성분과위원회
울산	푸른울산21환경위원회	5	정책분과위원회, 교육홍보분과위원회, 환경감시분과위원회, 자연환경보전분과위원회, 기업의제추진분과위원회
경기	푸른경기21실천협의회	5+3	기후행동21위원회, 생물다양성위원회, 녹색사회경제위원회, 마을의제위원회, 삶의질위원회, (시·군의제협력위원회, 지속가능성평가위원회, 국제교류협력위원회)
강원	청정강원21실천협의회	3	정책위원회, 시민실천위원회, 지방의제21협력위원회
충북	충청북도청풍명월21실천협의회	5	교육·홍보분과위원회, 자연환경분과위원회, 사회·경제분과위원회, 기후변화대응분과위원회, 마을의제분과위원회
충남	푸른충남21추진협의회	4	기후변화분과, 생활환경분과, 자연환경분과, 사회산업분과
전북	전북의제21추진협의회	5+3	농업농촌분과위원회, 아동청소년교육복지분과위원회, 자원에너지분과위원회, 자연생태분과위원회, 지역경제분과위원회(시군의제실행위원회, 대외협력위원회, 기후보호센터)
전남	녹색전남21지속가능발전협의회	4+1	산림환경분과, 기후변화분과, 수질해양분과, 여성위원분과(기초의제협력실무위원회)
경북	녹색경북21추진협의회	4	녹색NGO위원회, 녹색기업위원회, 녹색마을위원회, 녹색교육위원회
경남	경상남도녹색경남21추진협의회	6+2	자연환경분과위원회, 살기좋은지역만들기분과위원회, 지속가능발전교육분과위원회, 여성분과위원회, 기업환경분과위원회, 기후변화대응분과위원회(교류협력위원회, 정책기획위원회)
제주	제주도특별자치도의제21협의회	5	환경정책분과, 자연환경분과, 여성·생활환경분과, 사회환경분과, 경제환경분과

(2013년 6월 현재)

〈표 7〉 지방의제21 관련 광역자치단체 제도화 현황

계	추진 기구			추진 기구 비설치 지자체
	계	광역	기초	
244	216	16	200	28

자료: 전국지속가능발전협의회 홈페이지

고 있다. 대부분 환경 분야의 위원회를 중심으로 도시, 기업, 여성, 아동청소년, 농업농촌, 교육, 사회환경 등의 위원회로 구성되어 있다.

지방의제21 지원의 법적 근거를 보면, 광역 의제의 경우 9개 광역 지방자치단체에는 별도의 지원 조례가 있고, 부산, 경북, 제주는 환경기본조례에만 지원 근거가 있다. 대구, 광주, 전북, 경남 등 4개 지방자치단체는 조례 외에 지자체 훈령 등이 제정되어 있다.

지방의제21의 주요 그룹과 모토

지방의제21Local Agenda 21은 환경적으로 건전하고 지속가능한 발전ESSD: Environmentally Sound and Sustainable Development을 이념으로 한다. 지방의제21의 추진 주체는 지방자치단체가 중심이지만 지역 시민사회와 기업 등 지역사회의 다양한 행위자와 파트너십에 의한 협력 관계 구성이 원칙이다.[19]

지방의제21은 'Agenda 21'을 실천하기 위하여 지구환경 보호 및 도시환경 보전을 위한 행동 원칙을 세우고 행동 목표를 정하여 행동계획을 세우는 것으로서 자치단체의 주요 그룹이 함께 만드는 환경관리 계획이다.

즉, 지방의제21은 행정과 지역 주민 등 9대 주요 그룹이 지역의 특성을 반영하여 지속가능한 지역 발전을 위한 의제를 수립·실천하는 것을 의미한다. 지방의제21은 '지속가능한 발전', '동반자 관계', '과정'이라는 세 가지 단어가 그 핵심 주제어라 할 정도로 지역사회의 모든 구성원의 협력을 강조한다. 이는 단순한 협조나 협력 또는 참여가 아니라 서로가 대등한 입장에서 힘을 모아 함께 나아가는 동반자 관계라야 한다는 것이다. UN은 여기에 참여하는 주요 그룹을 Major 9 Groups(G9)라 하여 여성, 청소년, 원주민, NGOs, 지방정부, 노조, 기업체, 과학자, 농민 등을 예시하고 있다. 그리고 지방의제21은 다양한 그룹이 참여한 가운데 지속가능한 발전을 위한 장기적인 행동계획을 준비하고 집행하여 목표를 달성해나가는 '과정'을 강조한다. 그 이유는 지방의제21의 추진 목적이 시민의 참여 과정을 통하여 실천 가능한 환경개선 행동계획을 내놓는 것에 있기 때문이다. 맑고푸른시흥21실천협의회, 2003: 165

지방의제21을 쉽게 정의하면 첫째, 균형 발전을 추구하는 상향적 개발이며 둘째, 자원 조직화를 통한 지역의 지속가능한 발전을 모색하는 협력적 지역 주민 운동이라 할 수 있다. 이런 입장에서 보면 지역의 지속가능한 발전은 지역 내의 각종 인적·물적·제도적 자원의 범위 내에서 이를 가장 효율적으로 조직하여 주민의 공통적 욕구를 충족시켜나가는 지역 자원과 욕구의 조정 메커니즘이라 할 수 있다. 셋째, 지방의제21은 교육과 실천을 중시하는 사회적 동원이다. 이것은 외부의 힘에 의해서가 아닌 거주민의 노력과 재원을 통해 지역사회를 변화시켜나가는 하나의 주민 동원 방식을 의미한다. 따라서 이것은 전 과정에 걸쳐 끊임없는 교육을 통한 봉사 정신과 공동체 의식 배양에 주목한다. 맑고푸른시흥21실천협의회, 2003: 165

마지막으로 지방의제21은 끊임없는 환류의 과정이라 할 수 있는데 이것은 뒤에서 검토할 의제 작성 과정에 잘 나타나 있다. 간단히 언급하면 지속가능한 지표의 평가·환류가 그것이다. 사실 지속가능한 발전은 그 지역이 처한 내·외적 상황에 따라 그에 적합한 모델을 모색하는 것이다. 따라서 지방의제21의 기본적인 원리와 틀이 제공된다고 해도 지역사회에서의 적용 결과를 끊임없는 환류 feedback하는 과정을 통해 수정 보완해가야 한다 맑고푸른시흥21실천협의회, 2005; 2009; 지방의제21 전국협의회 2005; 환경부 2011는 것이다.

전통적인 사회운동이 행위자 간의 대립과 갈등을 전제하는 데 비해 지방의제21은 행위자 수준에서 다양한 이해관계를 가진 개인과 집단의 네트워크 형성과 상호작용, 정보의 교환, 소통을 통한 '신뢰', 그리고 합의 능력의 고양을 주요한 목표로 삼는다. 뿐만 아니라 지방의제21은 제도적 수준에서 참여의 기회와 폭을 확장시킴으로써 행위자들 간의 질 높은 상호작용을 보장하고 제도 내부와 제도 상호 간의 협력적 조정 능력과 위기관리 능력을 강조한다. 이창언, 2013a

1999년 9월에 제주도에서 개최된 '제1회 지방의제21 전국대회'는 지역별로 분산되어 활동하던 지방의제21 활동가들에게 전국적으로 교류하고 협력할 수 있는 기반을 조성하고 전국협의회를 결성하는 계기가 된 중요한 행사였다.

2000년 6월 16일 창립한 지방의제21 전국협의회(현現 전국지속가능발전협의회)는 거버넌스를 수단으로 지속가능한 지역공동체를 실현하려는 전국적 연대 조직이다.

(2) 지방의제21 확산의 기회 구조: 지구화·지방화·민주화

한국에서 지방의제21이 빠른 속도로 확산된 배경에는 지구환경문제에 대한 국제사회의 대응이 활발해진 외적인 환경 변화와 관련이 있다. 여기에 군부 권위주의의 퇴조, 민주주의 이행과 공고화, 지방자치제 확산이라는 시대적 상황 변화와 매우 밀접하게 관련되어 있다. 즉, 지구화, 민주화, 지방화라는 시대적 상황이 지방의제21이 추진되고 확산되는 데 정치적 기회 구조로 작용했다고 할 수 있다.[20]

지방의제21은 1990년대 글로벌 이슈로서 환경문제가 국제정치의 주요 의제로 대두되는 한편 김영삼 정권의 세계화 정책이 본격화되는 시점에 등장한다. 지방의제21은 지구화의 흐름과 함께 지구환경문제를 중심으로 한 글로벌 거버넌스가 형성되면서 그 필요성이 논의되었고 지방자치시대(1995년 6·27 지자체선거)의 개막과 함께 지방자치의 새로운 상징으로서 지방의제21의 중요성이 인식되기 시작했다. 지방화 시대를 맞이하면서 지방자치단체마다 개발 욕구와 기대가 일시에 분출하였다. 이 과정에서 민선 지방자치단체장이 주도하는 무차별적 개발 정책과 환경 파괴에 대해 환경 전문가와 민간 단체들은 우려를 하였다. 이에 따라 지방자치단체장의 친환경 정책을 담보하는 상징이자 수단으로서 인식된 지방의제21이 전국적으로 확산되었던 것이다.

한국 시민사회의 발전을 의미하는 민주화와 다원화가 진전되는 가운데 시민사회 조직이 활성화되면서 민간 부문이 정부 정책에 대해 비판·개입·협력하는 경우가 빈번해지자 공공 부문과 민간 부문의 상호 협력 메커니즘으로서 지방의제21의 필요성이 커졌던 것으로 보인다. 자유주의 성향의 정부가 등장한 것도 지방의제21을 촉진한 요인이 되었다.

지방의제21 전국협의회(현재 명칭은 전국지속가능발전협의회)의 창립과 활동으로 이후 지방의제21이 확산되고 조직화되었다. 협의회는 전국대회를 개최하고, 우수 사례 공모전을 시행하며, 정책 포럼도 지속적으로 개최하였다. 협의회는 환경 교육, 하천 살리기, 습지, 폐기물, 녹색 구매, 마을 만들기, 기후변화, 녹색 교통, 로컬푸드, 참여자치, 매니페스토, 거버넌스 등 다양한 분야와 영역에서 정책을 정리하고 행동을 조직했으며 지속가능발전기본법을 제정하는 데도 기여했다(전국지속가능발전협의회 홈페이지).

(3) 민선 1기~6기, 지방의제21 활동의 특징, 성과와 한계

그간 한국의 지방의제21 추진 과정을 단계별로 구분해보면, 도입기, 확산기, 전환기 등으로 나누는 것이 일반적이다(예를 들어 환경부, 2011). 우선 도입기(1995~1998)에 부산광역시를 시작으로 몇몇 선도적인 지역들을 중심으로 지방의제21이 도입되었다. 1998년까지 전국 지자체 가운데 23.8%가 지방의제21을 수립하였고, 20.2%의 지자체에서 지방의제21 추진 기구가 구성되었다. 시대적 배경으로는 민선 지방자치가 시작되면서 시민사회단체들의 지역사회에 대한 관심이 높아지던 시기였고, 중앙정부 차원에서는 1997년 환경부가 「지방의제21 작성지침」을 배포하여 지방의제21의 작성과 추진을 독려하였다. 도입기임에도 불구하고 전국적으로 빠르게 확산되었다는 점에서 주목할 만하고, 반면 획일적인 모습을 띠었던 점을 지적할 수 있다.

확산기(1999~2003)는 1999년 '지방의제21 전국대회'를 통해 2000년 6월 '지방의제21 전국협의회'가 창립되었고, 이를 바탕으로 전국

본지는 지방의제 21 전국대회를 알리기 위해 특별제작 되었습니다

제2회 지방의제 21 전국대회 대통령 격려 메시지

인간과 자연이 더불어 사는 생명공동체 건설

『지방의제 21 전국협의회』의 제2차 전국대회 개막을 진심으로 축하합니다.

새로운 도전과 응전이 필요한 21세기는 인간의 삶의 터전인 자연을 어떻게 지혜롭게 관리하고 보전하느냐에 따라 국가의 운명이 좌우되는 시대가 되었습니다. 과거와 같이 자연을 파괴함으로써 얻는 물질적 성장은, 국가의 경쟁력을 저하시키고 나아가 우리 후손들의 성장잠재력을 후퇴시키기 때문입니다.

바로 이 때에, 『지방의제 21 전국협의회』가 '인간과 자연이 더불어 사는 생명공동체 건설'을 목표로 국토 현장의 곳곳에서 활발히 활동을 전개해 주시고 계신데 대해 깊은 감사와 격려의 말씀을 드립니다.

『국민의 정부』는 출범 초기부터 환경보존을 위한 정책을 지속적으로 펼쳐왔습니다. 과거의 개발지상주의 정책에서 벗어나 사후처리 위주의 환경정책을 사전예방 중심으로 전환하고, 선계획 후개발의 원칙을 국토 이용의 새로운 패러다임으로 삼아왔습니다. 환경정책과 경제정책의 통합적인 운영체계를 확립하고, 각종 개발사업은 계획단계에서부터 사전에 환경문제를 철저히 검토하여 그 시행여부를 결정하는 방향으로 운영해 갈 것입니다. 아울러 앞으로는 기후변화협약을 비롯한 각종 국제환경협약에도 적극 대응해 갈 것입니다.

1992년 6월에 열린 리우 지구정상회의에서 채택된 「의제 21」에 따라 국가·지역단위에서 그 행동계획을 담은 「지방의제 21」의 수립과 시행은, 정부차원의 이러한 노력과 함께 지속가능한 국가 건설의 초석이 될 것으로 확신하는 바입니다.

저는 지난 6월 5일 「세계 환경의 날」에 국민여러분께 약속한 대로 대통령자문 지속가능발전위원회를 출범시킨바가 있습니다. 지속가능발전위원회에서는 국토보전 문제, 에너지 및 수자원의 효율적인 관리 문제, 생태·보건 문제, 기후변화협약 등 국제환경협약에 대한 국내 대응방안 등을 다루어 나갈 것입니다. 지속가능 발전위원회의 활동과 더불어 여러분이 제시하는 참신한 대안들과 현장의 목소리들도 우리나라가 21세기의 환경 선진국으로 발돋움하는데 귀중한 밑거름이 되리라 믿습니다. 그만큼 여러분의 역할이 막중합니다. 앞으로도 환경의 파수꾼으로서 지속가능한 사회건설에 더욱 앞장서 주시기를 당부드립니다.

이번 대회가 성공적으로 개최되기를 다시 한번 기원하면서,
여러분 모두와 여러분의 가정에 건강과 행복이
가득하시기를 빕니다.

감사합니다.

2000년 9월 27일
대통령 김 대 중

제2회 지방의제21 전국대회 대통령 격려 메시지

적인 교류와 지원의 네트워크가 형성된 시기이다. 전국협의회는 정책 포럼과 토론회를 지속적으로 개최하여 지방의제21의 정신과 모범 사례를 전파·교육하는 데 앞장섰고, 2001년부터는 공모전을 개최하고 환경부와 함께 『지방의제21 전국편람』을 발간하기 시작했다. 이러한 전국적 연대와 교류는 2002년 세계지속가능발전정상회담 WSSD 회의에서 모범 사례로 소개되면서 이후 지방의제21의 확산에 기여하게 된다.

전환기(2004~2012)는 양적으로 확대된 지방의제21이 질적으로 도약하기 위한 준비 시기이다. 지방의제21 추진 기구의 노력과 참여자들의 헌신에도 불구하고, 국민의 관심과 이해나 참여는 지속적이지 못하고 낮은 수준에 머물러 있는 실정이라는 평가가 나왔다. 따라서 환경 의제를 중심으로 수행되어왔던 역할과 사업을 넘어 사회-경

지방의제21 전국협의회의 창립과 활동은 지방의제21의 급속한 확산은 물론 지방의제21의 내용에 질적 발전을 가져왔다. 전국협의회는 전국대회의 지속적인 개최, 우수사례공모전의 시행, 정책 포럼 개최, 다양한 분야와 영역에서 지방 지속가능성 정책을 소개하는 책자와 보고서를 발간하였다.

제-환경 의제를 통합적으로 고려하는 지속가능발전을 위한 실질적인 역할 수행에 대한 논의가 진행되고 있다. 그리고 2007년 8월 지속가능발전기본법 제정을 계기로 지방 차원의 지속가능발전 체계에 대한 논의가 진행되고 있다.[오수길·이창언, 2013]

이러한 발전 단계에서 대체적으로 한국 지방의제21의 성과와 한계를 정리한 것이 〈그림 3〉이다.

우선 성과로는 지자체의 높은 참여로 제도화될 전망이 높다는 점, 자발적으로 시민이 참여하는 전통이 확립되고 민관 협력을 통한 지방의 협력적 거버넌스 기반이 조성되고 있다는 점, 지구의 환경문제에 대한 지방 차원의 인식과 실천이 제고되었다는 점, 지속가능한 지역 발전에 대한 지역 주민들의 이해를 높이고 사회 흐름을 바꾸는 데 일조해왔다는 점 등을 들 수 있다. 지방의제21이 민·관의 협력 관계에 의한 지역사회 발전Community Development의 최초 모델이라고 할 수는 없을 것이다. 예컨대 1970년대 새마을 운동, 1980년대 사회정화운동, 1990년대 이후 바르게살기운동도 민·관 협력에 해당한다. 그러나 열거된 사례는 관이 주도하는 성격이 강했고 정치권의 기획

〈그림 3〉 한국 지방의제21의 성과와 한계

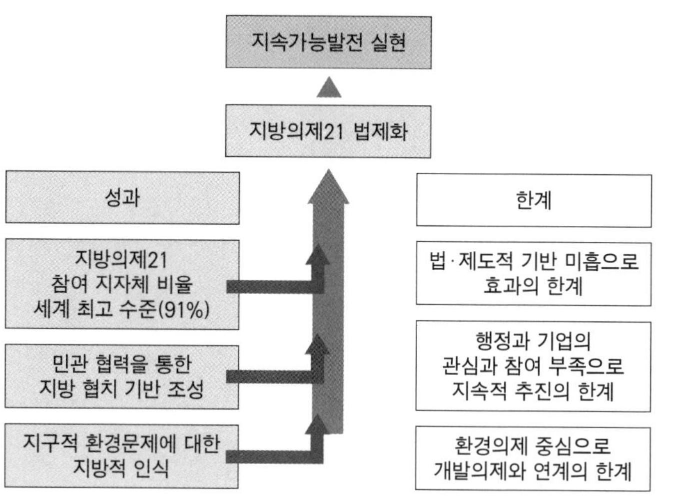

자료: 환경부(2011: 81)

과 개입으로 변질된 바 있다. 이와 달리 지방의제21은 '지속가능성' 개념과 함께 추진 과정의 핵심 정신인 민·관 협력 관계 덕분에 지방화, 민주화 시대의 지방정부가 지역사회개발의 민·관 협력 모델로 받아들임으로써 빠르게 확산될 수 있었다.

지방의제21은 하나의 모델을 추구하지만 지역적 특성과 활성화 수준에 따라 일정한 차이가 있을 수도 있다. 전국지속가능발전협의회는 지역별 특성에 따라 2계층(광역자치단체와 기초자치단체)과 5유형(도, 광역시, 시, 군, 구)으로 이를 구분하고 있다.대통령자문 지속가능발전위원회, 2006 여기에 더해 사업 내용을 기준으로 일반도시형, 산업도시형, 관광자원형, 도농복합형, 농어촌형으로 분류하기도 한다.환경부, 2011

수준별(5단계) 유형은 지방의제21이 자원을 동원하고 합의하는 능력에 따라 차이가 있음을 보여준다. 이 기준에 따르면 '정책 연계 단계형'을 가장 높은 형태의 지방의제 유형으로 상정하고 있음을 알 수 있다. 5단계는 지방의제21이 지역 발전 계획과 주요 정책과 연계되어 지역의 지속가능발전을 이끌어가는 단계라고 할 수 있다. 현재 지방의제21은 3, 4단계 수준으로 평가된다.

지방의제21 활동가들은 한국 지방의제21 추진 과정의 특징으로 첫째 지역사회 NGO의 적극적 참여와 주도적 역할로 추진되기 시작했다는 점, 둘째 행정 관리 측면에서 볼 때 환경 분야에 국한되어 추진되었다는 점을 꼽는다. 지역별로 차이가 있지만, 초창기 추진 과정은 대체로 첫 번째와 두 번째 특성을 띠고 있다.

지방의제 활동가들은 지방의제21을 통해 지속가능한 지방 발전을 이끌어낼 의제의 목표와 내용, 참여 주체들의 구성 및 협력 관계, 실

〈표 8〉 지방의제21 유형화

지역별 특성에 따른 유형 구분		수준별 유형 구분	
광역 의제형	도단위형	낮은 이해 단계형[1]	지방의제21에 대한 이해와 관심의 정도가 낮아 의제 추진 조직이 구성되지 않은 단계
	광역 도시형	의제 작성 단계형[2]	지방의제21을 작성 중이거나 작성이 완료되었지만 실천으로 이어지지 못하고 보고서 수준에 머문 단계
기초 의제형	중소 도시형	부분 실천 단계형[3]	지방의제21의 추진 조직이 구성되고 의제 관련 예산이 확보되어 교육, 워크샵, 부분적 실천 사업이 이루어지고 있는 단계
	자치구형	실천 활성화 단계형[4]	지방의제21 실천 사업이 각 분야별로 활성화되고. 매년 활동보고서 또는 평가보고서가 제작되고 있는 단계
	전원형	정책 연계 단계형[5]	지방의제21이 지역발전계획 및 주요 정책들과 연계되어 지역의 지속가능발전을 이끌어가는 단계

출처: 대통령자문 지속가능발전위원회(2006)

천 체계 및 그 성과에 대한 지속적 평가와 공유를 강조한다. 여기에는 체계적이고 정확한 평가를 통해 평가 대상자는 물론 제3자에게도 되돌아보며 배울 기회를 제공함으로써 교육 효과를 이끌어내겠다는 의지가 반영되어 있다. 이러한 맥락에서 제출된 지방의제21의 주된 성과는 다음과 같다.

첫째, 파트너십의 소중함을 일깨우는 계기가 되었고, 둘째, 현장을 중시하며, 그 현장에서 실천 사업의 가치를 깨닫게 하였고, 셋째, 국내와 지역에 국한되었던 우리의 시야를 전 지구적 차원으로 넓혀 주었다.염태영, 2004: 38-39 지방의제21 내부 문헌도 지역 차원에서의 '거버넌스 구축과 확대', '지속가능한 지역 발전을 위한 노력의 확산'을 성과로 제시하고 있다.

거버넌스 구축과 관련한 성과로는 첫째, 주민이 주도하는 비전과 계획의 수립, 둘째, 구체적인 실천계획의 확보, 셋째, 순환되는 실천계획의 확립. 넷째, 거버넌스의 실체적 조직 운영을 들고 있다. 그리고 지속가능한 지역 발전을 위한 성과로는 첫째, 지속가능한 발전의 개념과 가치의 확산, 둘째, 지구의 환경문제에 대한 인식의 확산을 언급하고 있다.유문종, 2005: 1-16; 이창언, 2013a 재인용

반면에 한계로는 지방의제21의 본질에 대한 이해가 여전히 부족하다는 점, 법적·제도적 기반이 취약하다는 점, 추진 기구의 지역사회 통합력이 부족하다는 점 등을 들 수 있다.환경부, 2011: 78-81

지방의제 활동에서 드러난 많은 성과를 보더라도 조례에 근거를 둔 지방의제21 사업은 지역 개발 사업을 하는 데 있어 능동적으로 조정하거나 대응하는 것이 어렵다는 외적·내적 조건의 한계를 드러내고 있다.

그 한계를 구체적으로 살펴보면 첫째, 주민과 주요 행위자의 이해(인지도, 영향력 포함) 부족으로 지방의제21을 지역의 지속가능한 발전 전략과 실천 활동으로 발전시켜나가지 못하고 있다.

둘째, 법적·제도적 기반이 취약하여 지자체장 교체, 지역 갈등 현안 발생 등 외부적 요인에 크게 영향을 받고 있다.

셋째, 추진 기구의 지역사회 통합력이 부족하다.

넷째, 따라서 활동이 지역 행정계획과 지역 정책으로 수렴되지 못한 채 보고서 수준에 머물러 있다.

다섯째, 지속가능성에 대한 내부적 합의에 대해서 서로 다른 의견들도 있다.

지속가능성에 대한 해석 여부에 따라 지방의제21의 전략과 위상도 달라질 만큼 중요한 문제라 할 수 있다. 하지만 지속가능성 내용을 구성하는 차원의 다양성만큼이나 문제 인식과 해결 방식에서 서로 다른 가치와 이해관계가 공존, 경합하고 있는 것으로 볼 수 있다. 이창언, 2013a: 104-108[21]

지방의제21의 내부 성찰과 반성 내용을 살펴보면 첫째, 참여의 측면에서 볼 때 노동자·농민 등 사회적 소수자의 참여가 부족하다는 점을 꼽을 수 있다. 그 이유는 지방의제21 참여 인력이 환경 전문가, 환경 운동가, 환경 담당 공무원, 환경 관련 사업체 대표 등 환경 분야를 중심으로 구성되어 있기 때문이다. 이로 인해 지방의제21이 환경 보전 활동 중심으로 추진될 수밖에 없는 원초적 한계를 지니게 된다. 특히 지역사회의 풀뿌리 조직이나 주민의 자발적 참여를 이끌어내지 못함으로써 지방의제21이 지역사회에 정착하는 데 한계를 보이고 있다. 지방의제21 사업에서 관계성에 대한 성찰과 혁신이 필요함을 보여주는 대목이다.

둘째, 지방의제21의 내용 측면에서 볼 때 환경 보전 분야 의제가 중심을 이루는 반면 지역 개발이나 사회문화 분야 의제는 상대적으로 취약하다.[22] 의제 내용이 어느 분야에 중점을 두느냐 하는 것은 각 나라(지자체)의 발전 수준과 연관이 있다.[23] 2002년 WSSD World Summit on Sustainable Development(지속가능발전 세계정상회의)에 제출한 ICLEI 보고서에서도 우리나라 지방의제21의 활동은 세계적인 모범 사례로 소개된 바 있다.환경부, 2005:12 이러한 명성과 달리 지방의제21의 근간을 이루는 기초의제의 명칭 자체에서 볼 수 있듯이 환경 보전 중심의 개발도상국형 특성[24]도 동시에 나타난다. 지방의제21이 정책이나 계획을 수립하는 모든 과정에 적극적으로 참여하기 위해서는 총체적 시각에 입각, 모든 정책 분야를 망라해서 의제가 구성되어야 하며, 관련 부서별로 실천 의제가 반영되어 집행될 수 있도록 행정부와 협력 관계를 강화해야 한다는 지적을 많이 받는다. 여기서 중요한 점은 행정부가 적극적인 협력자이자 혁신의 동반자로서 참여하는 '관계 재정립'이 제기된다는 사실이다.푸른광주21, 2005: 36

한국에서 지방의제21이 새로운 로컬 거버넌스의 전형으로 선도적인 역할을 한 것은 주지의 사실이다. 특히 지방자치시대의 개발우선주의 정책 구조 속에서 강력한 개발 세력에 맞서 하나의 '친환경 동맹'으로서 환경 거버넌스의 역할을 수행해온 지방의제21은 긍정적으로 평가받을 만하다.대통령자문 지속가능발전위원회, 2006: 47-51 그러나 지방의제21이 환경 분야에서 민관 협력을 정착시키는 긍정적인 작용도 했지만 이로 인해 스스로 역할 범위를 좁혀버리는 결과를 초래하기도 하였다. 지방의제21이 지속가능한 지역 발전의 구심적 역할을 수행하기 위해서는 환경 이슈에만 한정하는 협소성을 극복하고 지역사회 전반에 걸친 녹색성의 가치와 제도의 변화를 강조하며 정책 범위를 확장시키는 녹색 거버넌스의 설계를 보다 구체적인 목표로 설정해야 한다.

셋째, 예산 집행 측면에서 볼 때 지방의제21 예산이 안정적이고 지속적으로 확보되지 못한 점도 문제지만 각 지자체마다 대부분의 지방의제21 관련 예산이 환경단체 보조금 형태로 집행되고 있다는 점도 한계로 지적된다. 외형과 달리 지방의제21의 예산 규모가 작아서 실질적인 실천 활동을 수행하는 데는 한계가 있다. 지방의제21의 예산은 경상비, 회의비, 환경 교육이나 일회성 행사 지원비 정도로 집행되고 있는 것이 현실이다.

예산 문제는 활동의 안정성뿐 아니라 제도화와 밀접한 관련이 있다. 현재 지방의제21의 운영 비용은 거의 전적으로 지방정부의 예산 보조로 이루어지고 있다. 지역마다 편차가 있지만 대체로 기초의제21 추진 예산은 일반회계 예산 대비 0.05%에도 미치지 못하고 있다(〈표 9〉 참조). 예산의 확충도 지자체장 개인의 관심과 의지에 영향을 받는 것으로 드러났다.

〈표 9〉 시흥의제21 추진 예산 비율

지자체 예산 외 기타 수입(예산)

연도	일반회계 총계 예산 규모	지방의제21 추진 예산	비율	기타 사업비*
2007	374,342,839	130,000	0.035	
2008	416,899,066	190,000	0.046	
2009	483,502,926	150,000	0.031	

출처: 맑고푸른시흥실천협의회(2009)

특히, 예산 지원이 단체장 개인의 의지에 따라 좌우될 수 있으므로 자칫 행정부와의 관계가 종속적 관계로 변질될 수 있다. 자율성 문제와 관련, 지자체 차원과 민간 부문의 재원을 동시에 증대하거나 민간 부문 재원의 비율을 확대해야 한다는 의견에서부터 지방의제21의 기금을 조성하여 재단화해야 한다는 의견도 제시된 바 있다. 최근에는 지방의제21의 제도화 수준을 높여야 한다는 의견이 지배적이다.

예산 문제와 더불어 지방의제21을 제도화하는 데 시급한 부분은 법적 정비라고 할 수 있다. 경기도의 한 기초의제는 창립과 동시에 행정에서 「환경기본조례」를 제정하고 '제16조 시민 참여' 부분에 지방의제21 추진 기구 설치 조항을 삽입하였다. 2004년에는 다른 지역에 비해 일찌감치 「지방의제21 지원조례」도 제정하였다. 그러나 조례 제정만으로 지방의제21에 대한 지자체의 관심이 높아진 근거로 삼아 판단할 수는 없다. 지방의제21은 일반 단체처럼 행정 지원을 받아 단독 사업을 추진하는 것이 아니라 지역 전반에 대한 정책을 협의하고 협의된 내용을 바탕으로 공동으로 실천하는 협의기구이다. 따라서 운영 조례나 기구 설립 조항으로 지방의제21에 대한 지자체의 역할이 끝나는 것은 아니다. 여러 가지 조건과 내재적 측면들을 제외하면 제도화의 핵심은 지방의제21 추진 기구가 지역 정책 수립에서 차지하는 역할을 규명하는 것이라고 판단된다. 하지만 지방의제21과 책임감을 가지고 정책을 협의하는 자치단체는 거의 없다. 민선 자치단체장의 재선을 위한 정책 생산은 지방의제와는 별도의 정책 전문가 모임을 통해 이루어지고 있다.

넷째, 과업 성과 측면에서 볼 때 평가 지표와 평가 시스템이 제대로 갖추어지지 않아 성과에 대한 평가와 환류, 의제 수정이 지속적이고 체계적으로 이루어지는 데 어려움이 있다. 평가가 이루어지더라도 주로 환경 보전 분야를 중심으로 이루어질 수밖에 없어 경제·사회 부문과의 연계 효과에 대한 평가까지 기대하는 것은 불가능한 것이 현실푸른광주21, 2005: 29-31이다.

초기의 의욕과 달리 일부 지방의제21은 시민, 기업, 행정부가 형식적으로 합의하는 구조 아래에서 의제 보고서 작성과 실천 의제에 부합하는 공모 사업을 시민사회단체에 위탁하는 방식으로 추진되고 있다. 이러한 실천 사업들은 대부분 행정기관의 주요 정책이나 개발 계획들과 연관되지 못한 채 독자적으로 진행되고 있다. 또한 의제에서 새로이 발굴한 사업들도 지자체의 실천 사업으로 집행되지 못하는 경우가 대부분이다.

다섯째, 지방의제21의 정체와 관련, 참여자들이 '지속가능한 발전'을 이해하는 정도의 차이가 크다. '생태적·사회적' 지속가능성에 중점을 둔 지속가능한 발전과 생태적 한계에 대한 상징적 가치는 인정하면서도 지속적인 경제 성장을 추구하는 지속가능 발전 등이 혼재한다. 한국의 지방의제21 지속가능성은 출범 이래 여전히 경제적 지속가능성 또는 상징적 지속가능성이 압도하고 있다.

살펴본 바와 같이 지방의제21이 승승장구한 것만은 아니다. 추진 과정에서부터 지방의제21에 한계가 있음이 줄곧 제기되어왔다. 일각에서는 지방정부의 실천 의지 부족, 현실을 무시한 이상적이고 추상적인 계획 등을 주된 원인으로 꼽기도 하고 반대로 시민 참여 부진을 중요한 요인으로 지적하기도 한다. 일각에서는 이를 두고서 시민 참여를 유도하지 못한 채 시민단체 중심으로 운영하는 데 치중한 결과라면서 시민은 실천 과정에서 주체가 아닌 동원의 대상에 불과했다고 비판한다. 초기의 평가와 달리 2000년대 중후반 이후 평가는 현상적인 문제보다는 구조적이고 근본적인 분석을 강조하는 경향이 강하다. 이러한 논의의 공통점은 지방의제21의 주요 행위자가 '거버넌스'를 제대로 이해하지 못하고 있다는 점을 강조한다. 따라서 거버넌스가 정착되는 데 걸림돌이 되는 요인을 분석하여 해답을 찾고자 하는 흐름이 형성되고 있다.이창언, 2013a

덴마크와 한국의 지방의제21 추진 과정 비교

유럽에서는 1990년대 중반 '알보그 헌장Aalborg Charter'을 계기로 '지방의제21Local Agenda 21'의 적극적인 추진을 공식화했다. 1992년 브라질 리우데자네이루에서 열린 유엔환경개발회의UNCED: UN Conference on Environment and Development(일명 리우회의)를 통해 전 세계가 결의했던 '의제21Local Agenda 21' 가운데 지방정부의 역할을 강조한 제28장이 바로 지방의제21인 것이다.

알보그 헌장은 합의 선언문, 유럽의 지속가능한 도시 캠페인European Sustainable Cities and Towns Campaign, 지방의제21 추진 과정의 지역 실천계획화 등 세 부분으로 구성되어 있는데, 지방의제21 추진 과정의 지역 실천계획화에는 여덟 가지 구체적인 단계들이 포함되어 있다.

첫째, 기존 계획 및 재정적 틀 외에 여타의 계획과 프로그램에 대한 인식, 둘째, 광범위한 대중 자문 과정을 통한 각종 문제와 문제의 원인에 대한 체계적인 인식, 셋째, 인식된 문제를 해결하기 위한 과업의 우선순위화, 넷째, 지역사회의 모든 부문을 아우르는 참여 과정을 통한 지속가능한 지역사회의 비전 제시, 다섯째, 대안적 전략의 고려 및 평가, 여섯째, 지속가능성에 목표를 둔 장기적이고 달성 가능한 지역 실천계획의 수립, 일곱째, 계획표와 책임 분담서 작성 등을 포함한 계획 집행의 프로그램화, 여덟째 계획 집행에 대한 관리 및 보고 체계와 절차의 확립 등이다.Smardon, 2008: 123-124

이 헌장에 따라 유럽 각국이 각국과 각 지방정부의 상황에 맞춰 지방의제21을 추진해오고 있다.

덴마크는 2011년 5월 우리나라와 '한-덴마크 녹색성장 동맹'을 맺은 나라로서 2011년 10월 11-12일에는 코펜하겐에서 우리나라, 멕시코와 함께 '제1차 글로벌 녹색성장 포럼(3GF)'을 개최하기도 했다. 또한 리우회의 20주년을 기념하여 2012년 6월 브라질 리우데자네이루에서 열린 리우+20회의를 준비하며 브라질 벨루오리존치에서 열린 ICLEI 세계총회에서 '지방의제21' 세션을 주도한 바 있으며, 그 이전에도 ICLEI가 주목하는 주요 우수 사례에 덴마크 사례가 포함되어

〈표 10〉 덴마크와 한국의 지방의제21 추진 과정

		덴마크	한국
도입 과정	계기	·환경에너지부 장관의 호소 ·지방정부협의회장/지방의회협의회장 공동 서신	·지구환경회의 결과 보고회 ·환경단체
	담당부서	·환경에너지부 공간기획과	·환경부 정책총괄과
	연락 그룹	·지방정부대표자협의회	·지방의제21 전국협의회
	재정 지원	·녹색기금(GF)	·지방자치단체 보조
	원동력	·기초 인프라 ·선진적 환경정책 ·덴마크92그룹 ·행위자 간 합의	·환경부 지침 ·새로운 사회운동에 대한 인식
주요 행위자	중앙정부	·홍보지침서	·지방의제21 작성 매뉴얼
	타 부처	·도시주택부 ·사회부	-
	중앙정부 - 자원단체	·지방정부협의회 ·덴마크 전경련 ·시민사회단체	·환경부 ·지방의제21 전국협의회
	의회	·지방의제21실천촉구결의서	-
	NGO	·덴마크92그룹	·환경단체
	정권 변화	·시장중심 수단과 비용 효율성 원칙 제시 ·환경부/·경제경영부 ·지속가능발전 담론 확산	·지속가능발전기본법 위축
지방 정부	의제	·통합 의제	·환경 중심 의제
	참여자	·9개 주요 그룹 망라	·환경 NGO 중심
	원동력	·중앙정부의 법적 메커니즘 ·행정구역 개편과 지방정부 책임 향상	·국제 기준 ·선도 지역과 네트워킹

자료: 오수길·곽병훈(2012: 95-97)

왔다.[26]

한국도 지방의제21의 역사가 결코 짧지 않다. 물론 지방의제21을 추진하기 시작한 시점이 다르고 지방정부나 지역 시민사회의 역량과 지역의 현안에 따라 다양한 차이를 보이기 마련이지만, 여전히 지방의제21 추진 과정에 대한 중앙과 지방정부의 몰이해가 큰 편이다. 지방의제21 추진 기구와 과정을 제도화할 것을 요구하는 경우가 많은데 그러한 요구에 부합하는 것으로 여겨지는 덴마크의 지방의제21 추진 과정을 표로 제시해보았다. 타국과의 비교를 통해 한국 지방의제21의 특성과 발전 전망을 모색하는 데 좋은 아이디어를 줄 수 있기 때문이다.

덴마크에서 지방의제21이 양적, 질적 측면에서 활성화 추세를 보이고 있는 것은 중앙정부의 일관된 정책 추진 및 정부 간 협력이 시너지 효과를 발휘하고 있기 때문이다. 중앙정부는 지방의제21 도입 초기부터 지방정부와의 협력하에 지방의제21 전담 부서를 두고, 지방정부 편에서 지역 실정에 맞는 지방의제21 전략을 수립하고 지방의제21 추진 과정에서 지역사회 참여를 촉진시키기 위한 홍보 지침서, 소식지 발간 등 다양한 전략을 일관되게 추진한다. 지방의제21이 활성화되는 상황에서도 중앙정부는 아래에서 위로의 접근 방식과 함께 법적 메커니즘을 통해 지방정부의 자율성을 보장하면서 지역사회의 참여를 이끌어내기 위한 제도적 틀을 더욱 공고히 한다. 또한 지방의제21과 연계한 지방정부 구조 개혁을 통해 환경정책에 대한 폭넓은 책임을 지방정부에 부여함으로써 지방정부가 주도적으로 지방의제21을 추진할 수 있는 기반을 마련해준다.

지방정부 또한 중앙정부와의 긴밀한 공조 속에서 지방의제21센터 등의 다양한 참여 메커니즘을 활용, 지역사회와의 협력을 한층 강화시키고 있다. 공식화된 재정적 메커니즘이 없음에도 불구하고, 중앙정부의 일관된 정책 방향 및 정부 간 협력이 재정적 메커니즘의 공백을 채워나가고 있다. 지방의제21의 추진 동력인 지속가능발전에 시민의 참여를 확대시키는 것이 관련 국가들의 주요 관심사로 떠오른 현 상황에서 덴마크의 지방의제21 추진 과정은 정부가 어떻게 지속가능발전에 시민을 참여시킬 수 있는지를 보여주는 의미 있는 사례라고 할 수 있다.

지방의제 도입 과정에서 한국은 환경부가 '의제21 국가실천계획'을 준비하면서 관련 부처가 소관별로 각 분야 정책을 검토하고 환경부가 취합하는 방식을 취했다. 반면, 덴마크는 환경에너지부 장관이 각 지방정부에 지방의제21 수립을 호소한 데 이어 지방정부협의회장 및 지방의회협의회장과 공동 명의로 서신을 보내 지방의제21 추진을 독려하였다. 지방정부나 지방의회 협의체와 공동 대응에 나선 것은 유엔에 제출할 보고서를 위해서가 아니라 지방의제21의 실질적인 추진을 준비했던 것으로 볼 수 있다. 또한 재정 지원이 지방자치단체장의 의지에 따라 들쑥날쑥한 한국과는 달리 덴마크는 중앙정부 차원에서 녹색기금GF을 마련하여 추진해왔다. 그리고 지방정부대표자협의회가 지방의제21 추진을 주도해나감으로써 지방의제21이 확산될 수 있었음을 알 수 있다. 그리고 덴마크 92그룹을 중심으로 한 시민사회의 역량도 적극적으로 발휘되면서 주요 행위자 간의 합의가 이루어질 수 있었다. 반면 한국의 경우 유엔 차원의 합의에 따라 중앙정부의 환경부가 관련 업무를 진행시켰던 것으로서 전체 중앙정부 차원의 이니셔티브를 바탕으로 하고 있었다고 보기는 어렵고, 1990년대 들어 등장하기 시작한 새로운 사회운동으로서의 시민사회단체가 '협력적 거버넌스'를 구축하기 위한 계기로 지방의제21을 바라보기 시작했다는 점을 지적할 수 있을 것이다. 덴마크와 한국 모두 중앙정부의 담당 부처가 홍보지침서를 발간하거나 지방의제21 작성 매뉴얼을 마련했다는 점에서는 유사하지만, 덴마크의 경우 지방의제21 추진 과정 초기부터 도시주택부와 사회부가 관여했다는 점에서 한국과는 다른 경로를 걷게 된 것으로 볼 수 있다. 총 40장으로 구성된 의제21의 각 주제별로 중앙 부처들에게 주관 기관을 정하여 국가실천계획을 작성하여 보고하는 데 그친 한국과 달리 덴마크는 도시주택부와 사회부가 지방의제21 추진 과정에 참여함으로써 경제 발전, 사회 통합, 환경 보호에 대한 통합적 접근이라는 지속가능발전을 기본 가치로 삼고 있는 지방의제21의 의의를 살릴 수 있었던 것이다.

한편 중앙정부와 지방정부, 그리고 의회, 기업, 시민사회단체가 풍부하게 연계되어 있다는 점은 정권이 바뀌어도 지방의제21 추진 과정의 메커니즘이 흔들리지 않는다는 결과를 보여준다. 덴마크의 경우 정권이 바뀌면서 환경정책의 기조에서 시장중심 수단과 비용 효율성 원칙이 강조되었고, 환경에너지부를 환경부로 바꾸고 에너지 정책은 경제경영부로 이관하였다가 기후에너지부를 설치하는 등 변화를 보이기도 했지만, 오히려 지속가능발전의 담론을 더욱 활발하게 논의하고 확산시키는 모습을 보였다. 반면 한국의 경우 '지속가능발전기본법'이라는 기본법 형식으로 장기적인 메커니즘을 마련한 전 정부의 노력을 환경부 소관의 '지속가능발전법'으로 축소하고, 경제-사회-환경이라는 통합적 접근의 지속가능발전 가운데 경제와 환경만을 연계한 '녹색성장기본법'을 마련하면서 지방의제21과 지속가능발전의 추진 메커니즘을 약화시켰다.

덴마크의 지방의제21 추진 과정은 중앙정부와 의회가 마련해준 법적 메커니즘이 큰 원동력으로 작용하였다. 즉 2000년 들어 중앙정부와 지방정부가 주기적으로 지방의제21 추진 과정에 관한 보고서를 제출하도록 법률화했던 것이다. 이것이 중앙정부의 관련 부처와 의회, 9개 주요 그룹을 망라하는 다양한 참여자들이 통합적인 의제를 마련하고 추진할 수 있게 했다고 볼 수 있다.

덴마크 지방정부의 지방의제21 추진 과정에 참여하고 있는 주요 그룹은 환경단체는 물론 장애인, 이민자, 실직자, 노동조합 등 다양한 단체를 아우르고 있다. 또한 주요 의제도 폐기물, 에너지, 호수와 수로 보전, 산림녹화, 대기오염 등 환경문제뿐만 아니라 화학약품, 주택, 조달, 교육, 생태관광, 농업에 이르기까지 다양하게 나오고 있다. 물론 한국에서도 선도적인 지방의제21 추진 기구의 경우 다양한 단체들이 참여하고 있긴 하지만 노동조합과 같은 주요 그룹은 거의 참여하지 않고 있는 실정이며, 다양한 의제로 점차 확대하려는 노력에도 여전히 환경의제가 중심이라 할 수 있다. 심지어 많은 지방자치단체의 지방의제21 주무부서인 환경부서 담당자들은 "환경의제가 아닌데도 왜 지방의제21 추진 기구가 하려고 하느냐?"라며 오히려 가로막는 경우도 비일비재한 실정이다.

덴마크는 지방의제21센터를 적극적으로 활용하며 행정구역을 개편하면서도 지방정부의 책임을 더욱 강화시켜 지방정부 주도로 지방의제21을 추진할 수 있는 여건을 마련해주고 있다. 한국의 경우 그나마 다행인 것은 국제적인 합의에서 비롯된 지방의제21 추진 과정 자체를 공개적으로 부정하려는 지방자치단체는 없으며, 차이가 있지만 지방의제21 추진 기구의 역할을 일정 부분 인정하는 선도적인 지역의 지방자치단체들이 지방의제21의 모범 사례를 지속적으로 만들어 내고 있다는 것이다.

출처: 오수길·곽병훈2012

4. 리우+20 이후 지방의제21의 새로운 위상과 역할

(1) 지구적 시민운동

지방의제21의 주요 행위자가 '지방 지속가능성'을 어떻게 바라보고 있는지 파악하고 분석하는 것은 다음과 같은 의의가 있다.

첫째, 지방의제21의 목표를 규정하고 다가올 10년을 대비한 효과적인 정책을 설계하는 근거를 제공한다. 지방 지속가능성의 관점에서 지방의제21의 목표를 설정하고 논의하는 과정은 실천 과정으로서의 의미를 지닌다. 일례로 민선 5기 정책사업 분석, 지방의제21 사례 분석을 통해 지속가능한 지역공동체를 설계하고 이를 토대로 지방 지속가능성 노력에 새로운 추진력을 부여할 기회를 창출할 수 있다.

둘째, 지구-지역사회의 필요와 요구에 능동적으로 대응하는 성격을 띤다. 지난 20년간 한국 사회는 경제 성장과 물리적 인프라 확충으로 양적 성장 기반은 개선되었으나 성장의 질적 측면과 사회적 형평성은 저하되고 있다. 나아가 에너지·자원 소비 증가와 낮은 효율성으로 오염물질 배출량은 증가하고 있다. 기존의 지구-지역 차원의 지속가능발전 지표, 국가 전략, 지구-국가-지방 차원의 지속가능성 기본 계획에 대한 전면적 재검토와 새로운 목표와 비전 개발, 그 과정에 이해 당사자의 참여 확대, 지속가능성 성과 모니터링과 피드백의 제도화가 필요하다.

(2) 지방 지속가능성을 위한 공동 행동

최근 지구화의 효과로 '지역성' 부분의 중요성이 감소되는 현상이 나타나고 있다. 그럼에도 네트워크의 공동 실천과 이를 위한 접점 형성은 지역성, 즉 지역의 역사와 문화, 사회적 특성을 반영한다. 지역공동체local community는 지역사회에 속하는 의식을 공유하는 주민 사이의 상호작용에 의해 형성되기에 지역 내의 사회적 관계에 따라 구성된다. 이러한 지역공동체는 다양한 요소에 의해 형성되겠지만, 특정 장소에서 일어나는 지역 주민들의 상호작용은 지역공동체를 형성하고 강화하는 데 주요하게 작용한다.Puddifoot, 1995 이는 우리가 장소를 경험함으로써 장소 안에 행위로 참여하는 한편, 그러한 장소에 정서적인 유대감을 갖고 궁극적으로는 장소와 동일시하기 때문이다.Relph, 1976; Tuan, 1976; 1977

정책 시스템을 지방화하고 거버넌스를 분권화하며, 지속가능한 생활양식과 살림을 발전시키는 것은 지속가능한 사회의 새로운 질서다. 지역성은 권한 이양, 분권, 보충성의 원칙과 관련이 있다. 지역성은 지속가능한 생산과 소비의 경우이든, 급진적인 생태민주주의 경우이든 우리가 직면한 복잡한 문제를 풀 수 있는 열쇠가 된다.

지방의제21 운동은 지속가능발전의 지역적 측면이 중요함을 강조해왔다. 지역의 체계는 지속가능발전 정책을 보완하여 국가 차원에서 효과적인 구체적 행동으로 바꿀 수 있다. 지역성은 지방 지속가능성을 위한 공동 행동의 가장 중요한 원칙이다. 지역성에 기초한 지속가능한 공동체의 비전을 구축하기 위해서는, 먼저 지역의 기본적인 정보, 지방 지속가능성 과정에의 참여 비율, 지역 수준의 주요 지방 지속가능성 틀과 과정, 지방 지속가능성 과정의 주된 추진력(주요 행위자와 획기적인 사건 등), 지방 수준에서 다루어지는 주된 이슈, 지속가능성 과정의 성과와 참여 범위의 변화, 지방 지속가능성 과정의 영향과 미래, 성공 스토리 등이 검토되어야 한다.

둘째, 보편성의 원칙이 있다. 여기에는 지역적 과제를 넘어 전 인류의 과제(보편적)를 해결하기 위한 지역 차원의 계획과 행동이 포함된다. 1992년 리우데자네이루의 지구 정상회담에서 시작된 지방의제21은 이전에는 자신들의 범위를 넘어서는 것으로 여겨진 지구의 문제를 다루고자 했던 도시와 지방정부에게 하나의 분수령이 되었다.

2012년 2월에 개최된 45개 자치단체장 '탈핵 에너지 전환을 위한 도시 선언.' 지구환경문제를 해결하는 여러 사례들 중에서 가장 주목을 받고 있는 활동은 지방정부들의 성과이다.

이후 지역은 세계 지속가능성 노력의 중심이었다. 지방의제21은 산출물만큼이나 과정에 대한 것이었고, 지방정부에 유용한 접근법을 제시해왔다. 지난 20년에 걸친 지방의제21의 성과, 다양한 도시 상황에서의 현 상태, 전 세계 도시에서의 도시 지속가능성 노력의 전반적인 상태를 탐색했다. 20년이 지난 후에도 여전히 많은 도시가 지방의제21의 광범위한 목표를 달성하는 데 전념하고 있다.

도시 규모, 제도적 환경, 발전 상황에 따른 차이는 분명히 있다. 하지만 이들 도시 대부분은 모든 이해 관계자의 참여를 확대해왔고, 지속가능성의 보편적 관점을 유지하고 있다. 기후변화와 생물다양성은 도시들이 지방 지속가능성을 행동으로 옮기는 주요 지점이 되었다. 환경적으로 볼 때, 이들 도시의 상당수는 환경으로부터 영향을 받는 수준은 낮추고 환경을 이용하는 효율성은 높이고 있다.

지방의제21의 새로운 비전을 수립하려면 지역적으로나, 국가적으로나, 초국가적으로나 지방 당국이 유기적으로 관계를 맺을 필요가 있다. 지구화의 결과, 적절한 국가 사이에 그리고 국가와 지역 차원에서 일관성 있고 통합된 계획과 의사결정의 필요성은 증대하고 있다. 따라서 지역의 지속가능성 촉진을 위한 주요 과제는 지구, 지역, 지방의 현상으로 드러나는 지구 체제의 통합적인 부분으로서 시민사회의 국가를 초월한 정당성과 필요성을 인식시키는 것이다. 그러므로 의도적인 행동의 사례를 알려야 한다. 동시에 지구의 지속가능

남극과 북극의 얼음이 녹으면서 생기는 기상이변(기후변화)을 다룬 영화로 상영된 이후 전 세계에서 기후변화에 대한 경각심을 드높였다.

성을 높이는 방향으로 민주적인 지구적 거버넌스 과정을 성장시켜야 한다. 여기에는 세계 경제 거버넌스 시스템을 확립하기 위한 제도적 틀, 지속가능한 에너지 시스템, 문화적 순수성과 다양성, 지속가능한 생산과 소비를 촉진하기 위한 조치가 포함된다.

셋째, 관계성의 원칙이 있다. 관계성은 대상과 맺는 관계의 깊이와 정도를 의미한다. 법적·제도적 관계 외에 지역사회를 구성하는 공간적이고 물리적인 특성과 함께 지역 정체성과 관련된 문화적 요소와 구성원들 간의 신뢰 구조 및 권력 관계 등 비물리적인 사회관계의 특성들에 따라 새로운 비전이 다양하게 수립되고 있다는 점에 주목할 필요가 있다. 관계성은 수평적 네트워크와 파트너십이라는 사회적 자본과 문화와 관련이 있고 이를 제도적으로 보장하는 조건을 충족시키는 것과 밀접한 연관이 있다. 관계성이 강화되려면 신뢰가 우선되어야 하며 신뢰가 커지면 관계성이 강화된다.이창언, 2009; 2013a

지방의제21의 20년 역사를 통해 우리는 정부와 입법기관이 지속가능성을 촉진하기 위해 여러 면에서 핵심적인 역할을 맡고 있음을 확인할 수 있는데, 이 역시 관계성의 관점에서 바라볼 수 있다. 나아가 지역적·초국가적 차원의 노력과 진보를 인정하고, 다양한 행위자들을 참여시키고, 지속가능성에 관한 정보를 제공하는 행정과 지역 시민사회의 능동적 역할이 중요함을 인식하고 있다. 경험적으로 볼 때 대중의 참여와 정보, 사법과 행정 절차에 대한 접근이 지속가능성을 촉진하는 데 필수적인 요소임을 확인할 수 있다. 지속가능한 지역공동체로 이행하려면 공공 부문과 민간 부문의 협력이 절대적으로 중요하다는 것을 강조한다.

지방의제21과 지속가능한 지역공동체가 다루는 이슈들은 현재와 미래 세대에 큰 영향을 미치게 될 것이며, 지속가능성을 이루어나가려면 어린이와 청년의 기여가 반드시 필요하다. 또한 그들의 시각을 인식함으로써 세대 간 대화와 연대를 촉진할 수 있다. 관계성의 맥락에서 보면 과거와의 단절이 아닌 연속성을 고려해볼 수 있다. 과거를 이해하면 우리가 다음 목표를 규정하고 다가올 10년을 위해 가장 효과적인 정책을 설계하는 데 도움이 되기 때문이다. 지구에서 인류 문명의 미래가 어떻게 전개될 것인가는 주로 도시와 지방정부의 성과에 달려있다. 미래는 매 순간 우리가 만들어간다. 따라서 지속가능한 지역공동체 비전 수립은 오늘날의 계획, 프로젝트, 의사결정을 올바로 수립하는 것과 긴밀히 연결되어 있다.

지방 지속가능성 과정이 독특한 것은 이 모두가 지구 생태계의 한계와 지방행동이 지구와 미래에 미치는 영향을 받아들이고 그 패러다임 아래에서 일어났다는 데 있다. 그러므로 미래 세대와 다른 장소에서 전개되는 지방 지속가능성 과정의 전 지구적 추세와 영향에 관한 정보가 정치·경제와 관련된 의사결정을 내리기 위한 표준 토대로 활용될 수 있도록 조정해야 한다.이상 3장의 내용은 오수길·이창언, 2013의 일부분을 포함하고 있음

4장

지방의제21과 지속가능한 지역공동체

앞서 지적하였듯이 독일 비영리 민간 기후연구소 '저먼워치'가 세계 58개국을 대상으로 온실가스 감축 노력을 살펴본 결과, 한국은 51.3점으로 41위를 차지해 그 성과가 매우 낮은 것으로 파악되었다. 지속가능한 지역공동체 구축을 저해하는 요인으로 양극화, 에너지, 지역 불균형 발전, 기후변화, 일자리, 취약한 거버넌스, 저출산 고령화 문제가 주요 과제(7대 과제)로 제기되고 있다. 이러한 위기, 즉 지구-지역의 지속가능성에 대한 장애 요인을 극복하기 위한 사회적 대응이 곧 지속가능한 지역공동체 비전 수립이라 할 수 있다. 논의의 과정은 개발과 성장 위주의 패러다임에 대한 반성과 정책통합 메커니즘과 거버넌스의 혁신적 구축으로 이어진다.

1. 지속가능한 지역공동체의 개념 정의

(1) 사회적 능력으로서의 지속가능성

지방의제21의 특성을 구성하는 두 가지 핵심 요소는 거버넌스 체제 구축과 지속가능성 실현이다. 지속가능성이 지방의제21 존립의 기본 목표로서 실체적 가치를 의미한다면 거버넌스는 지방의제21을 실천하는 데 요구되는 수단적이고 절차적인 가치를 의미한다. 이 둘은 상호 보완적 관계에 있다. 그러나 지방의제21 내부에서조차 지속가능성에 대한 합의가 형성되지 못하고 생태주의에 대한 이념과 철학이 없다는 말이 나오고 있다. 그동안 지속가능성과 관련한 실천 노력들은 '무엇을, 어떻게 지속가능하게 할 것인가?'에 대해 충분히 합의되지 않은 상태에서 진행됐으며, 따라서 지속가능성 실현이라는 공통의 목표를 강조하면서도 실천 과정에서 구성원들의 자발적 동의나 포괄적 참여를 이끌어내지 못하고 있었던 것이 사실이다.

우리는 여기서 '지속가능성'을 생태학적 지속불가능성을 갖고 있는 불안한 미래에 대응하는 개념으로 사용할 것이다. 여기에는 변화의 역동성에 민감한 반응성, 다양한 이해관계의 포용이 포함된다. 그리고 사회적 합의를 형성하고 실행하는 데 필요한 효율성과 책임성을 갖춘 사회적 능력social capacity이라고 할 수 있다. 그러나 무엇보다도 지구의 위기와 지역의 위기의 본질을 반영하지 않으면 안 된다. 따라서 경제중심주의와 인간중심주의를 넘어 절대적 측면이 있는 생태의 한계를 인정하는 지속가능성을 강조하고자 한다.

(2) 생태적 삶의 공간으로서의 지역

지역공동체의 개념 중 '지역area, region, district, zone'의 사전적 의미는 일정하게 구획된 어느 범위의 토지, 전체 사회를 어떤 특징으로 나눈 일정한 공간 영역을 말한다. 즉 "특정한 지역을 대상으로 특별한 정책 목적을 달성하기 위해 수립하는 계획(국토기본법)"을 넘어서는 것이다.

지역공동체는 자치적이며 호혜적 관계가 드러난 '삶의 장소'라는 차원에서 정의된다. 이는 지역에 거주하는 주민이 자기 지역의 정치·행정의 주체가 되어 스스로 지역사회의 문제를 토의하고 협의하는 과정을 통하여 해결책을 결정하고 집행하고, 그 결과에 대해서는 권리와 책임을 동시에 요구하는 장소를 의미한다.

'지역'은 물리적 공간 이상의 개념이다. 우리는 지역을 '관계 체계'인 '공동체'로 규정한다. 지역은 경제, 사회 통합, 사회와 환경 전체의 관계를 관리하기 위해 가장 지속가능한 수준을 나타낸다.

물론 지역은 행정구역 단위를 배제하지 않는다. 사실 구역은 기능의 재배분과 밀접한 관련이 있다. 각각의 행정 기능은 그에 알맞은 구역의 범위가 할당되어 있다. 즉 대행되는 일정한 기능의 성격과 내용에 따라 그것이 수행되는 지역 범위가 달라진다. 지방자치단체의 구역은 주민의 행정 참여, 정책 수립, 자치 행정의 능률적 대행, 자치단체의 재원 확보의 토대가 되기 때문이다. 따라서 이 연구에서는 행정구역으로서의 지역 개념을 부정하지 않는다. 다만 이 연구에서 의미하는 지속가능한 지역은 제도권과 관료, 기업, 전문가가 주도하는 물리적·경제적 공간으로서의 의미를 넘어선다. 우리가 구상하는 지속가능한 지역은 생활세계와 삶의 터전으로서 자율·자치·소통·나눔·호혜의 자치공동체를 지향하는 삶의 공간이자 생명과 순환의 가치, 생명 다양성이 보호되는 생태적 삶의 공간으로서의 지역을 의미한다.

(3) 신뢰와 유대, 공동의 문제 해결의 장, 지역공동체

공동체 개념은 여러 의미로 사용되며, 의견이 분분해 쉽게 정의하기는 어렵다. 공동체는 흔히 전문 집단이나 결사 조직체를 의미하기도 하고, 마을·촌락·도시 등과 같은 사회적 지역 단위를 의미하기도 하며, 공동체를 추구하는 것으로 표현되는 도덕적·정신적 현상으로 타인과 일체감을 느끼는 연대성을 추구함을 의미하기도 한다.

〈그림 4〉

지역공동체 운동은 공동체적 가치나 삶의 원리를 특정한 영역 또는 공간에서 직접 실천하고자 하는 집합 행동이라 할 수 있다.

또한 공동체라 했을 때, 퇴니스가 분류한 게젤샤프트(이익사회)와 대립된 개념으로서 게마인샤프트(공동사회)를 떠올릴 수 있다. 이 경우 후자의 공동체라면 경제 조직을 기반으로 해서 공동의 생활을 영위하고 내부 구성원 사이에 유대감이 강한 평등 조직으로서의 공동체를 의미하기도 한다.

일반적으로 공동체란 구성원의 개별성보다는 전체의 공동성을 전제로 한 개념으로, 개체의 자율성과 전체 통합을 공유해야 한다. 공동체의 사전적 개념은 사람들이 모여 하나의 유기적 조직을 이루고 목표나 삶을 공유하면서 공존할 때 그 조직을 일컫는다. 단순한 결속보다는 질적으로 더 강하고 깊은 관계를 형성하는 조직이다.

공동체는 상호 의무감, 정서적 유대감, 공동의 이해관계와 공유된 이해력을 바탕으로 한 사회적 관계망을 의미한다. 대부분의 사회학적 공동체의 정의에는 적어도 세 가지의 주요한 구성 요소들이 포함되어 있는데 이것은 '지역성', '사회적 상호작용', '공동의 유대'이다. 따라서 공동체는 한 지리적 영역 안에서 하나 혹은 그 이상의 부가적인 공동의 유대를 통해 사회적으로 상호작용하는 사람들로 이루어져 있다. 이와 같은 정의에는 지역 차원, 사회학 차원, 문화-심리적 차원이 포함되어 있다. 따라서 물리적 공간으로서의 지리적 영역, 사회적 관계로서의 상호작용, 집단의식으로서의 공통의 연대를 포함하는 의미로 지역공동체 개념을 사용할 수 있다.

지역공동체는 일정한 지역사회 수준에서의 공동체라는 의미를 지니고 있다. 즉, 지역사회의 성립 조건이 되는 지리적 영역과 공동체의 조건이 되는 인간 상호관계를 통합시켜 일정한 지리적 영역에서 전개되는 주민 사이의 공동체를 의미한다고 할 수 있다. 지역사회

공동체 구축이 일정한 지역 주민의 협동 노력을 통해 지역사회의 문제를 찾아서 해결하는 과정으로 볼 때, 지역공동체 운동은 공동체적 가치나 삶의 원리를 특정한 영역 또는 공간에서 직접 실천하려는 집합 행동이라 할 수 있다.

최근에는 기후변화와 같은 전 지구적 생태 위기, 에너지 위기, 식량 위기가 현실화되면서 공동체적 생활양식과 대안적 삶의 실천이 주목받고 있다. 공동체 운동은 지속가능한 생활양식의 실천과 대면 관계와 근린 관계에 기반을 둔 마을이나 지역공동체를 형성하는 것으로 그 범위와 조직을 넓혀나가고 있다. 그리고 지속가능한 지역공동체에 대한 지역적 접근법은 모든 수준의 지역에서 공동 책임의 원칙에 바탕을 둔 거버넌스가 필요하다는 점을 강조하는데 이 또한 총체론적 접근에 바탕을 둔다. 다시 말해 지속가능한 지역(공동체)은 이해 관계자, 각 부문과 각자의 노하우를 공유하는 공동 노력 관계에 바탕을 둔 거버넌스 양식을 전제로 하며, 공동선을 이루기 위한 조건을 충족시키는 공간으로 정의한다. 여기서 말하는 거버넌스의 필요는 실제적인 문화적·제도적 혁신을 추진하며, 새로운 사회계약인 공동 책임의 새로운 윤리를 창출하는 공동의 과제를 의미한다.

우리 사회, 우리 지역공동체는 행복한가?

2011년 OECD 발표에서는 한국이 OECD 회원국 가운데 계층 간 소득격차가 가장 크고, GDP 대비 사회복지 지출 역시 8.2%로 OECD 국가(평균 19.8%)에 상당히 못 미쳤다. 보건복지부에 의하면 2012년 현재 독거노인 119만 명 가운데 '빈곤층'은 77%인 91만 명에 이르며, 이중 50만 원 남짓의 최저생계비 이하 소득을 갖고 있는 독거 노인은 42.5%(50만 명)에 이르러 질병과 빈곤에 시달리며 열악한 주거환경에 노출되어 있다고 발표하고 있다.

OECD 34개 국가에 대해 삶의 질과 연관된 19개 지표의 가중 합계인 '행복지수'를 비교한 결과 한국은 10점 만점에 4.20으로 32위로 조사됐다. 이는 OECD 평균지수인 6.25점에 한참 미달된 것이다. 특히 환경·생태 유지 가능성과 사회 네트워크 안전망 부분에서 최하위인 34위를 기록하였다. 이렇게 취약한 우리 사회의 생활환경과 사회안전망은 2011년에만 1만 5,566명이 자살하고(이중 노인은 5,000명), 미래에 대한 불안감과 스트레스로 우울증 진단을 받은 사람이 2010년에만 51만 6,000명(2006년 44만 1,000명으로 17%가량 상승, 여성과 노인층이 늘어남)에 이르는 것으로 나타났다. 한국의 저출산율(2011년 1.24로 세계에서 가장 낮음) 영향으로 고령화율은 2010년 유소년 100명에 68.4명으로, 2030년에는 193명으로 빠르게 증가할 것으로 추정된다.

한편, Rio+20회의를 앞두고 경기개발연구원 고재경 박사는 전문가 100인을 대상으로 한국의 지속가능발전 수준을 평가하고 향후 과제를 분석한 바 있다. 온라인으로 진행된 설문조사는 7점 척도로 평가되었다. 전문가들은 한국의 지속가능발전을 위한 최우선 과제로 양극화 해소를 들었으며 이외에 에너지, 지역균형 발전, 기후변화, 일자리, 거버넌스, 저출산, 고령화 등이 7대 과제로 선정되었다. 더불어 미래 지속가능발전 실현과 삶의 질 향상을 위해서는 사회적 지속가능성을 강화할 필요가 시급한 것으로 나타났다.

이런 점을 고려할 때 지속가능한 지역공동체는 생태학적 지속불가능성을 갖고 있는 불안한 미래, 나아가 인간이 필요로 하는 수준을 유지 또는 감소시키는 지역사회의 사회적 능력social capacity 구축과 능동적인 공동 실천이 이루어지는 지역공동체로서 의미를 부여받게 된다.

지속가능한 공동체 비전은 추상적인 공동체보다 구체적인 지역에 기반을 둔 공동체를 향상시킴을 의미한다. 지역공동체는 지속가능성을 실현하는 중요한 방법이자 목적이다. 지역은 중앙과 대조적으로 장기적인 활동에 나서기 유리하다. 지방에서는 리더십과 권한이 정치적 변화에 상대적으로 덜 민감하기 때문이다. 이런 공동체와 지속

〈그림 5〉
협동, 협력, 협치

성 덕분에 지방 지속가능성 과정은 탄력성이 커지고 유연해지기도 한다. "공동의" 지방 지속가능성 과정이 참여자들 사이에서 공동체 정신을 만들어준다.

2. 지속가능한 지역공동체 구축의 기본 관점과 내용

(1) 기본 관점

지속가능한 지역공동체 비전의 수립과 실천은 지역사회와 긴밀한 관계를 구축하고 개별 공동체 사이에 관계망을 형성하여 이념과 가치를 확대·확산해야 하는 과제를 안고 있다. 따라서 지역 네트워크는 공동체의 발전과 확산에 중요한 요소로 작용하며 이는 다양한 주체 사이의 정보 교류, 협력, 보완 등의 연계망을 지니는 것을 의미한다.

지역사회의 사회적 자본과 신뢰에 기반한 지역 역량이 먼저 구축되지 않으면 지속가능한 지역공동체의 비전을 구축할 수 없다. 지방 지속가능성이 성공하려면 먼저 개인의 생활양식이 변화해야 한다는 점을 고려하면, 지방 공동체를 구성하는 다양한 집단들 사이의 신뢰에 기초한 대화는 변화를 이끌어내는 데 필요한 중요한 자원 가운데 하나일 것이다.ICLEI, 2013: 132

지속가능한 지역공동체 구축 수단인 로컬 거버넌스는 복잡하고 다양한 환경변화에 대한 반응, 즉 공동체의 외부 환경에 국가가 적응해가는 경험의 증명서라 할 수 있다.Pierre, 2000:3 이러한 로컬 거버넌스의 활성화 여부는 로컬 차원의 네트워크 조직의 관계성과 밀도와 밀접한 관련이 있다. 호혜성reciprocity과 상호 의존성interdependence을 바탕으로 한 지역 네트워크는 거버넌스와 지속가능한 지역공동체의 토대가 된다. 그러나 지역 네트워크 조직의 사회적 기반이 형성되기 위해서는 사회적 자본이 필요하다. 여기서 말하는 사회적 자본은 일반적으로 구성원이 맺고 있는 네트워크 안의 사회적 관계를 통해 다른 사람이 가지고 있는 자원을 동원할 수 있는 능력을 말한다.Porled, 1995; 서문기, 2009 재인용 사회적 자본에는 주어진 조직체에서 공동체와 관련된 사회규범, 가치, 신뢰 등의 문화적 차원과 제도적 수준 및 네트워크 조직과 같은 구조적 측면이 있다. 사회적 자본은 사회 구성원이 시장과 무관한 상호작용을 통해 형성하며 무형의 가치를 활용한다는 점에서 사회적social이지만 그럼에도 불구하고 경제 자본처럼 거래 비용 및 부가가치 창출의 원인이자 결과가 되어 경제적 효과를 보인다는 점에서 자본capital의 의미를 갖는다. 물론 네트워크 사회가 도래했다고 해서 사회적 자본이 자동적으로 생성되는 것은 아니다. 국가와 시장의 실패에서 볼 수 있듯이 네트워크의 실패 또는 사회적 자본의 실패가 나타날 위험은 존재한다.

사회적 자본이 성공적으로 축적되기 위해서는 신뢰의 조건이 필요하다. 네트워크 사회에서는 사회 구성원이 신뢰 관계를 깨고 자기 이익을 추구할 가능성이 있으며 권력의 불균형에 따른 갈등의 소지가 상존한다. 이러한 위험을 예방하고 사회적 자본을 개발하기 위해서는 네트워트에 참여하는 각 주체(주요 행위자, 그리고 시민사회 내 이웃) 사이의 신뢰를 형성하는 것이 관건이다. 둘째, 정보 공유의 문제가 있다. 네트워크 조직을 활성화하기 위해서는 정보를 공유함으로써 새로운 지식과 경쟁력이 창출될 수 있다는 인식의 전환이 필요하다. 셋째, 호혜성의 문제가 있다. 호혜성과 교환은 모든 사회적 관계의 기초 조건이며, 이를 통해 구성원이 책임의식을 공유하고 상호 협력함으로써 네트워크 조직이 유지되기 때문이다. 넷째, 자율성과 독립성의 문제가 있다. 네트워크에 참여하는 구성원을 법, 제도적 차원에서 통제하지 않더라도 규칙과 제재가 자율적으로 수용되어야 하는 것이다.

이처럼 지역 역량은 신뢰, 협력, 관용 등과 같이 사회조직 안에서 개인들이 발전을 위해 이용할 수 있는 이웃 간, 주요 행위자 간의 결속에 의하여 발생되는 관계적 자원이다. 그것은 조화로운 행동을 촉진함으로써 사회적 유효성을 높일 수 있는 능력이다. 사회적 자본은 사회 구성원의 신뢰 형성을 통해 사회경제적 거래 비용을 줄이고, 의사소통 및 정보전달 통로로서의 잠재력을 갖는다는 점에서 사회의 공공선을 이루기 위한 효과적인 통제 시스템으로서 작용할 수 있다. 사회적 자본은 사회적으로 윤활유 작용을 하며 지속가능한 지역공동체를 추진하는 동력으로 작용 효과를 높이는 굿 거버넌스의 사회적 기초가 된다.

지역 역량은 '지속가능한 민주주의(환경, 경제, 사회)'를 지향하며 수단으로서의 공동체, 또는 이웃 간 신뢰[25]의 문화를 강조한다. 일반적인 신뢰의 의미는 "타인의 미래 행동이 자신에게 호의적이거나 또는 최소한 악의적이지는 않을 가능성에 대한 기대expectations와 믿음belief"을 의미한다. 그러나 지속가능한 지역공동체가 지향하는 신뢰는 개인 또는 이웃, 공동체 내외의 관계에서 인지되는 기대나 신념, 또는 감정 등 심리 상태를 포함하지만 주요하게는 지역 안에서 드러나는 행동 차원에서 정의된다. 사회적 차원에서의 신뢰란 교환관계에 관련된 모든 참여자들이 공유하는 일련의 제도화된 기대들이라 할 수 있다.[26] 지역 역량을 강화하는 수단으로서의 신뢰는 거래 비용을 감소시키고 안정적이고 장기적인 상호 협력을 가능케 하는 필수 요인이다. 네트워크는 정보와 평판reputation을 효과적으로 확산시킬 뿐 아니라, 기회주의적 행동을 감시하고 사회적으로 제재를 가하는 기능도 수행하기 때문이다. 또한 절차적 정의, 제도, 평판, 정보공유information sharing 등을 통해 신뢰가 형성된다고 한다.[이명신, 2003]

지속가능한 지역공동체를 구축하기 위해서는 정보 공유, 반복적인 상호작용과 상호 의존성을 높이기 위한 네트워크 수립, 공동 정체성 확보, 반복적인 상호작용, 절차적 정의를 강화하는 한편 책임성과 성찰성을 높이는 쪽으로 지역 역량을 키우는 것이 중요하다. 동시에 위에 나열된 신뢰의 원천에 관한 수준이 어느 정도인지 정확히 조사, 분석, 평가할 필요가 있다. 그것을 바탕으로 지역 역량을 강화하기 위한 활동의 수준과 내용을 정할 수 있기 때문이다.

(2) 지속가능한 지역공동체의 8대 분야

FGI와 패널 조사를 통해 선정된 8대 분야 의제는 지속가능한 공동체를 충족시키는 요건으로 녹색 경제의 요구를 반영하고 있다. 지속가능한 지역공동체는 글로벌 자본주의 체제에서 비롯되는 다양한 문제(상품 물신화, 개인화, 먹을거리 안전성 문제, 소외 등)를 극복하려는 전망을 갖는다. 진정으로 정당하고 지속가능한 녹색 경제 질서는 자연생태계의 회복력을 증진시키고 개인의 삶의 질을 높이거나 유지하고, 나아가 모든 사회적 번영의 수준을 새롭게 창조하는 것이 될 것이다.

둘째, 지속가능한 지역공동체는 참여와 책임성이 조화를 이루는 자치공동체를 지향한다. 지역 시민사회의 발전을 의미하는 민주화와 다원화가 진전되고, 시민사회 조직이 활성화되면서 공공 부문과 민간 부문의 상호 협력이 증진되는 긍정적인 변화가 일어나고 있다. 시민사회에 기반을 둔 지속가능성 과정에서는 지방 수준이나 국가 수준에서 핵심적인 시민사회 네트워크가 형성된다. 이것이 지속가능성을 촉진하고 대중의 인식을 높이기 위한 활동을 불러일으킨다. 그러나 이것이 곧 자치 공동체를 만들어주는 것은 아니다.

이는 비용-효율성 계산에 의거한 위기관리 접근법과 시민사회 이니셔티브가 조화를 이룸을 의미한다. 전자는 개인의 리더십에 크게 의존하는 특성이 있다. 이는 지방정부가 주도하는 행정계획 성격을 띠고 추진되어 정책과 행정계획에 반영되는 사례가 많지만, 광범위한 참여를 이끌어내는 데는 한계가 있다. 따라서 자치공동체의 중요한 전제는 리더(행정-시민사회)와 주민의 혁신 용기 그리고 다른 사람들을 참여시킬 수 있는 능력을 갖추는 것이다. 동시에 지방 정책과 목표를 근본적으로 다시 정의하는 것에서 출발해야 한다. 이는 지속가능성 기준에 따라 지방정부의 발전 방향을 다시 잡음으로써 더욱 새롭고 지속가능한 기준을 설정함을 의미한다. 그리고 부정적 요소를 최소화하기 위해 지역사회의 참여와 추진 과정을 제도화하는 방안을 강구해야 한다.

지속가능한 지역공동체에는 지역의 주요 행위자의 자발적 참여, 의사결정 과정에서 정보, 의사결정, 집행, 책임을 공유할 수 있는 문화와 시스템이 구축되어야 한다. 종합하면, 자치공동체의 비전을 구축하는 일은 시민사회가 주도하는 역동성과 참여, 행정계획과 조화를 이루는 것과 밀접히 관련이 있다.

셋째, 지속가능한 지역공동체는 미래 세대를 배려하는 미래 공동체를 지향한다. 지속가능발전 개념은 시간을 뛰어넘는 통시대적인 결정과 사고를 요구하는 개념이다. 여기에는 오늘의 정치 논리, 과학적 이성, 학문적 사유를 넘어서는 것으로서 공동체 성원의 지혜라든가 영성, 우주적 각성과 같이 과거에는 관념적이라고 치부했던 것을 중요한 의제로 부상시키는 노력이 뒤따른다. 또한 미래 세대의 건강과 안전 복지를 참작한 도시 계획, 현재와 미래 세대가 존재할 수 있게 해준 노인 세대와의 협력이 포함된다.

넷째, 지속가능한 지역공동체는 기후변화에 대응하며 순환과 재생이 가능한 생명공동체를 지향한다. 앞서 살펴보았듯 오늘날 지속가능발전의 개념이 사회, 경제, 정치, 문화 등 모든 분야로 확산되면서 '지속가능성 혁명'Edwards, 2010이 진행될 수 있는 힘은 절대적 기준이나 경직된 원칙이 아닌 구체적 현실 안에서 지속가능성을 판단할 수 있는 유연성에 있을 것이다. 환경-생태의 가치를 경제 발전과 사회적 평등의 가치와 함께 통합적으로 고려하되, 모든 기준을 각 개인과 공동체가 처해 있는 현장에서 답을 찾도록 열어놓았기 때문이다.

따라서 지속가능발전은 보편적 정의에서 한 걸음 더 나아가 각 지역공동체가 처해 있는 현실에서 그들의 가치를 추구하며 미래를 '생태-환경, 경제-고용, 형평성-평등'이라는 세 개의 기둥 위에 세워 나가려는 노력이다. 극심한 기후변화로 몸살을 앓고 있는 현실을 타개하기 위해서 이산화탄소 배출을 중단하거나 최소화하려는 방안을 끊임없이 모색하고 실천할 때만이 지속가능한 미래를 기대할 수 있다.

인류는 전 지구적 문명화 단계에 도달했다. 역설적으로 이로써 글로벌 상호 의존을 자각하게 되었을 뿐 아니라 이는 지구가 감당할 용량의 한계를 넘어서는 위험을 반영한다. 위험에 대한 인식과 이해는 지속가능성을 확보하기 위한 구조를 근본적으로 전환할 수 있는 동력으로 작용한다. 지속가능성 전환은 세계관과 가치의 전환, 상호부조와 연대로의 전환, 타 생물종과의 관계성과 자연 안에서 인간의 위치에 대한 이해, 모든 지구 생명체들의 삶의 존엄을 극적으로 재차 강조하고 있다. 지속가능한 지역공동체는 지역 생태계의 유지·발전, 녹지와 야생동식물 보전, 오염물질 등 생태계 유해 물질을 통제할 필요성을 반영하고 있다. 여기에는 지역 주민의 요구를 받아들여 지역 생산 자원을 활용하고 에너지를 효율적으로 활용하는 것 외에도 친환경 에너지를 개발하기 위한 지역 활동, 생태계와 균형을 이루면서 자족할 수 있는 규모의 도시계획이 포함된다.

다섯째, 지속가능한 지역공동체는 차별 없이 공평하며 모두가 행복한 이웃공동체를 지향한다. 형평성은 세계 시민사회의 가장 중요한 도구이며, 지속가능한 지역공동체가 갖추어야 할 핵심 요건이다. 좋은 공동체는 세대 내 형평성, 세대 간 형평성, 인간과 자연 사이의 형평성이 전제되어야 한다. 이를 위해 단지 금전적인 요소가 아닌 형평성과 생태적 요소에 기초를 둔 개인과 사회의 의사결정 방식이 대단히 중요한 요인이다. 따라서 형평성이 실현될 수 있는 제도의 틀이 필요하다. 형평성은 제도와 구조(거버넌스) 선택지들이 구축되는 토

"지속가능한 지역공동체"라는 주제로 2013년 9월 4일부터 6일까지 수원에서 개최된 제15회 지속가능발전 전국대회. 4일 개막 행사에 이어 진행된 지방정부정상포럼에서는 8대 분야별 우수 사례들이 소개되어 전국적으로 확산되었다.

대다. 형평성의 토대에 대한 합의 없이는 상부 구조와 새로운 질서를 창조하는 것이 불가능하다.

8대 분야를 보면 다양한 행위자가 참여하는 민주적 의사결정과 그 이전의 정보와 자원의 공유, 지방정부와 지역공동체, 다양한 행위자, 이웃 간의 긴밀한 관계를 재구성하려는 열망을 반영하고 있다. 지역사회를 통합하는 힘은 정당성으로부터 나오는데, 그것은 위에서 언급한 참여에 더하여 형평성의 원칙이 지켜질 때 가능하다. 지속가능한 지역공동체의 비전이 수립되려면 기회와 배분에서 올바른 기준과 원칙이 바로 서야만 한다. 동시에, 자원에 대한 동등한 접근 보장, 배분의 정의가 실현되어야 한다. 나아가 소수의 정당한 요구가 배제되지 않도록 불공정한 체계에 대해서는 정정을 요구할 수 있는 권리가 보장되어야 한다. 이상의 논의를 바탕으로 한국 지방의제21의 새로운 추진 전략을 아래와 같이 정리할 수 있다(〈그림 6〉 참조).

〈그림 6〉 지속가능한 지역공동체의 새로운 추진 전략

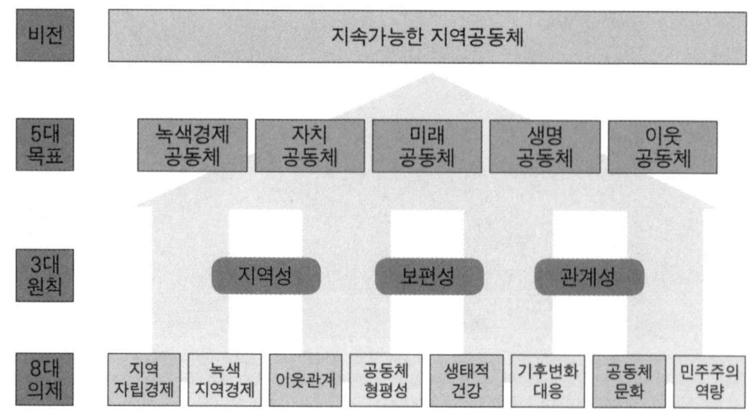

새로운 추진 전략의 비전은 '지속가능한 지역공동체'이고, 이에 따른 5대 목표는 녹색경제공동체, 자치공동체, 미래공동체, 생명공동체, 이웃공동체이다. 그리고 3대 원칙인 지역성, 보편성, 관계성을 토대로 8대 의제를 새롭게 제시한다.

3. 지속가능성 과정과 이행 평가의 준거(틀)

지속가능성 평가는 크게 두 가지로 나눌 수 있다. 하나는 정부, 지역사회 또는 기관이 지속가능성을 달성하기 위해 노력-발전하고 있는지 이행 정도와 성과를 평가하는 것이고, 다른 하나는 제안된 사업, 계획, 정책 또는 법률의 집행 전후를 평가하는 통합 영향 평가나 전략 환경 평가이다.

전자가 지속가능성 방향에 관한 지침이나 지표를 제시하는 것이라면, 후자는 개별적인 평가 수단으로서 지속가능성 측면의 다양한 정책과 기술의 조합을 모색하여 정책이나 계획의 합리적 대안을 제시하는 데 목적이 있다.

그동안 지속가능성 평가와 관련한 논의로는 지속가능발전 지표에 대한 평가, 생태적 지속가능성을 측정하는 지표로서 생태 발자국 측정, 지속가능발전 기준이나 원칙 등을 토대로 한 모델이나 지침에 의거하여 정책, 계획 또는 사업의 지속성을 평가하는 논의, 지속가능발전이나 지방의제21에 대한 평가들이 있었다.

그러나 우리는 기존 논의의 성과를 바탕으로 관계성relationship, 지속가능성sustainability, 민주성democracy이라는 3개의 중심축에 비추어

〈그림 7〉 지속가능한 사회와 거버넌스

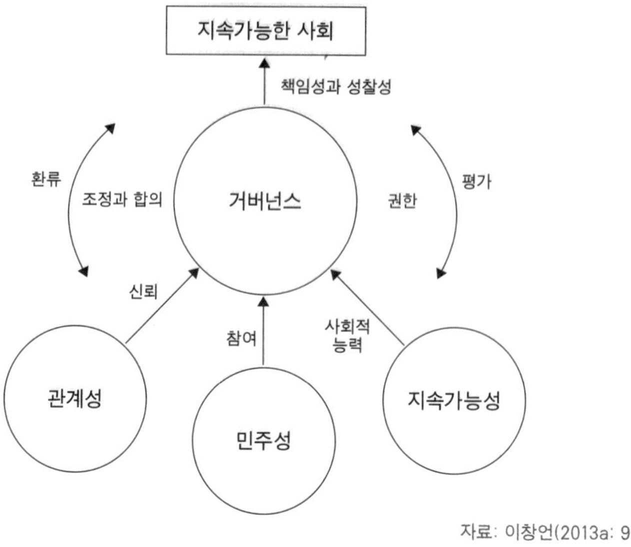

자료: 이창언(2013a: 95)

지속가능한 지역공동체의 수준을 검토하는 동시에 비전을 제시하고자 한다.

그 이유는 첫째, 지속가능한 지역공동체 비전 수립과 실천은 산출만큼이나 과정을 살피고 둘째, 지속가능성 목표를 달성하기 위한 거버넌스의 장점을 극대화하는 것이다. 거버넌스 전략에는 정치적 수준, 지속가능성 과정을 촉발시킨 조직의 유형을 통해 파악된 지방정부의 전략적 계획, 시민사회의 이니셔티브initiative, 협력 활동, 국가 정책, 국제 협력에 대한 유용한 접근법과 동시에 평가가 포함된다. 셋째, 지방 지속가능성 과정에서는 중요한 쟁점(지속가능성 평가)이 드러나지만 더 중요한 점은 서로 다른 틀frame이 갖는 잠재력과 조화를 평가하고 그것을 촉진하는 것이다. 평가는 한계를 나열하는 데 그치는 것이 아니라 사회-경제-환경-문화 의제를 통합적으로 고려하는 지속가능성을 제시하는 쪽으로 나아가야 한다.

인간의 경제 활동은 자연자원(공유재)을 추출하고, 이것을 삶의 질과 인간의 안녕(개인의 필요)을 개선하고자 상품과 서비스로 전환하는 핵심적인 메커니즘이다. 이 과정은 정책, 절차, 이용 가능한 기술들(거버넌스/관리)과 관련이 있다. 이 모델에서 지속가능발전은 자연자원이 스스로 보충되고 탄소 배출을 흡수할 수 있는 정도까지만 자연자원을 이용하는 경제를 확립하자는 의미일 것이다. 동시에 경제 활동은 모두에게 사회적으로 합의된 최소한의 삶의 질을 제공하는 데 그쳐야 할 것이다. 지방, 국가, 국제 수준의 정책은 생태계의 물리적 수용 용량과 인간의 합의된 사회적 기준을 지켜야만 할 것이다.ICLEI, 2013: 123

'지속가능성'은 생태학적으로 지속이 불가능하다는 불안한 미래에 대응한 개념이다. 지속가능성은 생태학적 수용 능력의 수준을 유지하거나 향상시키든가, 인간이 필요로 하는 수준을 유지하거나 감소시키려는 사회의 능동적인 노력을 통해서만 실현할 수 있다. 지속가능성은 목적의식이 결여된 사회적 과정이나 다른 목적을 추구하는 과정에서 의도치 않게 얻어질 수는 없다. 지속가능성은 생태-경제-사회 전반을 아우르는 원리로서 사회적인 제도와 의식의 변화 없이는 이윤의 논리에 대응하는 생태적 지속성을 조절할 수 없다. 지속가능성은 역동적인 변화에 민감한 반응성과 행위자들의 다양한 이해관계를 받아들이는 포용성, 사회적 합의를 형성하고 실행하는 효율성과 책임성을 갖춘 사회적 능력social capacity에 달려 있다.Savitch, 1998 따라서 지속가능한 지역공동체를 위한 수단인 거버넌스에 다양하게 참여하고, 참여자가 능력을 발휘하며, 특히 변화의 목표를 분명히 인식하고 실천하려는 의지가 대단히 중요하다.

'민주성'은 정부와 국민 간의 관계에 초점을 두는 정치적 민주주의political democracy와 조직 내의 민주적 관리를 의미하는 조직 내적 민주성organizational democracy을 넘어서는 더욱 확장된 개념의 민주성이다.

한국의 민주주의뿐 아니라 지방의 지속가능한 공동체의 전망을 제약하는 요인으로 근대적 발전 이념(국가주의, 성장주의)과 대의제 민주주의 같은 제도의 부정적 영향을 꼽을 수 있다.

사실 지속가능성과 거버넌스가 서로 긴밀히 결합하지 못하고 있는 배경으로는 지난 근대화 과정을 이끌어왔던 국가 주도의 총량적 성장 체제, 즉 권위주의적 통치 체제와 성장제일주의가 만들어낸 가치와 제도의 잔재들이 지방에서 여전히 사라지지 않고 있음을 꼽을 수 있다.

자유민주주의에서 대의제는 복잡한 현대사회를 통치하는 원리로 어느 정도 효과가 있지만, 대표자가 개인의 사익을 추구하거나 정당의 이해관계에 따라 정략적으로 행동하기 때문에 국민의 대표성을 담보하는 데 한계가 있다. 따라서 개인의 주체성과 전문성이 커진 상황에서, 지역 주민이 원하는 창조적 삶을 충족시키고 정체성을 정치적으로 실현하기 위해서는 민주주의를 재편하는 것이 필요하다. 즉 형식적 민주주의에서 실질적 민주주의로 확장해나가야 한다. 민주주의의 확장은 주민이 자기 입법을 실천하는 데 평등하게 참여하여 권력의 정당성과 자기 결정 원리를 강화하는 것으로 표현할 수 있다.박상필, 2002

〈표 11〉 지속가능한 지역공동체에서 강화되어야 할 민주주의

참여민주주의	- 정체성의 정치, 자아실현의 정치 - 직접민주주의 - 신자유주의와 탈정치화에 대응
다원민주주의	- 차이의 정치, 협력과 연대의 정치 - 위계와 다수결의 원리가 아닌 네트워크와 상호작용과 상호조정 - 인간과 자연과의 새로운 관계 형성 - 절차적 민주성과 시민적 덕성이 전제
담론민주주의	- 공론장의 정치 - 정치적인 것의 확대, 개인의 주체적인 참여와 영향력 강화

자료: 박상필(2002) 재구성

지방의 지속가능한 공동체의 비전을 구축(민주성의 확장)하려면 절차적 민주주의를 혁신하는 한편, 이를 넘어서야 한다. 그것은 참여민주주의, 다원민주주의, 담론민주주의 등을 강화하여 '대의제의 한계'를 보완하고 '권력의 정당성 강화', 시민 참여의 증대, 다원적 가치 보존, 정치적인 것the political의 확장, 지방 공론장의 활성화, 시민성 개발 등 민주주의의 기본 이념을 강화하는 것이 되어야 한다. 이러한 실천을 통해 현재 진행형으로서의 민주주의를 실현하는 데 일정한 역할을 하고, 프랑스 혁명 이래 민주주의에서 긴장관계를 맺어온 자유와 평등, 권리와 의무, 다양성과 통일성, 다수의 권리와 소수의 권리가 지방 차원에서 변증법적으로 조화되게 할 수 있다.

기존의 민주성이 국민의 요구를 수렴해 행정에 반영시키는 대응성responsiveness의 확보 및 책임행정의 구현을 의미하였다면 지속가능한 지역공동체 차원의 민주성은 관리가 아닌 자율적 참여와 소통을 지향하며 형평성을 보장한다. 관계성, 지속가능성, 민주성은 지속적인 환류와 평가를 통해 지속가능한 사회를 구축하는 주요한 중심축이 될 것이다.[이창언, 2009; 2013a]

거버넌스가 활성화되는 양상은 법적-제도적인 관계 외에 지역사회를 구성하는 공간적이고 물리적인 특성과 함께 지역 정체성과 관련된 문화적 요소와 구성원들 간의 신뢰 구조 및 권력관계 등 비물리적인 사회적 관계의 특성에 따라 다양하게 나타나고 있다는 점에 주목할 필요가 있다. '관계성relationship'은 수평적 네트워크와 파트너십의 사회적 자본과 문화와 함께 이를 제도적으로 보장하는 조건이 얼마나 충족되는지와 관련이 있다. 관계성의 강화는 신뢰에 기초하며 신뢰의 확대는 관계성을 강화한다. 지속가능성 과정은 다양한 문화뿐 아니라 관계에 대한 노출과 경험을 통해 타자(소수자, 자연)를 실제적으로 인지함으로써 '공존'을 모색할 수 있는 새로운 관계가 확장됨을 의미한다. 이는 산업화적 발전, 극단적 개인주의, 반생태적 가치체계에 대한 거부이자, 민족, 국가가 생산해내는 획일적 주체로서의 '나'가 아닌 조금 더 근원적이고 개성적인 '나'로 재탄생하는 과정이기도 하다.

4. 지방 지속가능성과 통합적 관리체계

'지속가능성', '지속가능한 지역공동체'의 개념 정의, 지속가능성의 우선순위를 둘러싼 논의 과정은 지속가능한 지역공동체를 위한 설계, 이를 위한 프로젝트, 의사결정과 지방 지속가능성 노력에 새로운 추진력을 부여할 기회를 만들어낸다.

ICLEI 2013: 123는 기술혁신과 경제 성장에 초점을 둔 지방·국가·국제 수준의 정책을 극복하기 위해 지방정부의 역할을 강조한다. 지방 수준에서 규제, 권한과 의사소통 채널을 가진 지방정부는 사회적 혁신과 정의에 초점을 둔 행동의 전환에서 대단히 독특하고 중요한 위치에 있다. 지방정부는 건축 법규나 토지 이용 계획과 같은 전략 계획, 환경세와 같은 재정적 인센티브, 또는 지방 주민과 기업을 위한 자문 업무 등의 수단을 통해 환경에 미치는 영향을 최소화하고 녹색 경제를 활성화하며 혁신의 잠재력을 극대화할 기회와 권한이 있다. 따라서 지방정부는 지속가능한 발전, 즉 생태계의 물리적 수용 용량과 인간의 합의된 사회적 기준에 근거하여 지역 정책과 지방행동을 수립해야 한다.

지속가능한 지역공동체를 구축하기 위한 비전은 총체론적 관점에서 수립되어야 한다. 이는 두 가지 의미를 포함하는데 첫째, 자연환경만이 아니라 사회 환경(가치와 규범, 제도와 문화)을 전반적으로 포괄한다. 둘째, 도시 규모, 제도적 환경, 발전의 상황의 차이를 인정하되 지방정부와 다양한 참여자에게 유용한 접근 정보를 주어 보편적

〈그림 8〉 세 가지 축을 넘어서는 지속가능성

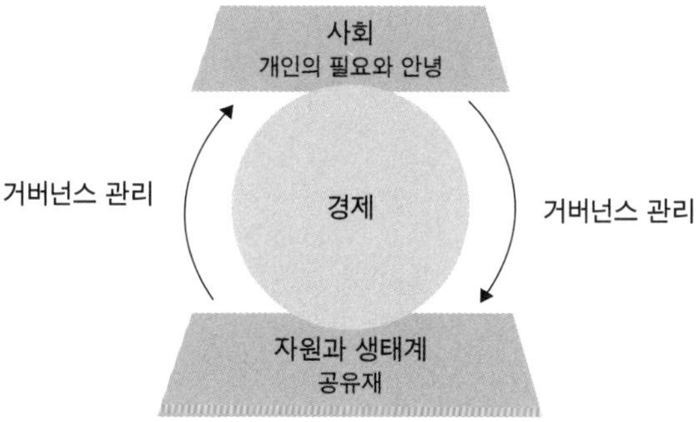

사회
개인의 필요와 안녕
거버넌스 관리
경제
거버넌스 관리
자원과 생태계
공유재

자료: ICLEI(2013: 123)

이고 일반적인 비전을 제시한다.

지방의 지속가능성에서 지방정부의 역할과 통합적 지속가능성 관리체계는 지방의 다양한 행위자를 다층적 거버넌스 시스템으로 통합시킴으로써 지구적·지방적 난관들을 다룬다는 것을 의미한다. 지속가능한 지역공동체 구축을 위해 비전을 수립하고 실행하는 데 참여하는 것은 사회적 기준과 환경 기준의 통합을 지향할 때 정당성을 확보할 수 있기 때문이다.

통합적 접근은 제도와 조직 차원에서 동시에 이루어져야 한다. 먼저 제도화의 측면에서 통합적 접근의 핵심은 경제가치와 생태가치를 제도적으로 통합시키는 것이다. 이는 지역의 조세, 규제제도, 재정정책 등을 개편함으로써 경제의 지지 기반인 자연환경을 보호하고 그 토대 위에서 지속가능한 경제를 지향하는 것을 목표로 한다.

한편, 지속가능한 지역공동체라는 정책 목표를 달성하기 위해서는 그에 적합한 조직체계가 필요하다. 그것은 조직의 통합, 혁신, 신설LCSD을 의미하는데, 이는 정책을 구성하고 집행하는 통합적 접근과 연결된다. 이는 환경 영향에 대한 평가, 인공 자본 외에 자연 자본에 대한 가치 부여, 환경 비용의 내부화(경제와 환경정책의 통합), 소득 재분배, 고용 기회 증대, 사회적 약자 보호, 경제적 이해관계로 얽힌 사회 갈등의 해결(경제 정책과 사회정책의 통합), 환경 정의의 실현, 참여에 의한 정책 형성, 사회자본의 형성(다양한 사회·문화·환경정책의 통합)을 의미한다. 지속가능한 지역공동체의 비전을 구축하는 데는 평가가 뒤따르기 마련인데, 평가는 관리, 책임, 학습의 장치로서 중요하다. 지방의제21의 지속가능한 도시 프로그램은 발전과 환경 보존 사이에 균형을 이루기 위해 환경의식을 시대의 흐름에 맞게 끌어

올리는 동시에 도시 환경 계획과 관리 역량을 강화하는 데 초점을 둔다. 이 프로그램은 다양한 이해 당사자가 참여하는 접근법에 기초하고 있다. 환경 계획과 관리 과정을 실행함으로써 우선순위가 높은 문제들을 파악하고 해결하여 더 지속가능한 발전을 달성하도록 돕는 것을 목표로 한다.

통합적 지속가능성 관리체계는 지방행정 안에서 지속가능성 관심사 전반을 아우르는 공동 관리 시스템이라 할 수 있다. 그것은 이슈와 과제에 대한 통합적 전략과 목표에 기반을 둔 행동계획을 개발하고, 모니터링에 애쓰고, 공동 행동을 취하고, 환류와 책임을 공유하는 과정에서 일관되게 견지해야 할 기본 원리가 되어야 한다.

통합적 관리체계는 특별히 이슈와 관련이 있다. 지방의 지속가능성 과정에서는 일정한 규칙이 드러나는데, 초기에는 환경 부문에 집중되었다가 점차 사회·경제·문화의 이슈들을 통합해나가며 완숙한 과정에 이르게 된다. 물론 지방 지속가능성의 이슈는 지방의 관심, 재원의 가용성, 중앙 수준의 압력 외에 외부로부터 영향을 받는 것도 사실이다. 여기에 더해 특정 시간과 장소 또한 이슈와 지속가능한 지역공동체의 비전을 수립하는 데 영향을 미친다. 리우+10을 전후하여 지속가능성에 대해 보다 더 깊은 수준의 구조적인 도전이 제기된 덕분에 새로운 형태의 녹색 경제와 소비 문제에 한층 다가갈 수 있었다.

유럽뿐 아니라 한국에서도 환경, 사회, 경제 이슈가 때로는 지방정부의 강력한 지원을 받으며 사회적 기업, 사회적 경제라는 큰 틀에 포괄적으로 통합된다. 한편, 리우+20 이후 지방·국가·국제 수준에서 정치적 중요성을 얻게 된 이슈는 기후변화와 생물종 다양성의 취약성과 적응에 관련된 이슈들이다. 통합적 관점을 보여주는 일례로 생태계와 생물다양성의 경제학 연구의 틀로 수행된 생태계 서비스의 가치에 대해 따지다 보니 이 문제가 절박한 과제로 인식되었다. 하지만 사회적 이해와 환경적 이해는 어느 시점에서는 긴장과 갈등을 내포하고 있다. 따라서 취해진 결정이 보다 지속가능하려면 지방의 다양한 구성원들과 생태적으로 강한 지속가능성에 대한 인식을 공유하고, 지방 지속가능성 정책의 투명성을 높이고, 공공 활동에 참여하는 것이 중요하다.

지방 지속가능성 과정의 이슈는 기존의 정책 영역을 넘어서 다부문에 걸친 이슈를 다루는 거버넌스 체제로의 전환을 요구한다. 지방 지속가능성은 공유된 책임, 하향식 거버넌스에서 지방·국가·국제 차원에서 통합적으로 작용하는 메커니즘인 다층 거버넌스로의 통합, 정책 형성과 집행에서 정부 이해 당사자들이 충분히 참여하도록 하는 지속가능발전을 위한 제도적 틀Institutional Framework for

〈표 12〉 협력의 과정과 결과

협력 이전	과정	결과
○높은 수준의 상호 의존성 ○자원과 위험의 분담 필요성 ○자원 부족 ○협력 노력의 역사 ○서로가 필요로 하는 자원을 각 파트너가 갖고 있는 상황 ○복잡한 이슈	▶거버넌스 ▶행정 ▶조직의 자율성 ▶상호작용 ▶신뢰와 호혜성의 규범	○목표의 달성 ○조직 간 수단적 거래가 밀접한 사회적 관계로 전환 ○새로운 가치를 위한 파트너십의 창출이 자원을 극대화할 역량을 마련 ○제도적 공급, 관여, 모니터링의 문제를 해결할 자치적 집합 행동

자료: Thomson and Perry(2006: 21)를 재정리

Sustainable Development을 설계할 때 가능하다.

다시 말해, 이것은 협력적 거버넌스의 블랙박스를 어떻게 채워갈 것인가의 문제가 될 것이다.

Thomson and Perry 2006는 협력의 과정을 "블랙박스black box"라고 표현했다. 그들은 거버넌스, 행정, 조직의 자율성, 상호작용, 신뢰와 호혜성의 규범 등 다섯 가지를 협력의 과정이라는 차원에서 제시했다. 이러한 과정을 통해 상호 의존성이 높고 자원이 부족하여 서로 분담할 필요가 있는 협력 경험을 축적해온 파트너들이 복잡한 이슈를 해결해나감으로써, 목표를 달성하고 밀접한 사회관계socially embedded relationships로 전환하여 자원을 극대화하며 자치적 집합 행동에까지 이르게 된다. 오수길, 2007: 35

결국 규범적으로 협력하면 원하는 결과를 얻을 수 있다고 생각하는 것도 하나의 편향이고, 경험적으로 분석해볼 때 협력적 거버넌스는 구호일 뿐이라고 주장하는 것도 하나의 편향이라 할 수 있다. '다양하고 복잡하고 역동적인' 현대 사회의 문제를 해결하기 위한 아이디어와 지혜와 역량을 모으려면 산출 지향 위주의 정당성뿐만 아니라 투입 지향의 정당성을 지속적으로 확보하고 블랙박스 속에 다양한 경험을 축적하는 것이 필요하다. 또한 이를 위해 새로운 규범과 과정을 만들어내려는 노력 역시 지속해야 할 필요가 있다. 오수길, 2007: 35

왜냐하면 Thomson and Perry 2006: 28가 "협력 과정의 본질에 대해 철저히 고려하고 배우고 싶지 않다면 협력하지 마라."라고 압축적으로 표현한 것처럼, 협력을 위한 협력이나 개별 목표만을 달성하려고 하기에는 협력 과정이 아주 복잡하기 때문이다. 오수길, 2007: 35

이러한 과정의 전개에 대해서는 민관 협력의 고전적인 진화 모델을 생각해볼 필요가 있다.

법·제도적 강제 사항, 네트워크, 사회·경제적 위기, 비전을 제시하는 리더십, 공동의 비전, 브로커 등에 의해 협력이 상호작용하기 시작할 것이다. 그러면 이슈가 부각되고 상호 의존성이 인식되며, 적절한 인물과 조직이 결집하고 신뢰가 형성되면서 목적이 공식화되며, 구체적인 의제가 결정되고 이행되는 단계를 거치게 된다. 이런 과정을 통해 작은 결과물들이 도출되고 환류되면서 협력의 수준은 더욱 높아지고 깊어질 것이다.

민관 협력은 협력적 거버넌스의 관점과 전망 속에서 새로운 거버넌스를 실험한다는 발상의 전환이 필요하다. 실천을 통해 경험이 축적되어야 신뢰도 쌓일 수 있음을 인식해야 한다. 참여자들은 진정한 협력을 위해 각자 스스로 의사결정력과 효능감을 갖출 수 있도록 노력해야 한다. 그리고 새로운 일을 찾기보다는 각자의 일과 중첩되어 함께 새롭게 해나갈 수 있는 일을 모색하는 방향으로 나아가야 할 것이다.

좋은 지방 지속가능성 과정ICLEI, 2013

이상적인 지방 지속가능성 과정은 다섯 가지 유형의 각 속성 중 가능한 한 많은 것을 결합시키는 것이다.

- 지방 전략을 수립한다.
- 시민사회 이니셔티브에 기반한다.
- 공동 행동의 일환으로 다른 주체들과 연계한다.
- 국가 정책 속에 담아야 한다.
- 동시에 국제적 파트너십으로 강화한다.

5장

지속가능한 지역공동체 추진 현황과 실천 과제

1. 지속가능한 지역공동체 5대 목표별 정책 현황

지속가능한 지역공동체는 생명공동체, 녹색경제공동체, 이웃공동체, 자치공동체, 미래공동체 등 5대 공동체를 지향한다.[27] 215개 기초자치단체장의 1만 984개 공약사업 중에서 지속가능한 지역 발전에 기여할 수 있는 공약사업을 5대 분야별로 구분하여 분석해보니 총 6,958개로 나타났다. 이 중 녹색경제공동체 형성에 기여하는 공약사업이 1,997개로 가장 많았으며 이웃공동체 분야가 1,696개, 미래공동체 분야가 1,345개 순으로 나타났다. 4,026개(36.7%) 공약사업은 지속가능한 지역공동체를 형성하는 데 별다른 영향을 주지 못하거나, 사업 추진 결과가 지역공동체에 부정적 영향을 끼칠 수 있는 것으로 나타났다. 시민에게 익숙한 용어로 설명하자면 환경 분야 공약사업 수가 가장 적고 그 다음으로 시민 참여와 주민 자치 분야의 공약사업 수가 적었다.

특별시·광역시의 기초자치구·군과 광역도의 자치시와 자치군을

〈표 13〉 지속가능한 지역공동체 형성에 기여하는 정책 분야 현황

지속가능한 지역공동체 분야	공약 수(개)	비율(%)
생명공동체	841	12.09
녹색경제공동체	1,997	28.70
이웃공동체	1,696	24.37
자치공동체	1,079	15.51
미래공동체	1,345	19.33
합	6,958	100
SLC 기여 공약사업	6,958	63.3
해당 없음	4,026	36.7
합계	10,984	100.0

〈표 14〉 시군구별 지속가능한 지역공동체 기여 정책분야 현황

행정 구역별	생명공동체		녹색경제공동체		이웃공동체		자치공동체		미래공동체	
	공약 수(개)	비율(%)	공약 수(개)	비율(%)	공약 수(개)	비율(%)	공약 수(개)	비율(%)	공약 수(개)	비율(%)
전체	841	7.7	1,997	18.2	1,696	15.4	1,079	9.8	1,345	12.2
광역 자치 구·군	248	8.2	359	11.9	444	14.7	359	11.9	572	19.0
자치시	377	8.7	694	16.0	693	16.0	469	10.8	501	11.5
자치군	216	6.0	944	26.0	559	15.4	251	6.9	272	7.5
비율 격차 분석		2.7		14.1		1.3		5.0		11.5

나누어 지속가능한 지역공동체 형성에 기여하는 공약사업 수를 분석해보면 〈표 13〉, 〈표 14〉와 같은 결과를 얻게 된다.

생명공동체 분야의 3개 기관별 비율 격차는 2.7로 나타나 큰 차이가 없는 것으로 나타났으나 녹색경제공동체 분야에서는 자치군과 광역자치구군과의 격차가 14.1, 미래공동체 분야에서는 광역자치구군과 자치군의 격차가 11.5로, 자치공동체 분야에서는 역시 광역자치구군과 자치군의 격차가 5.0으로 나타나 광역시의 자치구군과 광

역도의 자치군과의 차이가 확연히 드러난다. 녹색경제공동체 분야에서는 자치군에서 농업 분야에 상당한 비중으로 투자하고 있는 현실을 잘 보여주고 있으며, 광역자치구에서 시민 참여형 행정과 시민자치활동, 교육 사업에 상대적으로 많이 투자하고 있음을 확인할 수 있다. 지속가능한 지역공동체를 만들려면 농촌 중심의 자치군과 미래 세대와 시민 교육 사업에 집중하고 있는 광역자치구는 각자 특성을 잘 살려야 함을 알 수 있다.

(2) 일반 정책 분야별 공약사업 분포 현황

지속가능한 지역공동체를 형성하는 데 기여했는지 여부와 상관없이 전체 공약사업을 8개로 분류해보았다. 행정정치 분야, 국토해양 분야 등 한국매니페스토실천본부에서 후보자 정책 분석과 당선자 공약 이행 평가 작업을 진행할 때 사용하는 7개 정책 분야에서 농림수산 분야가 포함된 지역경제 분야를 경제 분야와 농림수산 분야로 세분하였다. 이러한 8개 분야 분류는 도시와 농촌지역 정책의 특성을 보여주는 농업 분야의 정책이 재래시장 활성화 등의 경제 분야 정책과 함께 분류되는 문제를 해결할 수 있다. 이러한 분류 작업을 통해 민선 5기 기초자치단체장의 공약사업을 분석해보면 지역별 정책 사업의 특성을 파악하고, 향후 발전 방안을 모색할 때 활용할 수 있을 것이다. 8대 정책 분야별 주요 사업 내용들은 〈표 15〉, 〈표 16〉과 같다.

8대 정책 분야를 기준으로 공약사업을 분류해보면 국토해양 분야 공약 비중이 가장 높으며(19.1%), 복지건강여성 분야(16.8%), 문화관광 분야(15.4%) 순으로 나타난다. 지역 주민이 성장과 개발 중심

〈표 15〉 분야별 공약사업 분류 기준

경제 분야	농림수산 분야	국토해양 분야	환경노동 분야	복지건강 여성분야	문화·관광 분야	교육과학 분야	행정정치 분야
지역경제 관련	농업 관련	도시계획 관련	기후변화 대응사업	서민 생활 지원	문화정책	교육정책 일반	조직개편
기업(투자) 유치	임업 관련	지역개발 사업	대기, 수질, 생태공원, 녹지확대	장애인, 노인 정책	지역축제 등	청소년 정책	행정효율, 투명성 강화 관련
재래시장 지원	수산업 관련	도로, 대규모 단지 조성	환경계획, 교육	여성 관련 정책	관광개발, 정책	학교시설 개선	주민자치 지원
지역산업 육성 및 지원활동	농어민 지원 정책	교통정책 등	신재생 에너지	이주민 관련 정책	전문 예술인 지원	급식 관련 정책	거버넌스 강화
일자리 창출 등	농산어촌 발전	항만건설, 증개축사업	비정규직 정책	보육, 가족정책 등	생활체육 관련	과학 분야	치안, 방제 등
		주택건설 등	노동조건 개선	보건의료 정책	체육행사, 단체 지원 등	과학연구 시설 건립 등	정치개혁 등

※ 최종 목적을 중시, 상위목표를 중심으로 분류

의 지역 정책을 가장 강력하게 요구하고 있음을 확인할 수 있다. 문화 관광 분야의 많은 정책 또한 관광단지 개발 등 보존보다는 개발을 중심으로 진행되고 있어 지속가능한 지역공동체 건설을 위해서는 이러한 개발 욕구를 완화하고 인간 이외의 다양한 생명과 공존할 수 있는 친환경적인 방안을 함께 모색해야 한다. 3개 기관별 비율 격차가 가장 크게 나타나고 있는 분야는 농림수산 분야이며 국토해양 분야와 문화관광 분야도 상대적으로 격차가 크게 나타나고 있다. 농림수산 분야는 농산촌 중심의 자치군과 도시지역인 광역자치구와 자치시와의 차이에서 오는 결과이나 다른 두 분야가 격차를 보인 것에는 주목해야 한다. 즉 광역자치구의 국토해양 분야의 비중

〈표 16〉 시군구별 지속가능한 지역공동체 기여 정책 분야 현황

행정 구역별	행정정치 분야		국토해양 분야		환경노동 분야		복지건강여성 분야	
	공약 수 (개)	비율(%)	공약 수 (개)	비율(%)	공약 수 (개)	비율(%)	공약 수 (개)	비율(%)
전체	849	7.7	2,096	19.1	845	7.7	1,841	16.8
광역 자치 구·군	305	10.1	660	21.9	256	8.5	603	20.0
자치시	338	7.8	879	20.3	346	8.0	695	16.0
자치군	206	5.7	557	15.3	243	6.7	543	15.0
비율 격차 분석		4.4		6.5		1.8		5.0

행정 구역별	경제 분야		농림수산 분야		문화관광 분야		교육과학 분야	
	공약 수 (개)	비율(%)	공약 수 (개)	비율(%)	공약 수 (개)	비율(%)	공약 수 (개)	비율(%)
전체	1,170	10.7	1,219	11.1	1,694	15.4	1,270	11.6
광역 자치 구·군	351	11.6	53	1.8	369	12.2	420	13.9
자치시	486	11.2	383	8.8	666	15.4	545	12.6
자치군	333	9.2	783	21.6	659	18.2	305	8.4
비율 격차 분석		2.5		19.8		5.9		5.5

이 높은 것은 도심 재개발과 주택 관련 공약사업을 강력하게 요구하는 지역 주민들의 욕구가 반영된 것이며, 자치군의 문화 관광 분야의 비중이 높게 나타난 것은 관광을 활성화하기 위한 지역 개발 사업에 치중하는 지역 발전 계획에 다른 결과이다. 지속가능한 지역공동체를 건설하기 위한 대안을 모색하려면 이러한 정책 분포가 지역별로 편차를 보이는 데 주목해야 한다.

(3) 공약사업 분야별 분석 결과의 시사점

민선 5기 기초자치단체장의 공약 이행 사업 현황의 분야별 분류를 통해 1) 지속가능한 지역공동체의 5대 목표별 공약사업 비중을

살펴볼 때 녹색경제공동체 분야가 가장 높게 나타나고 있어 농업을 포함한 경제 분야 정책이 중요함을 확인할 수 있다. 2) 기후변화대응과 생물다양성 관련 정책으로 분류되는 생명공동체 분야의 공약사업이 가장 적게 나타나고 있어 향후 각 지역별로 지속가능한 지역공동체의 구체적인 비전과 계획을 수립하는 과정에서 이 분야에 대해 관심을 집중하고 정책을 개발할 필요가 있다. 3) 또한 특별시·광역시의 자치구와 자치군의 정책 분포가 확연한 차이를 보이는 분야에 주목하여 지역별 특성을 정확하게 살릴 수 있도록 해야 한다.

2. 참여적 거버넌스의 제도화 현황과 개선 방안

(1) 제도화의 의미와 지방의제21의 역할 검토

제도화의 사전적 의미는 "관습이나 도덕, 법률 따위의 규범이나 사회 구조의 체계", 혹은 "법이나 관습에 의하여 세워진 모든 사회적 규약의 체계"로 정의된다. 정치학에서는 제도화institutionalization, 制度化란 "정치적 활동에서 개인 및 조직의 행동에 일정의 양식, 규칙이 형성되는 것"을 말하며, 『사회학 사전』고영복, 2000, 사회문화연구소에는 "일반적으로 잘 확립되고 쉽게 인식되며 상대적으로 안정적인 규범, 가치, 법률에 의해 규제되는 사회행동의 측면에 적용된다. 사실상 어떤 사회학자들은 실질적인 행동 유형보다는 규범, 가치, 법률의 복합체를 가리키는 데 사용해왔다."고 설명하고 있다. 즉 새로운 가치나 사회운동이 제도화된다는 것은 다수 구성원들에게 익숙한 생활방식으로 관습화되고, 공식적인 법과 제도뿐만이 아니라 비공식적 영역에서도 규범화된다는 의미다.

'지속가능한 지역공동체'의 가치와 비전을 실현하는 과정에서 보았을 때 제도화는 다수 구성원들이 이 가치와 비전을 쉽게 인식하고 생활과정을 반복함으로써 습관화되도록 법과 제도를 비롯하여 구성원들의 다양한 활동 영역에서 되돌릴 수 없는 규범으로 만들어 가려는 실천 활동이다. 지속가능한 지역공동체를 실현하기 위한 제도화 방안은 글로벌 수준, 주권국가의 최상위 법인 헌법, 여러 법률 체계, 지방정부 차원에서 검토될 수 있는 자치법규 등 여러 수준으로 모색될 수 있으며, 법과 제도를 뛰어넘어 다수 구성원의 지속적 사회행동 차원에서도 살펴볼 수 있다. 여기서는 수준별로 간략하게 각각 살펴보고 상세한 설명은 제2절에서 하겠다. 먼저 지속가능한 발전을 추구해온 세계인들의 노력은 1972년 스톡홀름회의UNCHE(인간환경회의)를 시작으로 1992년 리우회의UNCED(UN환경개발회의), 2002년 요하네스버그회의WSSD(지속가능발전정상회의), 그리고 2012년 또다시 리우회의UNCSD(지속가능발전회의)를 거치면서 글로벌 거버넌스를 통한 많은 협약과 선언, 이행계획서로 발표돼왔으며, 앞으로도 교토의정서를 대체할 기후변화대응 관련 협약을 비롯하여 리우+20 회의에서 제기된 '지속가능발전목표SDG's' 등이 나올 것이다. 지방정부들이 참여하는 지속가능한 발전을 위한 글로벌 차원의 노력은 [ICLEI-지속가능성을 위한 세계지방정부] 활동을 비롯하여 여러 분야에서 다양한 방식으로 지방정부들이 참여하는 많은 글로벌 거버넌스 활동을 통해 활발하게 진행되고 있다. 환경 보호와 지속가능한 발전에 대한 여러 나라의 헌법을 비교하여 연구한 결과에 따르면 독일, 프랑스 등 많은 나라의 헌법에 관련 내용이 포함되어 있으며 최근 헌법을 개정하는 다수의 나라에서 지속가능발전과 관련된 조항을 추가하고 있는 것으로 파악되고 있다.고문헌, 2010

지속가능한 지역공동체와 관련된 우리나라의 대표적인 법은 2007년 제정된 '지속가능발전기본법'과 2010년에 제정된 '저탄소 녹색성장기본법'이지만, 두 법의 내용이 상호 충돌하는 문제점이 있어 최근에는 국회에서 개정 논의가 활발하게 진행되고 있다.[28] 지방정부와 지역 주민들의 눈높이에서 지속가능발전을 바라보면 가장 먼저 눈길이 가는 법은 '지방자치법'이다. 따라서 이 책에서는 국가 지속가능발전을 위한 상기 두 법의 개정과 함께 지방자치법을 개정할 것을 제안한다. 다음으로 지방정부 차원의 자치법규는 '지방의제21'과 관련된 조례와 규칙을 가장 중요하게 언급할 것이다. 지속가능한 지역 발전을 목표로 활동해온 지방의제21이 우리 사회에서 가장 강력하고, 폭넓게 확산되어온 지방 지속가능성 운동이며, 앞으로도 지난 20여 년의 활동 경험을 바탕으로 이 운동을 주도해야 하기 때문이다.

2013년 6월 현재 지방의제21과 관련된 조례를 갖추고 있는 기초자치단체는 84개로 전체 227개 지방자치단체의 37%를 차지하고 있다. 광역자치단체의 경우를 살펴보면 서울특별시와 인천광역시, 대전광역시, 울산광역시, 세종특별자치시와 경기도를 비롯하여 강원도, 충청북도, 충청남도, 전라남도 등 10개 시도에서 조례를 제정하여 지방의제21이 추진하는 지속가능한 지역공동체를 실현하기 위한 활동을 뒷받침하고 있다(광역 포함 244개 중 94개, 39%). 그런데 향후 지속가능발전을 실현하기 위한 활동은 환경 분야나 지방의제21에 참여하는 구성원들만의 실천이 아닌 지역공동체와 관련된 모든 분야의 활동으로 확대되고 있다. 전체 지역 주민이 참여하여 지역공동체의 핵심 활동 목표로 자리 잡아가려면 지방의제21과 관련된 자치법규에 대한 관심을 대폭 확장하여 본 연구에서 다루고 있는 5대 목표, 8대 분야와 관련된 수많은 자치법규를 검토해야 할 것이다. 다만 이번 연구에서는 시민 참여를 활성화하며 자치 역량을 강화할 수 있는 분야의 자치법규에 관한 내용으로 한정하여 설명한다.

다음으로 지속가능한 지역공동체를 실현하기 위한 제도화 방안은 공식적인 법과 제도의 틀을 넘어서서 사회 구성원의 인식을 고취하고 행동을 촉진하는 사회행동화의 영역을 포함해야 한다. 다수 구성원들이 반복적 활동을 통해 지속가능발전의 가치를 내면화하고 생활방식을 습관화할 수 있는 지방의제21의 추진 전략을 가장 중요한 과제로 다루게 될 것이다. 지방의제21은 향후 10년의 활동 목표와 추진 전략으로 산업과 지역경제, 사회, 환경, 문화, 교육, 행정 등 '지역공동체' 모든 분야로 실천 영역을 확장하고, 지속가능발전이 지방정부에서 가장 상위의 정책 목표로 설정될 수 있도록 노력해야 하며, 민선 6기 지방선거를 활용하여 그 방안을 실행해나가야 한다. 지속가능한 지역공동체 실현을 위한 지방의제21의 역할과 추진 전략 개발, 민선 6기 지방정부의 최우선 목표로서 지속가능성을 정립하기 위한 실행계획서 제안은 이 연구의 출발이었으며 핵심 과제이다.

정리하면 지속가능한 지역공동체와 관련된 제도화는 글로벌 차원의 협약과 권고, 선언 등이 있고, 국가 차원에서는 헌법과 법률, 지방정부 차원의 자치법규 등의 법제화가 있는데, 공식적인 법과 제도뿐만 아니라 지속가능발전과 지속가능한 지역공동체에 대한 사회적 인식과 그 가치와 목적을 실현하려는 사회적 실천, 혹은 사회행동

〈표 17〉 지속가능한 지역공동체 관련 수준별 제도화 내용[29]

구분	제도화 내용
글로벌	1992년 리우회의, 의제21(제28장) 2002년 WSSD(이행계획서, 지방행동21) 2012년 리우+20, UNCSD(녹색경제, 지속가능발전 거버넌스) UN기후변화 당사국 총회, 지속가능발전목표(SDG's) ICLEI-지속가능성을 위한 세계지방정부, 프로그램
헌법	독일 국가 목표로 환경 조항 헌법 명기, 프랑스 헌법 전문과 환경헌장 남아프리카공화국 헌법 환경권 조항(제24조) 대한민국 헌법 환경권 조항(제35조)
법률	지속가능발전법, 저탄소녹색성장기본법, 지방자치법
사회적 인식	지속가능발전에 대한 중앙정부, 지방정부, 시민의 인식 모두 보통 이하로 낮으며, 특히 지자체 정책 담당자와 시민의 인식이 상대적으로 더 낮음.
행동화	-221개 지자체(광역 16개, 기초 205개)에서 지방의제21을 수립하여 실천 사업 추진(90%) -지방의제21을 상시적으로 추진하기 위해 상설사무국을 설치하여 운영하는 지자체도 2010년 12월 현재 114개에 달해 자율적인 민관 협력 기구로서는 매우 광범위하게 확산되어 있음.

등을 주요하게 살펴볼 수 있다. 이는 〈표 17〉과 같이 정리할 수 있다.

여기서는 이러한 인식을 바탕으로 지속가능한 지역공동체와 관련된 글로벌 차원의 논의와 제도화 내용, 비교 헌법적 관점에서 기존 연구 성과를 인용하여 관련 내용을 소개하고, 우리나라 지속가능발전 법률의 개정 방향과 지방정부의 관련 법규 정비 방안을 제시한다.

(2) 글로벌 차원과 헌법 수준에서의 지속가능발전의 제도화

(가) 글로벌 수준에서의 지속가능발전 개념 형성 및 제도화

오늘날 우리가 널리 사용하고 있는 '지속가능한sustainable'이라는 용어를 현대적 의미로 처음 사용한 것은 1972년 로마클럽의 지구환경 보고서였던 『성장의 한계』Meadows, et al., 1972에서 비롯되었다. 이를 계기로 지구환경에 대한 위기의식이 고조되기 시작하였으며, 그 해 UN은 스웨덴의 스톡홀름에서 'UN인간환경회의UNCHE'를 개최하여 심화되는 지구환경문제에 대해 범지구적으로 대응하고 국제적으로 협력하기 위해 노력하기 시작하였다. '지속가능발전sustainable development'이라는 용어는 '세계환경·개발위원회WCED'가 1987년에 발표한 『우리 공동의 미래』에서 "미래 세대의 욕구를 충족시킬 수 있는 능력을 저해하지 않으면서 현재 세대의 욕구를 충족시키는 발전development that meets the needs of the present without compromising the ability of future generations to meet their own needs"이라고 정의하면서 본격적으로 사용하기 시작하였다. 이후 1992년 6월에 지속가능발전을 범세계적으로 실현하기 위한 국제회의인 'UN환경개발회의UNCED'가 브라질 리우데자네이루에서 개최되어 '환경적으로 건전하고 지속가능한 개발ESSD'이라는 개념이 널리 사용되었다. 2002년 8월 남아프리카공화국 요하네스버그에서 '지속가능발전세계정상회의WSSD'가 열려 환경 보전·경제 발전·사회 통합의 조화를 의미하는 '지속가능발전'이라는 개념이 21세기 인류의 보편적인 발전 전략을 함축하는 핵심 개념으로 자리 잡게 된 것이다.

ICLEI의 개념 정의에 따르면 지속가능발전의 핵심적 의미는 발전이 이루어지되 환경 용량environmental capacity을 초과하지 않는 범위 내에서 이루어지는 것, 즉 생명의 원천인 환경생태계가 경제사회 시스템을 지탱해서sustain 지속적으로 유지될 수 있도록 하는 것으로 해석된다. 나아가서 지속가능성은 단순히 환경문제 내지 환경정책과 관련된 개념으로만 인식하는 논의에서 벗어나 한 차원 높은 수준의 정책 목표로서, 자유, 정의, 민주주의 등과 같이 사회 전체를 아우르고 있는 '이념'으로 이해되고 있다.김병완, 2013

지속가능발전을 뒷받침하는 제도화 노력은 1992년 리우회의를 통해 1972년 스톡홀름 선언의 취지를 재확인하면서 여러 분야에서 진전되는 결실을 맺게 된다. 184개국 대표단과 114개국의 정상들이 참여한 가운데 지구헌장으로서 「환경과 개발에 관한 리우선언」, 환경보전 행동계획으로서 「의제21」, 지구 온난화 방지를 위한 「기후변화협약」, 종의 보전을 위한 「생물다양성 보전조약」, 삼림 보전을 위한 원칙, 환경 보전을 위한 자금 공급 방안 및 기술 이전 등을 합의하였다. 총 27개 원칙으로 구성된 「리우선언」은 이후 국제 협상 과정에서 중요한 기준이 되었으며, 각 국가에서 지속가능발전과 관련된 법과 제도, 정책을 수립하는 과정에서도 활용되었다. 리우선언 중 지속가능한 지역공동체 활동에 주요하게 고려되어야 할 몇 가지 원칙은 다음과 같다.

원칙 1
인간을 중심으로 지속가능한 개발이 논의되어야 한다. 인간은 자연과 조화를 이룬 건강하고 생산적인 삶을 향유하여야 한다.

원칙 3
개발의 권리는 개발과 환경에 대한 현세대와 차세대의 요구를 공평하게 충족할 수 있도록 실현되어야 한다.

원칙 7
각 국가는 지구 생태계의 건강과 안전성을 보존, 보호 및 회복시키기 위하여 범세계적인 동반자 정신으로 협력해야 한다. 지구의 환경 악화에 대한 제각기 다른 책임을 고려하여, 각 국가는 공통되면서도 차별적인 책임을 가진다. 선진국들은 그들이 지구환경에 끼친 영향과 그들이 소유하고 있는 기술 및 재정 자원을 고려하여 지속가능한 개발을 추구하기 위해 국제적으로 노력하는 데 분담하여야 할 책임을 인식해야 한다.

원칙 10
환경문제는 관계된 모든 시민이 적절한 수준에서 참여할 때 가장 효과적으로 다루어진다. 국가 차원에서 각 개인은 지역사회에서의 유해 물질과 처리에 관한 정보를 비롯하여 공공 기관이 가지고 있는 환경 정보에 적절히 접근하고 의사결정 과정에 참여할 수 있는 기회를 부여받아야 한다. 각 국가는 정보를 광범위하게 제공함으로써 공동 인식과 참여를 촉진하고 증진시켜야 한다. 피해의 구제와 배상 등 사법 및 행정 절차에 효과적으로 접근할 수 있어야 한다.

원칙 20
여성은 환경 관리 및 개발에 있어서 중대한 역할을 수행한다. 따라서 지속가능한 개발을 달성하기 위해서는 그들의 적극적인 참여가 필수적이다.

원칙 22
토착민과 그들의 사회, 그리고 기타의 지역사회는 그들의 지식과 전통적 관행 덕분에 환경을 관리하고 개발하는 데 중요한 역할을 수행한다. 각 국가는 그들의 존재와 문화 및 이익을 인정하고 적절히 지지하여야 하며, 또한 지속가능한 개발을 성취하기 위하여 그들의 효과적인 참여가 가능하도록 해야 한다.

지속가능한 발전이라는 이상을 실현하기 위한 '행동계획'으로 채택된 「의제21」은 총 40개장으로 구성되어 있으며 국제적 지침으로 지구 보전을 위한 규범을 각론으로 상술하고 있다. 또한 여기에는 지속가능발전이라는 그 이상을 실천하는 중요 9대 그룹Major Nine Group을 ① 주민, ② NGO, ③ 지방정부, ④ 청소년, ⑤ 산업계, ⑥ 과학기술계, ⑦ 노동자, ⑧ 여성, ⑨ 농민 등으로 지정하여 각 그룹별 역할을 제안하였다.

리우+20회의 이후 지속가능한 지역공동체와 관련된 글로벌 차원에서의 제도화 노력은 '지속가능발전목표SDG's'로 드러날 것이다. SDGs는 지속가능개발SD이라는 다소 모호한 개발 이념concept을 가시적visible이고 달성 가능한achievable 목표로 전환해주는 정책 수단 또는 프레임워크policy tool / framework로서 역할을 한다. 즉, 2000년 채택된 새천년 개발 목표Millennium Development Goals: MDGs가 초등교육 실시, 기본 의료 제공 등 인간 개발을 중심으로 최소한 달성해야 할 개발목표인 반면, SDGs는 더 높은 수준의 목표이다. SDGs 개발 워킹그룹open working group은 2013년 9월에 작업 결과를 정리하여 제안서를 제출할 예정이다. SDGs 주요 쟁점 및 구체적인 분야들은 다음과 같다.

- 빈곤 퇴치Poverty eradication
- 식량 안보 및 지속가능한 농업Food Security and Sustainable Agriculture
- 에너지Energy
- 지속가능한 도시Sustainable Cities
- 사회 통합 및 녹색 일자리Social Inclusion and Green Jobs
- 해양 및 군서 도서국가 생존Oceans and Small Island Developing States
- 자연재해Natural Disasters
- 기후변화Climate Change
- 산림, 생물다양성, 사막화 방지Forests, Biodiversity and Desertification
- 산Mountains
- 화학물질 및 쓰레기Chemicals and Waste
- 지속가능한 소비와 생산Sustainable Consumption and Production
- 교육Education
- 양성평등Gender Equality

「의제21」의 제28장은 지구환경 보전을 위한 지방정부 역할의 중요성을 강조하면서 각국의 지방정부가 지속가능한 지역공동체를 발전시키기 위한 행동계획을 담은 지방의제21을 지역 주민과 합의를 통해 1996년까지 작성할 것을 권고하였다. 리우회의 이후 지방정부의 역할은 더욱 주목받기 시작하였으며 2002년 요하네스버그 회의에서는 "지역의 행동이 세계를 움직인다Local action moves the world."라는 슬로건이 등장하기에 이르렀다. 지역은 지속가능발전의 이상을 실천해가는 가장 중요한 현장이다. 그런 까닭으로 1992년 유엔환경개발회의의 지구정상회담Earth Summit 사무총장을 맡았던 모리스 스트롱은 "지구정상회담으로 도출된 많은 프로그램 가운데 지방의제21보다 더 유망하고 중요한 것은 없다."고 하였다.

글로벌 차원에서는 국가 간의 거버넌스뿐만 아니라 지방정부들의 거버넌스 또한 많은 역할을 하고 있다. 지구환경문제를 해결하는 데 국가는 너무 작고, 주민의 일상생활과는 너무 멀리 떨어져 있기에 지역 주민과 밀착되어 생활운동으로 지구환경문제를 해결할 수 있는 힘은 지방정부가 갖게 된다. 우리나라에서도 지속가능한 국가공동체 건설을 위한 실천 행동도, 지속가능한 지역공동체를 건설하기 위한 정책 개발과 집행, 그리고 주민과 공동 실행을 위해서도 지방정부의 역할은 매우 중요하다. 리우+20회의를 앞두고 ICLEI세계총회가 UN에 보내는 메시지는 깊이 음미하며 그 의미를 되새겨볼 필요가 있다.

ICLEI 세계총회가 리우+20회의에 보내는 메시지

2012년 ICLEI 세계총회에 즈음하여 여기 브라질 벨루오리존치Belo Horizonte에 모인 우리 ICLEI는 유엔지속가능발전회의United Nations Conference on Sustainable Development(Rio+20) 당사국들에게 이 문서로 다음과 같이 촉구한다.

1. 지방정부가 혁신과 그 이행의 인큐베이터, 변화의 동인, 시민에게 가장 가까운 정부 영역으로서 지속가능발전에 특히 효과적인 추진자이고, 지방정부가 지방화된 체계적인 해결책으로 지구 문제를 다룰 수 있으며, 지방정부가 우리 경제를 녹색화하는 데 기여하는 지속가능한 실천을 촉진할 규범적이고 법적인 수단을 직접 생산하고 강화한다는 것을 인식하라.
2. 다음 40년은 도시의 세기로서 도시 용량의 확장이 지난 4,000년에 맞먹게 될 것이고, 우리의 미래 도시 생활을 재설계하고 전환할 예기치 않은 도전과 기회를 낳게 됨을 인식하라.

유엔체계 내에서 정부 이해 당사자governmental stakeholders인 지방정부로서는 지속가능발전 추진자로서 우리의 잠재력을 충분히 실현하기 위해 유엔지속가능발전회의 당사국들에게 다음과 같이 요청한다.

3. 지구적 합의를 효과적으로 이행한다는 관점을 가지고, 유엔 절차의 일부로서 영구적이고 효과적인 협의 메커니즘을 제공함으로써 지속가능성을 위한 국제적인 법적 틀을 개발할 때 정부 이해 당사자들을 인정하라.
4. 정부 이해 당사자들에게 유엔체계를 비롯하여 국제적 개발협력 과정에 대표성과 영향력을 보장하라.
5. 분권화된 협력 모델을 통해 지방 수준에 맞춰 지속가능발전을 위해 확대된 국가 및 국제 지속가능발전 기금에 대한 정부 이해 당사자들의 접근을 개선하라.
6. 통합적인 도시 해결책을 가능하게 하고, 포용적인 녹색 도시 경제를 위한 새로운 시장을 창출하는 지역기반 규제 틀의 확립을 지원하라.
7. 지방 지도자와 연계하고, 지식 교환을 용이하게 하고, 역량을 구축하며, 협력 행동을 촉진하는 네트워크와 협의체를 강화하라.
8. 글로벌 주창자로서의 오랜 리더십, 해결책 개발, 행동 고양, 변화의 촉진, 그리고 지방 지속가능성의 장을 열어왔던 ICLEI와의 협력을 강화하라.
9. 빈곤 경감과 환경 정의를 위해 필요한 일을 다루고, 지구체계의 한계 내에서 작동하는 복원력 있고 포용적인 녹색 도시 경제를 향한 전환을 촉진할 모든 기회를 부여잡자.「ICLEI 세계총회가 리우+20회의에 보내는 메시지」, 『세계지방의제21 20년사』, ICLEI 지음, (사)한국지속가능발전센터 옮김, 리북, 2013.

(나) 국가 헌법 수준에서의 제도화 내용

헌법에 환경 보호의 내용을 포함하여 지속가능발전과 관련된 환경헌법을 갖추고 있는 나라를 두 분류로 크게 나누면 1) 국가 목표 조항으로 규정하고 있는 독일, 오스트리아, 네덜란드, 스위스, 북한, 아르메니아, 에스토니아, 인도, 중국, 태국, 파나마 등의 국가군과 2) 기본권 조항으로 규정한 프랑스, 남아프리카공화국, 러시아, 불가리아, 우크라이나, 스페인, 이란, 알바니아, 에콰도르, 포르투갈, 니카라과, 페루, 터키, 핀란드 등으로 나누어 볼 수 있다. 이 두 부류의 국가군 중 독일과 같이 헌법의 규범력이 확보되어 있는 국가일수록 환경 보호를 환경기본권의 형태로 규정하지 않고 환경 국가 목표 조항의 형태로 규정하는 경향이 있다. 왜냐하면 환경 보호를 기본권의 형태로 규정하게 되면, 첫째, 예컨대 마의 4각에 환경 보호라는 제5각을 더하게 되는 등 그 파급효과가 막대할 수 있기 때문이다.

둘째, 환경권은 특히 집단적 성격이 있기 때문에 개개인에게 정향된 종래의 기본권의 형태로 규정하게 되면 그 실효성이 약화될 수 있기 때문이다.

셋째, 기본권은 국가권력을 직접적으로 구속하는데, 환경 보호를 기본권의 형태로 규정하더라도 국가권력을 직접적으로 구속하기가 어렵게 되고, 이것은 기본법 제1조 제3항에 부합하지 않아 그 해석에 어려움이 있기 때문이다.

1994년 10월 27일 제42차 기본법 개정에서 독일 기본법은 제20a조에서 환경 보호를 국가 목표 조항의 형태로 규정하고 있다. 그 후 독일 연방의회는 2002년 7월 26일 제50차 기본법 개정에서 종전의 "자연적 생활기반"의 보호에서 "자연적 생활기반과 '동물'"의 보호라고 함으로써 '동물' 보호를 명문화하기에 이르렀다. "국가는 또한 미래 세대에 대한 책임을 지고 헌법 질서의 범위 내에서 입법에 의하여 그리고 법률과 법의 척도에 따라 집행권과 사법권에 의하여 자연적 생활기반과 동물을 보호한다.고문현, 2005: 45-100" 2009년에 개정된 조선민주주의 인민공화국 사회주의 헌법은 1998년 헌법과 동일하게 제57조에서 환경 보호에 대한 규정을 두고 있다.[30] "국가는 생산에 앞서 환경 보호 대책을 세우며 자연환경을 보존, 조성하고 환경 오염을 방지하여 인민들에게 문화위생적인 생활환경과 로동조건을 마련하여준다."

기본권 조항의 형태로 규정한 국가의 특성은 1980년대 이후 최근에 개정 내지 제정한 아시아·아프리카·남아메리카·동구권 등을 중심으로 한 국가들의 헌법 중에서 많이 발견된다. 그러나 이들 국가들의 헌법은 규범적 헌법이라고 보기는 어렵기 때문에 기본권 조항의 형태로 환경 보호를 규정한다고 해서 이것이 다 실현되리라고 생각하기보다는 오히려 상징적·정치적 의미가 크다고 봐야 한다.

프랑스 헌법의 전문은 다음과 같다.

"프랑스 국민은 1789년 인간과 시민의 권리선언에서 규정되고 1946년 헌법 전문에서 확인·보완된 인권과 국민주권의 원리, 그리고 2004년 환경헌장에 규정된 권리와 의무를 준수할 것을 엄숙히 선언한다."

프랑스 헌법에서 언급되고 있는 2004 환경헌장은 전문과 총 10개항으로 구성되어 있으며 내용은 다음과 같다.

1. 프랑스 인민은, 자원과 자연의 균형이 인류의 출현을 결정하였다는 점을 고려하여, 인류의 미래와 존재는 인류의 자연환경과 분리할 수 없다는 점을 고려하여, 환경은 인류의 공통 유산이라는 점을 고려하여, 생물의 다양성, 인간의 성장과 인간사회의 발전은 여러 가지 소비·생산 방식과 천연자원의 과도한 이용에 영향을 받는다는 점을 고려하여, 국가의 다른 기본 이익과 동일한 위치에서 환경을 보존하려고 노력해야 한다는 점을 고려하여, 지속가능한 발전을 보장하기 위하여, 현재의 수요를 충족시키기 위한 선택이 미래 세대와 다른 사람들의 능력을 위태롭게 해서는 안 된다는 점을 고려하여 아래와 같이 선언한다.

제1조 각자는 건강을 존중하고, 균형 잡힌 환경에서 생활할 권리가 있다.

제2조 모든 사람은 환경을 보존하고, 개선하는 데 참여할 의무가 있다.

제3조 법률에 의해 정해진 조건에 따라 모든 사람은 환경에 야기할 수 있는 침해를 예방하거나, 그렇지 않으면 환경 침해로부터 발생하는 결과를 제한해야 한다.

제4조 법률에 의해 정해진 조건에 따라 모든 사람이 환경에 야기한 손해를 회복하는 데 기여해야 한다.

제5조 비록 과학적 지식의 상태에서 불확실하다 하더라도 손해의 발생이 심각하거나 회복할 수 없는 정도로 환경에 영향을 끼치는 경우, 손해 발생을 대비하기 위하여 공권력은 사전 예방의 원칙을 적용하여 그 해당 영역에서 위험을 평가하는 절차를 시행하고 즉각적이고 상황에 적절한 조치를 취하는 것을 고려해야 한다.

제6조 공공 정책은 지속가능한 발전을 추진해야 한다. 이를 위하여 공공 정책은 환경가치를 보호하는 동시에 이용하고, 경제 발전과 사회 발전을 조화시켜야 한다.

제7조 모든 사람은 법률에 의해 정해진 조건과 제한에 따라 공권력이 보유하는 환경에 관한 정보에 접근하고, 환경에 영향을 미치는 공적 결정에 참여할 권리가 있다.

제8조 환경에 대한 교육과 수련은 본 헌장에 규정된 권리와 의무를 행사하는 데 기여하여야 한다.

제9조 연구와 혁신은 환경을 보존하고 이용하는 데 도움이 되어야 한다.

제10조 본 헌장은 프랑스의 유럽연합 활동과 국제 활동을 고취한다.

1996년 11월에 새로이 채택되었고, 1997년 2월부터 효력이 발생한 남아프리카공화국 헌법은 제24조에서 환경권을 규정하고 있다.

> ① 모든 사람은 자기의 건강과 복지에 유해하지 않은 환경을 누릴 권리가 있다.
> ② 모든 사람은 현세대와 미래 세대의 이익을 위하여, 생태의 오염 및 악화를 방지하고 보전을 장려하며, 정당한 경제적·사회적 개발을 촉진하는 반면에 자연자원을 생태적으로 지속가능하게 개발하고 이용하도록 보장하는 합리적 입법조치와 기타 조치를 통하여 환경을 보호받을 권리가 있다.

우리나라 헌법 제35조에서 환경권을 규정하고 있다.

> ① 모든 국민은 건강하고 쾌적한 환경에서 생활할 권리가 있으며, 국가와 국민은 환경 보전을 위하여 노력하여야 한다.
> ② 환경권의 내용과 행사에 관하여는 법률로 정한다.
> ③ 국가는 주택개발정책 등을 통하여 모든 국민이 쾌적한 주거생활을 할 수 있도록 노력하여야 한다.

(3) 지속가능발전과 지역공동체를 위한 법률과 자치법규의 정비 방안

(가) 지속가능발전을 위한 법제도 정비 원칙[31]

지속가능발전을 촉진하고 확산시켜나가기 위해서는 법제도가 잘 정비되어야 한다. 관련 법제도의 정비는 다음과 같은 네 가지 원칙에 따라야 한다.

첫째, 지난해 Rio+20에서 확인된 바와 같이 '우리가 원하는 미래'

를 만들기 위하여 우리나라도 최고 통치권자가 국정 철학으로 '지속가능발전'을 천명하고 이를 중심으로 국가를 통치할 필요가 있다. 지속가능발전은 세대 내, 세대 간 사회 정의를 실현하는 사회적 형평성, 지속적인 경제 발전을 추구하는 경제적 효율성, 쾌적한 터전을 만들기 위한 환경적 건전성을 모두 추구할 수 있는 통합 비전이기 때문이다. 특히, 지속가능발전의 원칙은 법률뿐만 아니라 앞으로 개정 논의가 예정되어 있는 헌법에도 반드시 명시될 필요가 있다. 프랑스, 스위스 등 선진국은 이미 오래전부터 지속가능발전을 헌법적 가치로 정해놓은 실정이다. 우리나라도 '지속가능발전'의 원칙이 헌법에 명시되어야 할 사항임을 전제하고 이에 맞는 체계를 갖춰나가야 할 것이다.

둘째, UN 등 국제사회 공동의 목표인 '지속가능발전'의 위상과 내용을 왜곡하지 않는 한국적 지속가능발전 법률체계를 정립하는 것이 필요하다. 국제적으로 모범 사례로 알려진 지속가능발전 추진의 제도적 기반이 이명박 정부에서 약화되었기 때문에 이를 회복할 필요가 있다. 법률 체계에서는 국가와 지방의 지속가능발전 가치를 중심에 두고, 저탄소 녹색성장 기본법과 에너지법, 기타 일반법도 일부 개정이 필요하다. 또한 국내에서 지속가능발전을 '목적'과 '기본 이념', '원칙'이나 조문 중에 명시하거나 지속가능한 관리 개념을 담고 있는 법률이 50개(붙임 1)인데, 이를 총괄적으로 정의해주고 방향을 설정하는 기본법이 필요하다.

셋째, 소통과 공론을 기반으로 지속가능발전 거버넌스를 구축하는 시스템으로 나가야 한다.

박근혜 정부에 대한 가장 큰 비판은 역시 '불통'이다. 정부 시스템

안에서 대통령과 소통하는 중요한 수단 중 하나가 각계를 대표하는 다양한 민간인이 참여하는 위원회다. 부처 간의 의견 사각지대와 상충 지점을 해소하고 공론이 이루어지기 때문이다. 현 정부는 출범 직후 효율성을 내세워 미래 전략을 수립하는 각종 대통령 위원회를 대부분 폐지하면서 공론과 소통이 약화되었다. 주로 여러 부처들 사이에 이해가 얽혀 있거나, 어느 한 부처만으로는 해결하기 어려운 일들을 융합해 프로젝트로 추진하는 것이 필요하다. 또한 국가 전략상 반드시 공론과 소통이 필요한 분야에는 민관이 수평적 네트워크를 이루도록 거버넌스 위원회를 운영할 필요가 있다. 현재와 미래, 가치와 현실이 토론되어야 하는 지속가능발전 분야가 대표적이라 할 수 있다.

넷째, 국가의 지속가능발전 시스템은 행정부와 입법부, 사법부가 함께 노력해야만 한다. 우리나라는 2000년부터 미흡하지만 그동안 행정부를 중심으로 지속가능발전을 위해 노력해온 측면이 있다. 물론 입법부가 지속가능발전을 위한 법적인 제도 정비를 뒷받침한 것이 사실이지만, 지역 개발이라는 명분으로 선심성 예산을 증액시켜 토건 중심의 정책을 주도한다는 점도 사실이다. 지속가능성을 저해했던 큰 책임이 입법부에 있다고 해도 과언이 아니다. 따라서 입법 활동을 포함하여 국회 차원에서 지속가능성을 높이려는 시스템이 먼저 구축되어야 한다. 또한 사법부의 노력도 필요하다. 사법부는 법률에만 근거하여 판단하지만, 미래 지향적인 가치를 고려하는 지속가능발전을 적용하는 데 적극적인 역할이 필요하다. 이를 위하여 헌법 개정 논의 시에는 가장 핵심 가치로 '대한민국의 지속가능발전'을 명시하고 이를 사법부가 적극적으로 해석 인용하는 것이 바람직하다.

지속가능발전을 위한 노력은 법제도의 정비와 함께 이행체계를 잘 정비해야만 그 목적을 달성할 수 있다. 지속가능발전을 위한 이행체계 개선 방향은 다음과 같다.[32] 2012년 6월 브라질에서 개최된 유엔지속가능발전회의(Rio+20회의)에서도 지속가능발전을 위한 조직과 제도의 강화, 지속가능발전 목표SDGs 설정 등이 주요 의제로 논의되었다. 지속가능발전을 위한 조직과 제도의 틀 강화 방안으로는 현재 유엔총회의 부속기구 형태인 UNEP의 위상을 강화하는 방향으로 공감대가 형성되었으며, 범지구적 지속가능발전 목표SDGs 설정은 유엔총회 산하의 정부 간 협상을 통해 2015년 이후 구체적 분야와 목표를 확정하기로 했다. 이와 같은 국제적 추세에서 보면 현재 운영되고 있는 우리나라 중앙정부 및 지방자치단체의 법제, 조직 구조, 계획체계 등은 국가는 물론 지방 수준의 지속가능발전을 목표로 지향하고 실현하기 매우 어려운 상황에 처해 있다고 판단된다. 따라서 정부는 대한민국의 지속가능발전을 위한 이행체계를 새롭게 구축하는 것을 최우선 과제로 삼아야 할 것이며, 이를 뒷받침할 수 있는 관련법 체계를 제·개정하려는 입법부의 적극적 노력이 요구되고 있다. 〈그림 9〉는 대한민국의 백년대계 청사진을 담을 수 있는 '국가 지속가능발전 비전과 전략' 구상안을 간략히 제시한 것이다.

새로운 지속가능발전 이행체계는 근거 법령, 조직 구조, 계획체계, 평가체계 등의 차원에서 기존의 법령과 제도의 틀을 혁신적으로 개선하는 방향으로 세부적인 방안들을 모색할 필요가 있다. 〈표 18〉은 새로운 지속가능발전 이행체계의 구상안을 간략히 제시한 것이다.

〈그림 9〉 국가 지속가능발전 비전과 전략 구상안

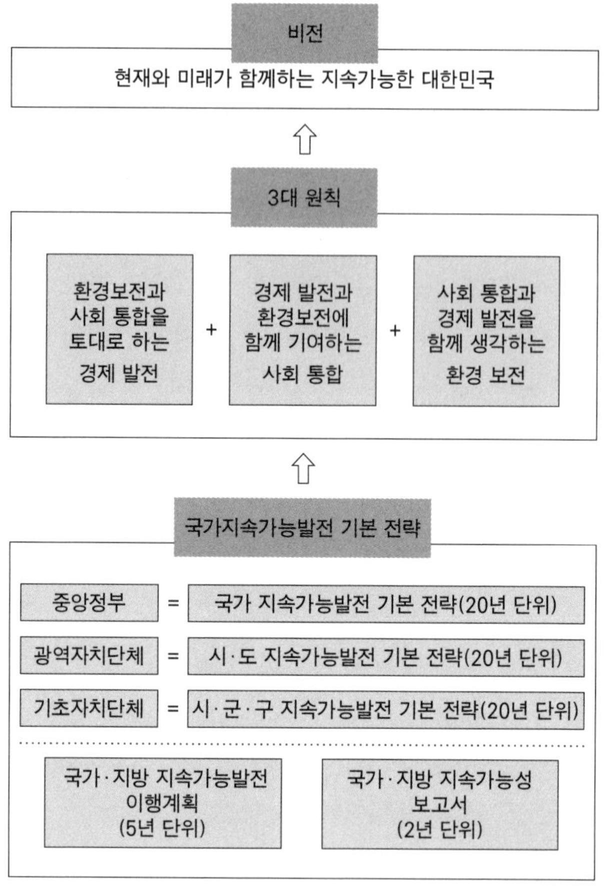

출처: 김병완, 2013

마지막으로 헌법에서 보장하고 있는 환경권을 지방자치법에도 반영해야 한다. 지방자치법은 지방자치의 기본을 정한 법률로 총강, 주민, 조례와 규칙, 선거, 지방의회, 집행기관, 재무, 지방자치단체 상호 간의 관계, 국가의 지도·감독 등 10장으로 나뉘며 전문 162조와

〈표 18〉 새로운 지속가능발전 이행체계 구상안

구분	지속가능발전 이행체계		비고
	중앙정부	지방자치단체	
근거 법령	지속가능발전기본법	지방자치단체(광역·기초) 지속가능발전 지원 조례	지속가능발전법을 지속가능발전기본법으로 개정하고, 저탄소녹색성장기본법을 흡수하여 일원화함
조직 구조	대통령 직속 국가지속가능발전위원회	자치단체장 직속 지방지속가능발전위원회	대통령 직속 녹색성장위원회와 미래기획위원회를 통합하여 국가지속가능발전위원회로 일원화함(환경부장관 소속 지속가능발전위원회의 위상 격상)
	환경부의 지속가능발전 기능 확대 강화	환경부서의 지속가능발전 기능 확대 강화	
	각 부처에 지속가능발전 책임관 지정	기획부서의 지속가능발전 책임관 지정	
	전국지속가능발전협의회(거버넌스전국네트워크) 기능 활성화: 국가지속가능발전위원회와 유기적인 연계 협력체계 구축	지방의제21협의회(지역단위 거버넌스 실천기구) 기능 활성화: 지방지속가능발전위원회와 유기적인 연계 협력체계 구축	지속가능발전을 위한 시민 참여와 실천적 거버넌스 강화를 위한 전국지속가능발전협의회 및 지방의제21협의회와 그린스타트 네트워크의 일원화
계획 체계	국가지속가능발전 기본전략(20년 단위)	지방지속가능발전 기본전략(20년 단위)	국가 및 지방자치단체 녹색성장계획을 지속가능발전 기본 전략 및 이행계획으로 수정 전환함
	국가지속가능발전 이행계획(5년 단위)	지방지속가능발전 이행계획(5년 단위)	
평가 체계	국가지속가능성보고서(2년 주기 지표평가)	지방 지속가능성보고서(2년 주기 지표평가)	국가와 지방자치단체 지속가능발전 지표 및 목표 평가보고서를 작성·공표함

출처: 김병완, 2013

부칙으로 구성되어 있고, 지방자치단체가 정책을 수립하고 집행하는 데 가장 중요하고 기본이 되는 법이다. 1988년 4월에 제정되었고, 1989년 12월에 개정되었다. 전문 10장 162조 및 부칙 11조로 되어 있다. 지방자치법은 환경권을 주민의 기본권으로 수용하여 지방자치단체의 기본 책무로 규정하고(제1조 목적), 사무 처리의 기본 원칙(제8조)과 지방자치단체의 사무 범위(제9조)에도 환경권을 지역 주민의 기본권으로 반영할 수 있도록 개정해야 한다. 즉 지방자치법 제1조

목적에 다음과 같이 문구를 추가하고 제8조 사무 처리의 기본 원칙과 제9조 사무 범위에 다음 내용을 추가하도록 한다.

지방자치법 개정안

제16조 (목적) 이 법은 지방자치단체의 종류와 조직 및 운영에 관한 사항을 정하고, 국가와 지방자치단체 사이의 기본적인 관계를 정함으로써 지방자치행정을 민주적이고 능률적으로 수행하고, 지방을 (추가)지속가능하며 균형 있게 발전시키며, 대한민국을 민주적으로 발전시키려는 것을 목적으로 한다.

제8조 (사무처리의 기본원칙)

① 지방자치단체는 그 사무를 처리할 때 (추가)환경을 보호하고 쾌적한 환경을 제공하여 주민의 편의와 복리증진을 위하여 노력하여야 한다.

② 지방자치단체는 조직과 운영을 합리적으로 하고 그 규모를 적정하게 유지하여야 한다.

③ 지방자치단체는 법령이나 상급 지방자치단체의 조례를 위반하여 그 사무를 처리할 수 없다.

제9조 (지방자치단체의 사무범위)

① 지방자치단체는 관할 구역의 자치사무와 법령에 따라 지방자치단체에 속하는 사무를 처리한다.

② 제1항에 따른 지방자치단체의 사무를 예시하면 다음 각 호와 같다. 다만, 법률에 이와 다른 규정이 있으면 그러하지 아니하다. [개정 2007. 5. 17 제8435호(가족관계의 등록 등에 관한 법률), 2009. 12. 29 제9847호(감염병의 예방 및 관리에 관한 법률), 2011. 7. 14] [시행일 2011. 10. 15]

1. 지방자치단체의 구역, 조직, 행정관리 등에 관한 사무
2. 주민의 (추가)쾌적한 환경 조성과 복지증진에 관한 사무
3. 농림·상공업 등 산업 진흥에 관한 사무
4. (추가)지속가능한 지역개발과 주민의 생활환경시설의 설치·관리에 관한 사무
5. 교육·체육·문화·예술의 진흥에 관한 사무
6. 지역민방위 및 지방소방에 관한 사무

(나) 지방의제21 제도화 과정과 현황

1992년 리우회의 이후 기후변화에 대응하고 지구환경을 보호하면서 지속가능발전을 위한 지난 20여 년의 노력 중에서 가장 주목받을 만한 성과를 보이고 있는 그룹은 지방정부이다. ICLEI세계총회가 리우+20회의에 보내는 메시지뿐만이 아니라 우리나라에서 전개되고 있는 '탈핵 도시 선언'[33]이나 지방의제21 활동[34] 등 지속가능발전 관련 활동 성과를 살펴보더라도 국가보다는 지방정부가 더욱 적극적이며 활발하게 노력하고 있음을 확인할 수 있다.

지난 20여 년의 활동 과정에서 지속가능한 지역공동체 실현을 위한 지방의제21을 제도화하라는 요구는 끊임없이 이어져왔다. 제도화를 지속적으로 요구한 이유는 1) 지속가능한 지역공동체 실현 과정에서 지방의제21이 담당해나갈 책무와 역할을 제대로 수행하기 위한 권한과 책임을 확보하고, 2) 민선 단체장이나 부서 담당자 교체, 지역사회의 여론 등에 따른 영향을 최소화하여 계획적이며 안정적인 활동을 추진하기 위해서였다. 이러한 제도화 요구는 매년 개최되는 지방의제21 전국대회 선언문을 통해 구체적으로 표출되었다. 제3회 '지방의제21 전국대회(전주 대회)' 선언문에서부터 2011년 제13회 대회(대전 대회) 선언문에 이르기까지 거의 빠짐없이 이와 관련된 내용을 〈표 19〉에서 확인할 수 있다.

지방의제21을 활성화하고 지속가능한 지역공동체를 실현하는 활동을 지원하기 위한 제도화 요구는 국가 차원에서는 별다른 성과를 얻지 못하고 있으나 지방정부 차원에서는 꾸준하게 성과를 내왔다. 지방의제21 활동의 초기 단계로 볼 수 있는 민선 2기(2001년도)까지의 제도화 현황과 이후에 소개할 2013년 6월 현재의 현황과 비교하

〈표 19〉 지방의제21 제도화를 요구하는 선언문 내용

회/연도/개최지	선언문 내용
3/2001/전주	2. 우리는 '지방의제21'이 지역사회에 확고히 뿌리내릴 수 있도록 추진 기구의 법적·제도적 장치를 마련하고, 조직의 내실화를 위해 힘쓴다. *5개 다짐 중 두 번째
4/2002/대구	● 우리는 지방의제21 운동이 이룩한 많은 성과에도 불구하고, 법적·제도적 장치가 미비한 현실을 개선하여 안정적이고 지속적인 활동의 기반을 마련하기 위해 적극 노력한다. ● 우리는 WSSD 이행계획에 포함된 지역 차원에서의 지속가능발전위원회 설치·운영의 필요성을 공감하고 지역 여건에 적합한 방식으로 구성하기 위하여 최대한 노력한다. *6개 다짐 중 5~6번째
5/2003/서울	● 중앙정부는 국가와 지역의 지속가능한 발전과 지방의제21이 보다 활성화되도록 중앙부처 내에 지속가능발전 담당부서를 두며 조속한 시일 내에 (가칭)「지속가능발전이행촉진법」을 제정하여 지방의제21의 제도적 안정화 방안을 마련할 것을 촉구한다. *5개 결의 내용 중 네 번째
6/2004/충남	1. 지방의제21은 지역의 지속가능한 발전전략 및 실행계획이자 평가와 환류체계임을 다시 한 번 확인하며 지방의제21의 법적 기반을 확보해나간다. *6개 결의 내용 중 첫 번째
7/2005/경남	1. 지속가능한 지역 발전 비전을 실현해나가기 위한 [법적 기반 마련], [지역발전 비전과 계획 수립], [지역 거버넌스 기반과 체계 구축] 등 3대 과제 해결을 위해 지속적으로 노력한다. *5개 결의 내용 중 첫 번째
8/2006/순천	지방의제21 이행계획 -로컬푸드와 관련된 제도와 조직, 조례, 인증제도 등의 정리 *대회 주제인 로컬푸드 정착을 위한 지방의제21 이행계획 중
9/2007/경기	3. 지속가능발전을 전담하는 정부기구 신설 6. 지방자치단체의 지속가능발전 전략 수립의 제도화 7. 정부정책 수립과 집행에 있어 시민 참여와 민관 파트너십 원칙의 제도화 *10대 과제 중 3, 6, 7과제
11/2009/인천	1. 핵심 원칙, 보다 강화된 참여로부터! 도시의 계획과 재생에 다양한 이해 당사자 특히, 여성과 노인, 청소년의 실질적 참여가 보장되도록 제도적 개선과 역량 강화를 위해 노력해야 한다. *5대 핵심 원칙 중 첫 번째
13/2011/대전	진정한 거버넌스를 위한 지방의제21의 제도적 진전과 이를 위한 정부의 역할이 중요함을 확인한다. *선언문 서술문장 중

〈표 20〉 2001년까지 지방의제21 관련 조례 제정 지방자치단체 현황

지역명	조례 제정일	조례명
서울특별시	1996. 5. 20.	서울특별시 녹색서울시민위원회 설치 및 운영 조례
서울 광진구	1999. 1. 11.	서울특별시 환경모범도시광진21실천위원회 설치 및 운영에 관한 조례
서울 마포구	2001. 3.	서울특별시 마포구환경위원회 설치 및 운영에 관한 조례
서울 구로구	2000. 4. 7.	서울시구로구 녹색구로환경위원회 설치 및 운영에 관한 조례
부산 부산진구	2001. 4. 20.	맑고푸른부산진구21추진협의회 설치 및 운영 조례
인천광역시	1999. 2. 22.	인천광역시의제21실천협의회 구성 및 운영 조례
대전광역시	2000. 3. 10.	대전광역시의제21추진협의회 지원 조례
경기도	1999. 10. 25.	푸른경기21실천협의회 지원 조례
강원도	2000. 3. 14.	청정강원21실천협의회 설치 및 운영 조례
충청남도	2000. 11. 20.	충청남도푸른충남21추진협의회 지원 조례
충남 천안시	2001. 5. 11.	푸른천안21추진협의회 지원 조례
경상북도	2001. 3.	지방의제21 지원 조례
경남 진주시	1998. 11. 17.	푸른진주시민위원회 설치 및 운영 조례
경남 거제시	2001. 11. 16.	거제시늘푸른거제21시민위원회 설치 및 운영 조례
경남 함안군	2001. 7. 12.	녹색함안21추진협의회 설치 및 운영 조례

『2001 지방의제21 전국편람』(2001, 환경부)을 바탕으로 구성

면 큰 발전이 있었음이 확인된다.

① 초기 단계(민선2기까지, 2001년) 제도화 현황

지방의제21 활동과 관련하여 자치단체 중에서 가장 먼저 조례를 제정하면서 제도적 기반을 마련한 곳은 서울특별시(1996년 5월 20일 제정)이며 인천광역시, 경기도, 강원도, 충청남도, 경상북도 등에서 초기 단계부터 조례를 제정하여 활동해왔다. 기초자치단체 중에서

는 경남 진주시(1998년 11월 17일 제정)가 가장 먼저 조례를 제정하여 제도적 기반을 갖추고 활동해왔으며, 서울 광진구, 서울 구로구, 마포구, 부산진구, 천안시, 거제시, 함안군 등에서 일찍부터 제도적 기반을 마련하며 활동해왔다. 2001년까지 조례를 제정한 지방정부는 총 15개로 광역자치단체가 7개, 기초자치단체가 8개로 확인되고 있다.

② 지방의제21 관련 광역 지방정부 제도화 현황

광역 지방정부 17개 중에서 조례를 제정, 운영하고 있는 지방정부는 서울시를 포함하여 10개 지방정부이다. 나머지 지방정부도 환경기본조례를 통해 지방의제21 활동을 지원하고 있다. 광역 지방정부는 17개 모두 지방의제21 활동을 수행하는 상설 사무국을 설치, 운영하고 있다. 한편 각 광역지방정부의 '지방의제21' 및 '지방지속가능발전위원회' 관련 조례의 제정 현황은 〈표 21〉과 같다.[35]

③ 지방의제21 관련 기초자치단체 제도화 현황

지방의제21 관련 기초자치단체 제도화 현황을 살펴보면 전국 227개 기초자치단체 중에서 84개(37%) 지자체에서 조례 및 규칙을 제정하여 운영하고 있는 것으로 파악되었다. 조례를 제정한 지자체가 68개, 규칙(혹은 규정)을 제정한 곳은 9개 지자체이다. 인천광역시의 10개 자치구군 중에서 7개 구군이 제도적 기반을 갖추고 있어 가장 높은 제도화율(70%)을 보이고 있으며, 다음으로는 충청남도(60%), 경기도(52%), 전라남도(45%) 순으로 나타나고 있다. 서울, 대전, 대구, 광주, 울산 등 특별시 및 광역시 자치구의 제도화율이 매

〈표 21〉 지방의제21 관련 광역자치단체 제도화 현황

지역명	의제 추진 기구명	지원 근거
서울	녹색서울시민위원회	서울특별시 녹색서울시민위원회 설치 및 운영 조례
부산	녹색도시부산21 추진협의회	부산광역시 환경기본조례
대구	맑고푸른대구21 추진협의회	대구광역시 환경기본조례 맑고푸른대21추진협의회 구성 및 운영 규정
인천	인천의제21실천협의회	인천광역시 의제21실천협의회 설치 및 운영 조례
광주	푸른광주21협의회	광주광역시 환경기본조례 광주광역시 푸른광주21협의회 운영 규정
대전	대전의제21추진협의회	대전광역시 의제21추진협의회 지원 조례
울산	푸른울산21환경위원회	푸른울산21 환경위원회 설치 및 운영 조례
경기	푸른경기21실천협의회	경기도 푸른경기21실천협의회 지원 조례
강원	청정강원21실천협의회	청정강원21실천협의회 설치 및 운영 조례
충북	충청북도청풍명월21 실천협의회	충청북도청풍명월21실천협의회 설치 및 지원에 관한 조례
충남	푸른충남21추진협의회	충청남도 푸른충남21실천협의회 설치·운영 및 지원 조례
전북	전북의제21추진협의회	전라북도 환경기본조례 전라북도지방의제21추진협의회 설치 및 운영 규정
전남	녹색전남21 지속가능발전협의회	전라남도 녹색전남21지속가능발전협의회 설치 및 운영 조례
경북	녹색경북21추진협의회	경상북도환경기본조례
경남	경상남도녹색경남21 추진협의회	경상남도 환경기본조례 경상남도 녹색경남21추진협의회 운영 규칙
제주	제주도특별자치도 의제21협의회	제주도 환경기본조례
세종시	푸른세종21실천협의회	푸른세종21실천협의회 설치·운영 및 지원 조례

(2013년 6월 현재)

우 낮게 나타나고 있으며, 광역도의 시군의 경우에는 충청북도과 경상북도, 경상남도 순으로 제도화가 더디게 진척되고 있는 것으로 나타났다.

〈표 22〉 지방의제21 관련 기초자치단체 제도화 현황

지역명	기초 지자체 수	지방의제21 조례(규칙)를 갖춘 지자체	지자체 수 (비율, %)
서울	25	광진구	1(4%)
부산	16	서구, 영도구, 부산진구, 동래구, 남구, 북구, 사하구, 금정구	8(50%)
대구	8		
인천	10	동구, 남구, 연수구, 남동구, 부평구, 계양구, 강화군	7(70%)
광주	5	남구	1(20%)
대전	5		
울산	5	북구	1(20%)
경기	31	수원시, 성남시, 부천시, 의정부시, 시흥시, 화성시, 구리시, 하남시, 파주시, 이천시, 용인시, 김포시, 양주시, 연천군, 가평군, 양평군	16(52%)
강원	18	속초시, 삼척시, 홍천군, 영월군, 평창군, 양구군, 인제군, 양양군	8(44%)
충북	12	청주시, 괴산군	2(17%)
충남	15	천안시, 공주시, 보령시, 안산시, 논산시, 서천군, 홍성군, 예산군, 태안군	9(60%)
전북	14	전주시, 군산시, 익산시, 김제시, 진안군, 무주군, 장수군, 부안군	8(57%)
전남	22	목포시, 여수시, 순천시, 나주시, 담양군, 고흥군, 화순군, 무안군, 진도군, 신안군	10(45%)
경북	23	포항시, 경주시, 구미시, 영주시, 문경시, 영양군, 봉화군	7(30%)
경남	18	창원시, 통영시, 사천시, 거제시, 함안군, 창녕군	6(33%)
총합	227		84(37%)

(2013년 6월 현재)

위 표는 조례 및 규정을 제정, 운용하고 있는 지자체 현황이며 환경정책기본법에 의해 모든 지자체에 제정되어 있는 환경기본조례에 지방의제21 활동을 지원하는 내용을 포함하는 방식으로 대부분의 지자체가 지방의제21 활동을 위한 최소한의 제도는 마련하고 있는 실정이다. 경기도 및 산하 31개 시군 중 조례 및 규정을 갖고 있는 지자체는 경기도를 포함하여 17개 지자체이며 13개 지자체에서는 환경기본조례에 지방의제21 관련 내용을 담고 있는 실정이다.

(다) 지방의제21 관련 제도 정비 방안

지방의제21 활성화 및 안정화를 위한 제도 정비하는 1) 지속가능발전조례 제정 방안, 2) 지방의제21 설치 및 운영 조례 제·개정 방

안, 3) 환경기본조례 개정 방안 등을 검토해볼 수 있다. 각각의 방안마다 장단점이 있으므로 어느 하나의 방안만을 고집할 것이 아니라 각 지역의 실정에 맞게 제도를 정비하는 것이 바람직하다. 이렇게 복수의 대안을 제안하는 것은 어느 지역이든 지방의제21 활동을 처음으로 검토하고 실행하기보다는 이미 여러 경험을 바탕으로 만들어진 상황을 기반으로 발전 방안을 모색해야 하기 때문이기도 하다.

먼저 지속가능발전조례를 제정하려면 조례의 조문은 다음과 같이 구성될 것이다.

- 제1장 총칙(목적, 용어, 책무 등)
- 제2장 지속가능발전 기본 계획(수립기간 등)
- 제3장 지속가능성 평가(지표, 평가, 보고서 등)
- 제4장 지속가능발전위원회(설치, 구성, 기능 등)
- 제5장 지방의제21 추진(지방의제21 설치 및 운영 등)
- 제6장 보칙

지속가능발전조례를 제정할 수 있는 근거로는 「지속가능발전법」(개정 2010. 1. 13) 중 제22조(국내외 협력 등)와 「저탄소녹색성장기본법」(제정 2010. 01. 13) 중 제50조(지속가능발전 기본 계획의 수립 시행)을 적용할 수 있다. 제22조의 세목과 제50조의 세목은 다음과 같다.

지속가능발전법 제22조

① 국가와 지방자치단체는 지속가능발전을 위하여 긴밀하게 상호 협력하여야

한다.

② 국가와 지방자치단체는 의제21과 요하네스버그 이행계획 등 지속가능발전을 위한 국제사회의 약속과 규범들을 성실하게 이행하고 협력하여야 한다.

③ 국가와 지방자치단체는 기업·시민사회단체 등이 지속가능발전을 위하여 추진하는 다양한 국내외 활동을 지원하여야 한다.

저탄소녹색성장기본법 제50조

① 정부는 1992년 브라질에서 개최된 유엔환경개발회의에서 채택한 의제21, 2002년 남아프리카공화국에서 개최된 세계지속가능발전정상회의에서 채택한 이행계획 등 지속가능발전과 관련된 국제적 합의를 성실히 이행하고, 국가의 지속가능발전을 촉진하기 위하여 20년을 계획기간으로 하는 지속가능발전 기본 계획을 5년마다 수립·시행하여야 한다.

② 지속가능발전 기본 계획을 수립하거나 변경하는 경우에는 「지속가능발전법」 제15조에 따른 지속가능발전위원회의 심의를 거친 다음 위원회와 국무회의의 심의를 거쳐야 한다. 다만, 대통령령으로 정하는 경미한 사항을 변경하는 경우에는 그러하지 아니하다.

지속가능발전조례 제정을 통하여 기대할 수 있는 효과로는 지방정부의 지속가능발전 지표 설정 및 기본 계획 수립을 규정하고 그 이행(실천)과 모니터링을 위해 지방의제21 추진을 명시하여 지방의제21의 제도적 위상을 강화하고 행정 정책과의 연계성을 높일 수 있다. 나아가 지속가능성을 고려한 사전 예방적 정책수립을 통한 지방정부 환경행정의 변화도 유도할 수 있다.

다음으로 기존에 많은 지방정부에서 운영하고 있는 '지방의제21 설치 및 운영 조례'를 제·개정하는 방안이 있다. 조례의 제1에 해당되는 목적은 지방의제21의 설치(운영, 지원) 근거를 환경기본조례 등에서 규정하고 있듯이 환경영역으로만 한정짓지 말고, 유엔환경개발회의의 의제21 제28장(의정부시푸른터맑은의정부21실천협의회설치및운영조례), 저탄소녹색성장 추진계획(녹색김포실천협의회설치및운영조례), 지속가능발전법 등을 적용하여 지속가능한 지역공동체를 만들어가는 지방정부의 사업 영역 전 분야로 미칠 수 있도록 확대할 필요가 있다. 다음으로 화성시와 김포시의 사례처럼 시장의 책무를 명시하여 지방정부의 책임성을 키워나갈 필요가 있다. 즉 시장에게는 지속가능한 지역공동체 실현을 위한 책무를 포함하여 지방의제21을 추진하고 지원하며, 행정계획과 연계시키는 등의 책무가 있음을 명시하는 것이다.

사례 1) 화성시 기분 좋은 화성의제21 실천협의회 설치·운영 및 지원 조례
제4조 시장의 책무 ① 시장은 지구환경을 보전하고 지속가능한 지역 발전을 위해 노력해야 하며 기분 좋은 화성의제21을 수립하고 협의회가 효과적으로 활동할 수 있도록 지원하여야 한다. ② 시장은 지역 주민들의 의견을 수렴하여 이를 정책에 반영할 수 있도록 노력해야 하며 특히 여성과 노인, 아동과 청소년, 장애인 등 사회적 약자들의 의견을 적극 반영하여야 한다. ③ 시장은 수립된 기분 좋은 화성의제21이 행정계획에 반영될 수 있도록 하여야 하며 매년 그 결과를 주민들에게 공표하여야 한다.

사례 2) 녹색김포실천협의회 설치 및 운영 조례
제13조(의결사항의 처리) ① 운영위원장은 회의에서 심의·의결한 사항 중 시장이 처리하여야 할 사항이 있는 경우에는 이를 시장에게 통보하여야 한다. ② 시장은 제1항의 규정에 의하여 통보받은 사항을 처리하였거나 위원회의 요청이 있을 경우에는 그 처리결과 또는 진행상황을 협의회에 통보하여야 한다.

이렇게 지방의제21의 조례 제·개정 방안은 환경 영역에만 국한되지 않는 통합적 지속가능발전을 위한 실천계획으로서 지방의제21의

목적을 명문화하여 이 활동에 대한 규범적 근거를 마련 할 수 있으며, 또한 자치단체장의 책무로서 지방의제21의 수립과 이행(행정 연계), 예산 지원, 협의체 의결사항 처리를 명시함으로써 지방정부 및 단체장의 책임감을 키울 수 있다.

마지막으로 지속가능발전조례, 지방의제21 설치 및 지원 조례 제정이 어려운 지역에서는 기존 환경기본조례의 개정을 통하여 지방의제21의 활성화 및 안정화, 지속가능한 지역공동체를 실현하기 위한 활동력을 강화시켜나갈 수 있다. 예를 들어 광명시의 경우 환경기본조례 제11조는 명시적으로 지방의제21 추진을 규정하고 있다. (제11조 지방의제21의 추진) ① 시장은 지역환경 보전을 통한 지구환경 보전을 위하여 1992년 유엔의 리우환경회의에서 권고한 「지방의제21」을 시민·사업자·민간단체 등과 협의하여 적극 추진하여야 한다. ②「지방의제21」의 명칭은 '푸른광명21'로 한다. ③'푸른광명21'의 운영에 관하여는 따로 정관으로 정한다.

안산시도 환경기본조례를 활용하여 지방의제21 활동을 지원하고 있는 경우이다. (안산시 조례 제12조 [지역의제21의 추진]) ① 시는 지역환경 보전을 통한 지구환경 보전을 위해 UN에서 권고하고 있는 지역의제21을 시민, 사업자와 합의 도출하고 공동 노력을 통하여 적극 추진한다. ② 안산시 지역의제21을 "깨끗하고 살기 좋은 안산21(이하 '안산의제21'이라 한다)"로 칭한다. ③ 시장은 안산의제21의 실천 사업을 원활히 추진하기 위하여 안산의제21추진협의회(이하 '추진협의회'라 한다)를 구성 운영할 수 있다. ④ 추진협의회는 안산의제21에 대하여 매년 정기 평가회를 통하여 보완·발전시켜 나가는 노력을 경주하여야 한다. ⑤ 시장은 지역환경 보전 사업의 효율적인 추진을 위하여 예산의 범위 안에서 다음 각 호의 경비를 추진협의회에 보조금으로 지원할 수 있다.

1. 협의회 운영비
2. 안산의제21의 실천을 위한 사업비
3. 기타 시장이 필요하다고 인정하는 경비

환경기본조례를 통한 제도화로서는 형식상 지방의제21의 기능이 환경 거버넌스로 제한되는 한계가 있을 수 있으나 지방의제21 추진에 관한 최소한의 규정만을 담게 됨으로써 실제 운영에 관한 세부내용은 정관, 회칙 등을 통해 규율하게 되어 위의 두 가지 방안보다 더 많은 자율성과 독자성을 확보할 수 있는 장점이 있다.

(라) 지방의제21 활동 강화와 확대를 통한 제도화 방안

자치법규를 정비함으로써 지방의제21을 활성화시키고 지속가능한 지역공동체 활동과 그동안 수행해온 지방의제21 활동을 강화하고, 활동 영역을 확대하면 사회 구성원의 인식을 변화시키고 지방정부의 정책 수립과 집행 방식, 시민의 생활 방식 등을 바꾸어가면서 제도화를 실현할 수 있다. 먼저 지속가능발전 및 지방의제21 전담 행정체계를 강화하는 방법이 있다. 환경 및 에너지, 교통 등의 업무를 통합한 환경에너지국(또는 지속가능발전국) 설치 및 지속가능발전 업무의 통합적 추진과 조정, 지방의제21 추진 기구의 지원 유도 또는 기획 관련부서에서 지방의제21을 전담하도록 조정 유도하여 대 행정 협력을 강화하는 계기를 마련하고 이를 활용하는 것이다. 다음

으로는 지방의제21이 내부 활동에 변화를 줌으로써 지방단위의 지속가능성 평가와 주요 지표 수립, 지표의 이행과 그 결과에 대한 모니터링 수행, 민주적이고 투명한 거버넌스 운영 등 지방의제21의 고유 기능과 존재 양식에 충실하게 활동함으로써 사회적 영향력을 확대하며 지방정부를 비롯하여 기업, 언론계, 일반 시민 등 지역사회의 여러 그룹들에게 인정받기 위해 노력하는 방안이다. 특히 지방의제21을 지방정부의 공식적 실천계획으로 공표하도록 하고 매년 모니터링 평가 결과를 다시 행정에 반영할 수 있도록 정책화하려는 노력이 필요하며, 시민정책협의체로서 새롭게 역할을 전환하거나 보완하는 방안도 적극 검토할 수 있다.

(마) 주민 참여 활성화를 통한 접근 방안

다음으로 다양한 주민 참여 제도를 의제로 만들어 지방정부와 시민이 참여하는 지속가능발전 거버넌스를 강화해나가는 방안이다. 주민소통위원회 운영, 주민참여예산제 및 주민감사관제의 확대 운영, 주민참여조례 제정 등 민선 5기 출범과 더불어 다시금 주목받고 있는 주민 참여 제도들에 지방의제21이 관심을 갖고 이들 활동을 지원하려는 노력이 필요하다. 지역사회의 참여 기반을 넓히고 강화시키기 위해 공론화는 물론, 관련 의제 작성 및 이행 모니터링 나아가 일부 주민 참여 프로그램의 추진 등을 다각도로 모색할 수 있다. 지속가능발전 거버넌스에 참고할 수 있는 광역 및 기초자치단체의 조례 내용을 1) 광역자치단체의 소통 및 참여 관련 조례, 2) 기초자치단체의 소통 및 참여 관련 조례, 3) 기초 주민 참여 기본 조례, 4) 광역 및 기초자치단체의 마을 만들기 조례로 구분하여 소개한다.

광역자치단체에서 운영하고 있는 소통 및 참여 관련 조례와 규정은 「경상남도 민주도정협의회 설치, 운영 규정」, 「충청남도 정책자문위원회 설치 및 운영 조례」 등을 주목해볼 수 있다. 충청남도의 정책자문위원회는 150명이라는 대규모 위원회를 구성, 운영하고 있는 점, 자문위원으로 1) 대학 또는 대학교의 전임강사급 이상, 2) 분야별 현장 전문가, 3) 그 밖에 제1호 및 제2호와 동등한 자격이 있는 사람으로 명시하고 있어 학력과 자격 규정을 유연하게 적용하려는 의도를 읽을 수 있다. 또한 10개 분과위원회를 구성하고, 별도로 특별위원회 구성을 가능토록 명시하고 있어 각 분야별 심도 있는 토론과 정책자문이 이루어질 수 있도록 하고 있다. 경상남도의 사례는 매우 특이하여 여러 각도에서 분석해볼 필요가 있다.

먼저 광역단체장이 특정 정당 소속이 아닌 무소속으로 당선된 특이한 경우로서, 현 여당인 한나라당을 제외한 야당들의 연합 후보로 출마하여 당선된 이후 야권 진영의 공동 정부 구성을 선거 과정에서 약속하였던 대로 실천하고 있었다. 이러한 공동 정부 구성을 제도화하고 있는 것이 위에서 언급한 도지사가 발의한 규정이며 2명의 공동 의장, 2명의 간사 체계 등 기존의 위원회 운영 방식에서 탈피하여 서로 존중하며 책임과 권한을 분배함으로써 바람직한 거버넌스 기구 구성과 운영을 시도하고 있는 것으로 보인다. 협의회의 주요 기능 또한 1) 도민 참여, 공약 실천 등에 관한 사항, 2) 도정의 정책에 대한 사항, 3) 기타 도정과 관련하여 자문이 필요하다고 판단되는 사항으로 규정하고 있어 도민 참여를 제일의 기능으로 명시하고 있다. 또한 공약을 실천하려는 의지를 규정에 담아 단체장이 선거 시기 주민에게 약속하였던 공약을 이행하는 실질적인 과정을 보

〈표 23〉 광역자치단체 소통과 참여 관련 규정 현황

	조례 및 규정명 (제정일)	주요 내용 (목적, 기능 및 구성 등)
경남	민주도정협의회 설치 및 운영 규정 (2010. 11. 8)	목적: 도민들이 도정에 폭넓은 의견을 제안함으로써 열린 도정 구현에 관한 도지사의 자문에 응하게 함. 기능: 1. 도민 참여, 공약 실천 등에 관한 사항, 2. 도정의 정책에 대한 사항, 3. 기타 도정과 관련하여 자문이 필요하다고 판단되는 사항 구성: 공동의장 2명을 포함한 22명 이내(위촉직: 기획조정실 11명, 행정안전국 11명)로 구성. 위원은 실·국·본부별 업무와 관련이 있는 대학교수, 연구소 연구원 등 분야별 전문가와 학식과 경험이 풍부한 자 중에서 도지사가 위촉
충남	정책자문위원회 설치 및 운영 조례 (2010. 12. 30)	목적: 도정 및 의정의 주요 정책에 대하여 제언 및 자문 등을 위한 충청남도지사와 충청남도의회의 자문에 응함. 기능: 1. 도의 비전 및 전략 수립에 관한 사항, 2. 도정 및 의정 관련 주요 정책에 관한 의견 수렴 및 반영에 관한 사항, 3. 도의 중장기 발전 전략 및 정책 방향의 수립에 관한 사항, 4. 도지사와 도의회가 요구하는 주요 정책의 연구 및 평가에 관한 사항, 5. 경제 및 사회와 환경을 통합하는 지속가능한 발전을 위하여 고려하여야 할 주요 정책 과제에 관한 사항, 6. 그 밖에 도지사와 도의회가 부의하는 사항 구성: 위원장을 포함하여 150명 이내의 위원으로 구성. 위원은 다음 각 호의 사람 중에서 도지사가 위촉. 1. 대학 또는 대학교의 전임강사급 이상, 2. 분야별 현장전문가, 3. 그 밖에 제1호 및 제2호와 동등한 자격이 있는 사람

여주고 있다.

다음으로 기초자치단체의 소통과 시민 참여 분야의 우수 조례 중에서 특징적인 지역의 조례를 소개한다. 민선 5기 출범과 함께 제정, 운영되고 있는 소통과 참여 활성화를 위한 조례들은 대부분 유사한 기능을 수행하는 것으로 분석되고 있다. 시정 전반에 걸쳐 시민의 의견 수렴과 현안과 주요 정책, 중장기 발전계획 등에 대한 자문에 답변하는 기능이나 의정부시의 행정혁신위원회는 불합리한 제도 쇄신과 관련된 사항과 출자 기관의 경영 합리화와 관련된 사항에 대한 자문 및 연구조사 활동을 하고 있으며, 김포시의 시민 패널은 시정에 대한 시민 평가 및 반응 등의 여론 수렴과 대토론회에 참여하는 역할을 하고 시민참여위원회는 미래 지향적인 정책 방향과 새로운 비전 제시 등에 대해 연구, 제안 및 자문을 하도록 규정하고 있다. 특히 과천시의회가 구성한 '지속가능한 과천시 비전 수립을 위한 특별위원회'는 단체장이 아닌 지방의회에서 시민 참여를 요청하고 있다는 점과 지속가능한 지역공동체를 위한 구체적 활동을 추진하고 있다는 점에서 주목받을 만하다.

각 위원회의 여러 기능들을 통해 확인할 수 있는 점은 관행적인 정책 자문과 형식적인 위원회 구성과 운영에서 한 걸음 더 나아가 다양한 기능들을 규정하고 있으며, 단순한 자문 역할에서 연구, 조사 활동을 적극 지원하고 그 결과를 제안하고 시정에 반영하고 있다는 사실이다. 특히 「수원시 시민 배심 법정 운영 조례」는 "시민 생활과 밀접한 시정 주요 시책 결정 및 장기간 해결되지 않거나 반복적으로 제기되는 갈등 등을 공개 토론 및 심의를 통하여 공정하고 객관적인 해결 방안을 마련하기 위한 수원시 시민 배심 법정 운영에 필요한 사항을 규정"하고 있다. 이는 그동안 주요 정책과 갈등 현안에 대한 판단을 법률과 행정기구 및 전문가에게만 맡겨왔던 관행을 극복하려는 노력으로 보인다. 이는 건전한 시민의식에 대한 신뢰를 바탕으로 주요한 결정 권한을 시민에게 되돌려주려는 결단으로 볼 수 있으며, 시민 참여의 범위와 역할에 대한 새로운 도전이라 할 수 있다. 대의제민주주의제도에서 선출되는 대표들이 일반 시민과는 다르게 탁월한 대표들만으로 제한되어가고 있으며[버나드 마넹, 2007] 하루짜리 민주주의로 주권재민과 인민의 통치라는 민주주의의 기본 정신이 약화되고 있다는 우려가 커지고 있는 현실에서 시민을 주요

결정 과정에 참여시키며, 이들에게 권한을 부여하는 것은 대의제민주주의의 한계를 극복해나간다는 의미도 있다.

그런데 이러한 조례들이 분명히 내용적인 측면에서는 이전보다 훌륭하다고 할 수 있지만, 제도를 도입하는 데서 그치지 않고 보다 장기적인 프로그램을 지속할 필요가 있다. 그렇게 되기 위해서는 참여 문화를 정착시키는 것이 관건인데 하나의 문화가 생활 속에 뿌리내리려면 긴 시간이 필요하기 때문이다. 조례가 제정되었다고 곧 바로 참여 문화가 활성화되지는 않을 것이다. 문화는 제도로 만들어지는 것이 아니라, 사람들이 참여의 경험을 축적하고 체화할 때 하나의 동질적 유전자가 형성됨으로써 정착되는 것이다. 그렇기 때문에 참여 문화는 긴 호흡의 여정이며, 인내를 가지고 추진해야 할 제도이다. 따라서 참여의 기본 원칙이라고 할 수 있는 개방성, 공평성, 투명성, 공개성, 권한 부여 등의 여러 요소들이 지켜져야 하고, 각 작동 체계 속에 녹아들어야 한다. 그러한 과정에서 주민들에게 확고한 신뢰를 주어야 할 것이다. 또한 민선 5기 지방자치단체가 성공하기 위해서는 무엇보다는 자치단체장이 자신의 권력을 주민들에게 돌려주겠다는 정치철학을 분명히 갖고 있어야 한다. 대부분 위원들은 별다른 규정 없이 시장이 위촉하도록 하고 있으나 의정부시, 김포시, 수원시의 경우에는 공개 모집 조항을 두어 보다 민주적이며 개방적인 위원회를 구성하려고 노력하고 있음을 알 수 있다.

김포시는 시민참여위원회의 위원 중 과반수를 공개모집 위원으로 채우도록 규정하고 있으며, 수원시의 시민 예비 배심원의 경우에도 반수인 50명을 공개 모집하도록 하고 있다. 이들 조례 구성 면에서 특별히 주목할 만한 대목은 김포시의 시민 패널 구성 방식이다. “시민 패널 총수는 읍·면·동별로 전체 인구의 0.2% 범위 내외로 구성" 한다는 조항으로서 시민 패널의 구성 과정에서 엄밀한 인구비례를 염두에 두어 시민 대표성을 강화하려 노력하고 있다. 김포시의 2011년 5월 말 현재 인구가 23만 명임을 감안하면 460명의 시민 패널 구

〈표 24〉 시민과의 소통과 참여 활성화 조례 비교(기능을 중심으로)

지자체	조례 명칭 (제정일)	기능
의정부	행정혁신위원회 (2010. 9. 24)	1. 시정 주요 시책 추진, 행정조직의 운영 및 정비, 불합리한 제도의 쇄신에 관한 사항 2. 재정 운영 및 시가 출연·출자한 기관의 경영 합리화 사항 3. 중·장기 발전계획에 관한 사항
김포시	시민 패널, 시민참여위원회 (2010. 10. 27)	시민 패널 1. 주요 시책 및 시정에 대한 시민 평가 및 반응 등 여론 수렴 2. 시장이 발의하는 사안에 대한 시민 대토론회 참여 3. 시장이 시민 패널에 부의하는 사항 여론 조사 시민참여위원회 1. 김포시 중·장기 발전계획 수립과 관련한 사항 2. 미래 지향적인 정책 방향과 새로운 비전 제시 3. 통일을 대비한 거점 도시 개발 및 수도권 중심 도시로서의 발전을 위한 계획 수립 4. 시정 방침의 구체적 실천을 위한 계획 수립 5. 중요 역점 사업 추진에 관한 사항 6. 기타 시장이 부의하는 사항
과천시 의회	지속가능한 과천비전수립 특별위원회 (2010. 12. 30)	1. 지속가능한 과천 비전 수립에 대한 주요 정책의 수립 사항 2. 지속가능한 과천 비전 수립에 대한 토론회, 세미나, 공청회 등 개최에 관한 사항 3. 특별위원회 위원장이 필요하다고 인정하여 부의하는 사항과 제반 활동에 대한 정책 제안이나 자문
수원시	시민배심 법정운영조례 (2011. 6. 15)	목적: 시민생활과 밀접한 시정 주요 시책 결정 및 장기간 해결되지 않거나 반복적으로 제기되는 갈등 등에 대한 공개적인 토론 및 심의를 통하여 공정하고 객관적인 해결 방안을 마련하기 위한 수원시 시민배심 법정 운영에 필요한 사항을 규정 심의 대상 1. 100명 이상의 시민이 연서로 신청, 해당 부서의 장이 요청하는 경우 가. 시정 주요 시책이나 사업 결정의 경우 나. 다수의 이해관계가 대립되어 발생하는 집단 민원 다. 장기간 해결되지 아니하고 있는 민원 라. 지역개발 등과 관련하여 이해관계가 대립되는 민원

〈표 25〉 시민과의 소통과 참여 활성화 조례 비교
(구성 및 위원 위촉 방식을 중심으로)

	구성	위원 위촉 방식
의정부	1. 50명 이내의 위원 2. 4개 분과위원 구성, 12명	시의회에서 추천한 시의원 4명과 학계, 전문가, 시민단체 등 해당 분야에서 5년 이상 종사한 사람 중에서 추천과 공개 모집하여 시장이 위촉
김포시	1. 시민 패널 총수는 읍·면·동별로 전체 인구의 0.2% 범위 내외로 구성한다. 2. 시민참여위원회는 시정에 대한 전문적인 식견이나 경험, 지역에 대한 이해가 높은 사람 중 70인 내외로 구성한다.	1. 시민 패널 총수의 50%는 읍·면·동장이 추천하고 나머지 50%는 시 홈페이지 등을 통해 공개모집한다. 2. 시민단체, 유관 기관, 실·과·소장 및 읍·면·동장을 통한 추천 모집과 공개 모집을 병행한다. 이 경우, 공개 모집 인원이 총 위원수의 과반수 이상이어야 한다.
과천시	시의회의 특별위원회	폭넓은 시민 의견 수렴 노력 제5조(시민설명회 등) 시민 설명회, 공청회 등 개최, 시민 및 이해관계인의 의견 청취
수원시	1.법정은 판정관, 부판정관 각 1명 포함, 사안별 시민 배심원, 심의 대상 민원의 이해 당사자로 구성 2.시민 배심원은 10명 이상 20명으로 구성.	-조례 제10조의 시민 예비 배심원의 선정 방법과 선정 인원은 다음 각 호와 같다. 1. 공개모집: 50명 이내 2. 다음 각 목의 어느 하나에 해당하는 기관 등의 장 추천: 50명 이내

성하려는 것으로, 매우 넓은 시민의 참여를 보장하고 있음을 확인할 수 있다. 읍면동별로 인구비례를 규정하고 있는 것은 공개 모집을 통해 개방적으로 시민의 참여를 활성화시키려는 노력에서 진일보한 내용으로 지역별로 균형 있는 참여를 확보하여 민주성을 강화하려는 노력으로 보인다. 향후 소통과 참여를 위한 조례 제정 과정에서 보다 많은 시민이 참여하도록 노력하여 가능한 최대 수의 위원으로 규정하도록 하며, 위원 위촉은 단체장이나 지방의회 의장이 해야 하나 공개 모집을 명확히 하여 개방적 참여를 보장하고, 필요한 위원은 지역별 인구비례를 반영할 수 있도록 구성함으로써 주민 참여위원회의 민주적 대표성을 강화할 수 있어야 한다. 또한 인구비례를

단순하게만 반영하지 말고 장애인, 청소년, 이주민 등 성별, 지역별, 연령별 인구비례 배분에서 소외될 수 있는 사회적 약자 그룹에 대해 배려함으로써 이들의 의견이 반영될 수 있는 체계를 구축해야 한다.

주민 참여 기본 조례는 안산시가 2005년 처음 제정한 이후 경기도내 시군에서는 연천군, 시흥시, 하남시, 고양시에서 제정하여 운영하고 있다. 안산시는 가장 처음으로 주민 참여 기본 조례를 제정하였으며 주요 내용은 시의 중요한 정책 사업에 대한 토론, 공청회 및 설명 청구와 예산 편성에 주민을 참여시키는 것이었다. 민선 3기에 이러한 조례를 제정할 수 있었다는 것은 매우 높은 선진 시민의식과 시의회의 동의가 있었음을 알 수 있다. 목적(주민이 행정에 참여하도록 활성화하고, 안산시 행정의 민주성과 투명성을 증대)과 기본 이념(주민 참여는 주민의 풍부한 사회 경험과 창조적 활동을 통하여 누구라도 평등하게 시정에 참여할 권리를 가지고 주민과 시가 협동하여 주민의 권익과 삶의 질 향상을 위하여 동등하게 노력하는 것을 기본이념으로 삼는다)은 지금도 유용하게 그 내용을 사용할 수 있을 만큼 우수한 표현으로 정리되었음을 알 수 있다. 2011년 5월 17일에 제정된 고양시 주민참여 조례는 기본 이념 속에 지자체 행정의 궁극적 목표를 주민 참여를 통한 주민의 자아실현으로 규정하고 지역공동체의 실현을 명시하고 있다.

고양시 조례에는 또한 기본 원칙을 다음과 같이 명시하면서 향후 타 지자체가 관련 조례를 제정할 때 많은 참고가 될 수 있도록 하고 있다. 이는 다른 자치단체에서 지속가능한 지역공동체를 위한 조례를 제정하려 할 때에도 반드시 참고해야 할 지점으로 판단된다.

고양시 주민 참여 기본 조례 기본 이념

제3조(기본 이념) 주민 참여를 통해 주민의 자아실현과 정책에 대한 이해증진을 돕고 사회 통합을 구현하여 시정 운영의 효율성을 높이고 지역공동체를 실현한다.

제4조(기본 원칙) 주민 참여는 각 호의 원칙에 따라 운영

1. 주민의 자발적인 참여를 중심으로 하고 시가 협력하는 주민 주도의 원칙을 지킨다.
2. 주민과 시가 상시적으로 교류하고 협력하는 상시 참여의 원칙을 지킨다.
3. 주민참여 제도의 비효율성을 극복하고 체계적인 참여자치를 구현하기 위해 통합 운영의 원칙을 지킨다.

기초자치단체 마을 만들기 조례는 광주광역시 북구에서 처음 제정되어 운영된 이후 경기도 내에서는 안산시, 양주시, 시흥시 등에서 제정·운영되어왔다. 이후 민선 5기 출범과 함께 수원시, 남양주시, 하남시에서 관련 조례를 제정·운영하고 있으며, 조례 내용은 대부분 유사하여 마을 만들기 활동에 대한 목적과 지원 사업의 내용과 방식 등을 규정하고 있으나 기본 이념의 명시 여부, 지원 센터의 설치 여부 등은 지역에 따라 편차를 보이고 있다. 즉 양주시, 시흥시 등은 광주 북구와 진안군의 조례와 같이 기본 이념을 명시하고 있으나 타 지자체의 조례에는 이러한 언급이 없다.

마을 만들기 조례 내용 중에서 가장 풍부하며 좋은 내용을 담고 있는 지자체는 전라북도 진안군이며 기본 이념에서 주민의 학습과 자발적 활동, 주민 주도의 상향식 방식, 전통문화와 자연환경을 중시하며 주민들의 존엄성 존중을 분명하게 명시하고 있다. 또한 진안군의 특성을 살려 마을의 경제 자립을 위한 활동을 명시함으로

양주시, 시흥시, 광주 북구 마을 만들기 기본 이념
1. 마을 만들기는 모든 주민의 인권과 존엄성에 기초한다. 2. 마을 만들기는 주민과 마을, 행정의 상호신뢰와 연대의식을 바탕으로 한다. 3. 마을 만들기는 주민과 마을의 개성을 살리고, 문화의 다양성을 존중한다. 4. 마을 만들기는 환경과의 조화와 차세대와의 공영을 지향한다.

써 마을 만들기가 주민들의 삶과 지향에 맞추어 추진될 수 있도록 하고 있으며 주민들이 이 사업에 참여하는 데 있어서 차별 금지, 책임과 의무, 확대 의무 등 주민들의 책임과 의무를 명확하게 규정하고 있는 등 수동적 참여가 아닌 책임 있는 주도적 참여를 강조하고 있다. 소통과 참여를 통해 주민이 단순히 행정의 질 좋은 서비스를 수동적으로 수용하는 데 그친다면 이는 또 다른 행정 편의주의로 빚어진 왜곡된 모습일 것이다. 앞서 고양시 조례에서 강조하고 있는 주민 참여의 기본 이념과 원칙을 상기해본다면 진안군에서 명시하고 있는 주민 참가의 규정은 매우 중요한 의미를 갖고 있는 조항이며 반드시 필요한 내용임을 알 수 있다. 앞서 언급한 전라북도 진안군의 마을 만들기 조례의 주요 내용을 정리하면 〈표 26〉과 같다. 이후 조례 제정과정에서 많은 내용을 참고할 수 있을 것이다.

시민 주도로 지속가능한 지역공동체를 만들어가기 위한 지방자치단체의 거버넌스 조례로 주목할 만한 조례는 바로 「지역사회복지협의체 구성 및 운영 조례」이다. 이 조례는 「사회복지사업법」 제7조의 2, 같은 법 시행규칙 제1조의 3 및 제1조의 4에 따라 기초자치단체의 지역사회복지협의체 및 실무협의체의 조직 및 운영 등에 필요

〈표 26〉 진안군 살기 좋고 살고 싶은 마을 만들기 기본 조례 주요 내용

구분	조항	주요 내용
목적	제1조	주민 스스로 살기 좋고 살고 싶은 마을을 만들어가는 자발적이고 창조적인 활동을 지원하기 위해 필요한 사항을 규정함으로써 풀뿌리 마을 만들기와 지역사회 발전에 기여함.
정의	제2조	1. "마을"-주민들의 일상생활이 이루어지는 공간적 개념, 공동체, 문화, 경제 등 사회적 일체감을 갖는 주민들의 집합체라는 사회적 개념을 총칭, 행정리 단위에 국한하지 않음. 2. "마을 만들기"-주민 스스로가 스스로의 발상으로 자기 마을을 살기 좋은 공간으로 만들기 위해 공동으로 추진하는 모든 활동, 소득과 경관, 교육, 문화, 복지, 환경 등 삶의 질 향상을 위한 모든 분야를 포괄. 3. "마을 만들기 사업"-주민들의 마을 만들기를 장려하기 위해 예산이 지원되는 사업. 4. "사업지구"-사업이 추진되는 일정한 마을 혹은 권역. 5. "주체"-행정과 민간의 다양한 조직 및 단체.
기본 이념	제3조	1. 평생학습에 기초하여 주민들의 자발적 학습과 토론, 합의를 통해 사업을 결정하고 추진한다. 2. 주민자치 정신을 바탕으로 주민주도 상향식의 방식으로 행정과 협력하면서 추진한다. 3. 상부상조 정신에 기초하여 마을의 전통문화와 자연환경을 살리고, 모든 주민들의 존엄성을 존중하면서 추진한다. 4. 마을의 경제 자립을 위해 농특산물 상품개발과 유통구조 개선, 농촌관광 활성화 등을 통해 주민 소득을 향상시키는 방향 추진.
협력	제4조	마을 만들기의 각 주체들은 상호 존중하며 대등한 협력관계를 유지
주민 참가	제5 -8조	차별금지 1. 주민의 연령, 성별, 심신의 상황, 출생지, 사회 또는 경제적 환경의 차이 때문에 마을 만들기 사업에 참가할 권리를 제한받지 않는다. 2. 마을 만들기 활동은 마을 주민의 자발성 및 자주성을 존중한다. 책임과 의무 주민은 마을 만들기의 주체임을 인식하여 주인 입장으로 마을 만들기 활동에 참가해야 하며 자신의 발언과 행동, 그리고 마을 결정사항에 대한 구성원으로서 책임과 의무를 가진다. 확대의무 모든 주민이 마을 만들기에 참가하는 것은 주민 자치를 지키고 발전시키는 것임을 인식하고 주민 참가를 확대시키기 위해 노력해야 한다.
추진 체계	제14조	마을 만들기 지원센터 설치와 운영 1. 마을 만들기 시책 개발 2. 마을 만들기의 조사 및 연구 사업 3. 마을 만들기 사업지구에 대한 주민 교육과 연수, 컨설팅 사업 4. 마을 만들기 관련 민간단체의 네트워크 사업 5. 군이 위탁한 사업 6. 그 밖에 마을 만들기에 필요한 제반 분야에 대한 지원사항 등
	제15조	마을 간사 채용 및 마을간사협의회 설치
	제16조	도농교류센터 설치
	제17조	도시민의 귀농 귀촌 지원

기본 계획	제18조	기본 계획에는 다음 각 호의 사항을 포함한다. 1. 마을 만들기의 중장기 구상과 기본 방향에 관한 사항 2. 마을 만들기의 종합적이고 계획적인 추진 체계에 관한 사항 3. 각종 마을 만들기 지원 사업에 관한 사항 4. 관련 사업과의 연계에 관한 사항 5. 그 밖에 마을 만들기에 관해 필요한 사항
마을 축제	제32조	마을축제의 목적과 성격 1. 군수는 마을 만들기의 성과를 집약하여 내부적으로는 사업지구 사이의 연계와 확산을 도모하고, 외부적으로는 전국적인 교류와 협력 관계 도출을 위해 매년 마을축제를 기획하고 개최 2. 매년 1회 개최하되, 마을마다 자발적으로 주제를 정하여 사시사철 수시로 개최하는 방향으로 발전할 수 있도록 지원
	제33조	마을축제조직위원회의 설치와 구성
	제34조	마을축제조직위원회에 대한 행정의 지원

(제정일: 2010년 5월 31일)

한 사항을 규정할 목적으로 제정되었다(제1조 목적). 사회복지협의체는 복지 관련 정책에 대해 심의·건의하거나 단체장의 자문에 응하는 것이 주요한 기능(제3조)으로 지방자치단체 대다수 위원회가 단체장의 자문에 응하는 역할에 머물고 있으나 심의·건의 기능을 명시하고 있으며 관련 사항을 구체적으로 표현하여 6가지로 규정하고 있다(제3조 1항). 또한 대표협의체, 실무협의체, 실무분과를 두도록 하고 있으며(제4조 구성, 제5조 실무협의체, 제6조 실무분과), 대표협의체 및 실무분과는 민간인과 공무원이 공동으로(임명직과 위촉직에서 각 1인) 장長을 맡도록 하고 있으며, 실무협의체는 민간인(위촉직)이 맡도록 하여 협치 틀을 유지하면서도 민간 영역의 책임과 역할을 강화하고 있는 것이 커다란 특징이다. 나아가 회의 주기(대표협의체: 분기 1회, 실무협의체: 격월 1회, 실무분과: 월 1회)를 명확하게 규정하여 협의체의 원활한 활동을 독려하고 있으며 회의록 작성과 내용의 공개(제13조), 의결사항의 처리(제14조, 시장은 대표협의체의 의결사항에 대하여 특별한 사정이 없을 때에는 이를 시정에 반영하도록 노력하여야 한다.), 관련자의 의견 청취(제15조), 시민 의견의 수렴(제16조 공청회 등의 개최) 등에 대한 내용을 구체적으로 명시하고 있다. 향후 지속가능한 지역공동체를 위한 각 분야의 조례는 사회복지협의체 조례를 기준으로 하여 상위법을 마련함과 동시에 운영 과정 및 내용을 구체적으로 명시하여 지속가능발전 거버넌스의 활동을 강화, 발전시켜야 한다.

민선 6기 매니페스토를 작성하는 과정에서 위에서 설명한 지방의제21 관련 및 시민 참여 분야 조례 제·개정 작업과 더불어 지속가능한 공동체의 5대 목표를 실현할 수 있는 분야별 조례 제·개정작업을 꼼꼼하게 검토한 후 국내외 우수 사례를 참고하여 각 지역 실정에 맞게 개선안을 제안할 수 있어야 한다. 특히 다음과 같은 내용들이 주요하게 검토되어야 한다.

① 주민 참여와 로컬 거버넌스, 직접민주주의를 강화하는 조례 제·개정
② 기후변화대응과 생물종 다양성 보존을 위한 조례 제·개정
③ 로컬푸드, 협동조합, 사회적 경제 등 녹색지역경제 활성화를 위한 조례 제·개정
④ 사회적 형평성을 증진하기 위한 조례 제·개정
⑤ 미래 세대를 배려하며 책임 있는 지구시민으로 육성하기 위한 조례 제·개정

행동계획으로서 '지방의제21'이 지속가능한 지역공동체 만들기에 상징적 역할을 하는 데 그치는 것이 아니라 실제로 지방자치단

체의 정책 방향과 내용을 비롯하여 지역 주민의 생활 현실을 변화시키고 인식을 바꾸어나가려면 '지방의제21'을 지속가능발전 이행지표(실천계획)로 공식화하여 실행력을 높이고, 변화 과정과 결과에 대한 정확한 점검과 분석, 평가와 환류 작업이 원활하게 진행될 수 있도록 해야 한다. 미국의 사례를 보면 2008년 마이클 블룸버그 뉴욕시장이 도시의 지속가능한 미래를 위해 9가지(주택, 오픈스페이스, 오염 지역, 물 공급, 상수도망, 교통, 에너지, 대기 질, 기후변화) 의제로 구성된 뉴욕 계획2008 One Year of Progress, 2007 PlaNYC을 설정하여 실행하고 있다. 영국에서는 2008년 보리스 존슨 런던시장이 주택 제공, 지속적인 경제 성장, 안전, 기후변화, 녹색 공간, 사회적 약자, 도시계획 주제를 의제로 선정한 '더 나은 런던을 위한 도시계획Planning for a better London'을 발표한 바 있다. 또한 2008년 행정, 전문가, 시민, 관련 이해 당사자들로 구성된 채터누가시의 '그린 위원회Chattanooga Green Committee'는 관련 연구 및 조사 수행과 함께 에너지, 교통 등 주요 부문별로 시민의 의견을 수렴하고 제안하기 위한 지역사회 타운홀 미팅을 추진하여 '기후행동계획Climate Action Plan'을 수립, 실천하고 있다.

지속가능한 지역공동체 실현을 위한 제도화 과제를 이상의 논의를 바탕으로 정리해보면 〈표 27〉과 같다.

〈표 27〉 차원별 제도화 강화 방안

구분	제도화 강화 방안
글로벌	중장기적 과제 및 지방정부 연대, 중앙정부와의 협력을 통해 접근함.
헌법	지속가능발전 지역공동체의 가치와 성공 사례를 축적, 개헌 논의 때 개입
법률	1. 지속가능발전법 개정을 통하여 지속가능한 지역공동체 실현을 위해 시민과 거버넌스 활동을 지방자치단체가 지원할 수 있는 법적 근거를 마련함(지속가능발전법과 녹색성장기본법 등 관련 법 개정 추진) 2. 지방자치법을 개정하여 지방자치단체의 사무처리 기본원칙 중의 하나로 '지속가능한 지역 발전'을 위해 지방자치단체가 노력하도록 함. 3. '국토의 계획 및 이용에 관한 법률' 등 SLC 관련된 법 조항 개정 추진
자치 법규	*지방의제21과 지역지속가능발전위원회 관련 조례 제·개정을 우선 추진하면서 다음 분야의 자치법규를 정비함. (1) 주민 참여와 로컬 거버넌스, 직접민주주의를 강화하는 조례 제·개정 (2) 기후변화대응과 생물종 다양성 보존을 위한 조례 제·개정 (3) 로컬푸드, 협동조합, 사회적 경제 등 녹색지역경제 활성화를 위한 조례 제·개정 (4) 사회적 형평성을 증진하기 위한 조례 제·개정 (5) 미래 세대를 배려하며 책임 있는 지구시민으로 육성하기 위한 조례 제·개정
사회적 인식 행동화 능력	1. 전국적 실천을 통한 사회적 인식 개선 필요 -지방의제21 발전 전략 및 한국형 모델 정착 및 확산 2. 지속가능한 지역공동체를 위한 민선 6기 매니페스토 작성 추진

3. 지속가능한 지역공동체를 위한 지방의제21의 역할과 추진 전략

글로벌 차원에서도 국가 차원에서도 지구적 기후위기에 대응하며 지속가능발전을 위해 일하는 여러 그룹의 활동 중에서도 지방정부 차원의 지역 활동은 매번 주요 국제회의에서 꾸준히 주목을 받아왔다. 우리나라 지방정부 차원에서 지속가능발전을 선도해오고 있는 세력은 지방의제21이다. 따라서 지속가능한 지역공동체의 실현 전략 검토는 지방의제21의 역할을 규명하고 추진 전략을 개발하는 데서 시작하여, 이러한 추진 전략을 바탕으로 '지속가능한 지역공동체를 위한 민선 6기 매니페스토 개발'로 마무리될 것이다. 먼저 지방의제21의 역할과 추진 전략을 다음과 같이 제안할 수 있다.

이상의 논의를 바탕으로 지속가능한 지역공동체의 비전을 수립하고, 이를 위한 지방의제21의 추진전략과 과제를 도출하기 위한 몇 가지 시사점과 적용 방안을 정리해보자.

첫째, 지방의제21은 지방 지속가능성을 개선하려는 글로벌 운동임을 인식하고 이런 의의를 확산시켜야 한다. 이를 위해 지방의제21의 주요 추진 과제 중 대표적인 추진 과제 역시 글로벌 이슈에 맞출 필요가 있다. ICLEI가 새롭게 관심을 기울이고 있는 기후변화나 생물다양성과 같은 이슈나 지속가능한 녹색 도시를 건설하기 위한 구체적 방안인 복원력 있는 도시, 저탄소 도시, 생물다양성 도시, 자원효율적인 도시, 녹색 도시 인프라, 녹색 도시 경제, 건강하고 행복한 공동체 등의 이슈에 초점을 맞출 필요가 있다.

둘째, 국내외 지방자치단체들과 적극적으로 정보를 주고받아야 한다. 국내 지방의제21 추진 기구들로서는 ICLEI와 같은 지방자치단체 차원의 국제 조직들이 주도하는 국제행사에 지방자치단체별로 중점을 둔 이슈별로 역할을 분담하여 적극적으로 참여할 필요가 있다. 한국의 추진 현황을 적극적으로 알리면서 연대를 강화하는 한편, 국제적인 추세에 부응해야 한다. 지방자치단체장을 글로벌 리더로 부각시키기도 하고, 각국 지방의제21 추진 주체와 같은 지속가능성 활동가들과의 연계를 강화하면서 각 지방자치단체장을 국제적인 도시 리더로 만들어갈 전망을 세워야 한다.

셋째, 지방정부 차원에서 공동의 제도화 노력을 펼칠 수 있도록 해야 한다. 한국지방정부 정상회담과 같은 협력체를 더욱 확대, 발전시키고, 2012년 2월 전국 45개 지방자치단체장이 모여 '탈핵 선언'과 같은 공동의 이슈를 발굴하고 공동 사업을 진행한 것이 한 사례이다. 또한 이런 활동들을 바탕으로 지방자치법과 같은 기초 법률 개정 작업에 나설 수도 있다. ICLEI 등을 통해 국제적인 차원에서 지방자치단체 간 교류와 협력, 정부 이해 당사자로서의 역할을 수행하는 것까지도 모색해야 한다.

넷째, 지방의제21이 지속가능성을 실현해나가는 실질적인 변화의 수단이 될 수 있도록 지방자치단체의 정책과 연계시키는 데 적극적으로 나서야 한다. 푸른경기21실천협의회가 경기도에 민관 협력 공동 사업을 제안하여 20여 개의 사업에 합의한 예를 참고하거나, 〈그림 10〉과 같이 여러 영역과 여러 부서에 걸쳐 통합적으로 진행할 수 있는 사업을 발굴하여 지방자치단체에 제안하고 공동으로 추진할 수 있다.

〈그림 10〉 지속가능발전의 통합적 접근 예시

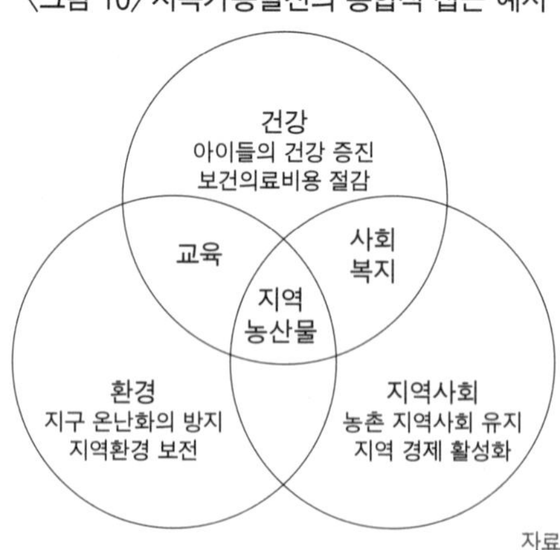

자료: 오수길(2008: 1036)

다섯째, 지방의제21이 지방 지속가능발전의 거버넌스를 구축하고 활성화하는 핵심이라는 점을 다시 한 번 강조하고, 참여적 거버넌스 문화를 도입하고 정착시키며, 실질적인 지역사회의 협력적 거버넌스가 될 수 있도록 하자. 마을 만들기, 지역사회복지체계, 자원봉사체계, 주민참여예산제, 주민자치회 등 생활단위의 연대와 협력 사업을 연계하는 데 전념하고, 이 과정에서 지역사회의 주요 시민사회단체와 주민단체들이 힘을 모을 수 있는 플랫폼으로 자리매김해야 한다. 이 과정에서 공동선과 공동책임의 새로운 윤리를 확립해가는 새로운 원칙들을 정립하고 합의할 필요도 있다.

여섯째, 한국의 지속가능발전 보고서를 준비하고, 지속가능성 지수를 개발하며, 행복지수 등 지역의 특성을 살린 주요 지표와 지수들을 개발해야 한다. 한국 지속가능발전 보고서는 전국의 우수 사례 분야와 지역을 중심으로 9개 주요 그룹별 올해의 이슈를 정리, 평가하고 향후 과제를 제안하는 방식으로 매년 작성할 필요가 있다. 이렇게 하면 9개 주요 그룹의 역량과 과제를 지속적으로 점검할 수 있고, 우수 사례가 확산될 수 있을 것이며, 국내외에 한국의 상황을 알릴 수 있는 내용을 확보할 수 있을 것이다. 이 과정에서 ICLEI나 유엔지속가능발전센터UNOSD: UN Office for Sustainable Development[36]와 같은 국제기구들에 공동 사업을 제안해볼 수 있다. 지방 지속가능성을 강화하기 위한 지속가능성 지수나 행복 지수 등은 지방의제21 활동을 평가하는 단순한 지표 차원에 그치지 않고 지방자치단체의 정책 비전과 역량을 지속가능한 쪽으로 집중시키는 차원에서 개발할 필요가 있다

4. 지속가능한 지역공동체를 위한 민선 6기 매니페스토 개발 방안

지속가능한 지역공동체라는 가치와 목표를 제도화하는 데 가장 중요한 시기는 지방선거 기간이다. 2014년 6월 4일에 실시되는 통합 민선 6기 지방선거에서는 17개 광역시도별로, 227개 기초 시군구별로 각 지역의 미래상이 제시될 것이다. 이날 확정되는 미래의 모습이 지속가능발전 가치와 내용을 얼마나 구현할지 어느 누구도 알 수 없지만, 이 가치를 확산하고 그것을 정책화하여 실현하려는 사람들의 의지와 활동력에 따라 달라질 수 있다는 점은 분명하다. 지난 20여 년 동안 묵묵하게 지방의제21 활동에 매진해온 사람들에게 향후 10여 개월의 시간은 매우 중요하다. 2008년 미국 발 금융위기를 기점으로 전환되기 시작한 경제 시스템은 경쟁과 승자독식의 시장주의를 넘어서 연대와 협동, 나눔과 배려의 사회적 경제 영역을 확대하는 새로운 자본주의 시스템을 구축해가고 있다. 기후변화에 대응하며 지속가능발전을 추구하려는 국가와 글로벌 거버넌스의 지루한 협상과 실망스러운 결과 때문에 지방정부의 역할이 더욱 부각되었다. 민선 5기부터 뚜렷한 변화를 보이기 시작한 시민 참여, 로컬 거버넌스 활동이 확산된 덕분에 지속가능한 지역공동체를 만들어가는 사회적 토대가 튼튼하게 다져지고 있다. 이렇게 변화되는 추세에 맞추어 지방의제21은 지속가능한 지역공동체를 만들기 위한 민선 6기 매니페스토 개발 작업을 주도해야 한다.

선거일을 고려하여 지속가능한 지역공동체 민선 6기 매니페스토 개발 작업 일정을 제안하면 다음 표와 같다. 한국매니페스토실천본부가 2009년 9월부터 2010년 2월까지 진행한 '2010 시민 매니페스토 만들기' 사업을 참고하여 구체적인 추진 사업과 일정을 〈표 28〉과 같이 제안한다.

(1) 지속가능한 지역공동체를 위한 민선 6기 매니페스토 개발 사업의 의미

지속가능한 지역공동체를 위한 민선 6기 매니페스토 개발 사업은 지방의제21의 제도화를 위한 첫 출발점이다. 이 사업은 '지속가능발전'이라는 가치를 추구하는 지방의제21 세력이 지역 발전을 주도하는 주류적 집단으로 확장되는 과정이다. 제도화를 통해 지역공동체를 위한 활동 기반을 공동화하며, 단기적 활동을 통해 지방의제21의 역량과 영향력을 강화할 수 있을 것이다. 또한 이 사업은 생활 정치 정착, 창의적 지역 발전과 공동체성 회복, 신거버넌스 구축 및 책

〈표 28〉 지속가능한 지역공동체 민선 6기 매니페스토 개발 작업 일정

실행 단계	실행 내용	시기
아젠다 개발	민선 6기 SLC 실현을 위한 분야별 정책 개발(지역별 추진) 지방의제21 역할 및 제도화 과제 수립, 제시	2013. 9 ~2013. 12.
이슈 및 아젠다 세팅	민선 6기 지역별 핵심 이슈, 주요 아젠다 여론화 지역 언론사의 기획기사 연재, 토론회 등 진행	2014. 1~2.
협약 및 쟁점화	후보자 공약 제안, 공약개발 담당자 설명회 개최 유력 후보자와의 매니페스토 협약(선관위와 공동 진행)	2014. 3~4.
주민선택	민선 6기 통합선거(광역 및 기초 단체장, 교육감 선출, 광역 및 기초의회 의원 선출)	2014. 6. 4.
이행 모니터링 및 환류	지방의제21을 중심으로 SLC 정책 추진 모니터링, 대안 제안 종합적 평가, 환류는 지역 시민사회단체, 전문가의 역할임(지방의제21을 지원과 연대활동으로 진행하며 거버넌스 강화를 위해 노력함)	2014년 7월 이후

임 공유 등을 통해 지방자치 역량을 강화하며, 정치적 무관심과 정치 냉소주의를 해소하고 사적 이해관계를 넘어 공공성을 지향하는 정책을 개발함으로써 시민이 참여하고, 서로 소통하는 정치를 앞당겨 실현할 수 있다. 즉 지속가능발전의 가치를 추구하면서 성숙한 지방자치와 시민 주권을 강화하기 위한 우리 사회 풀뿌리 지방자치 운동과 생활정치 활동을 강화할 것이다. 결과적으로 이 활동은 생태 지속성을 확보하면서 경쟁과 독식을 넘어서는 협동과 배려의 경제 시스템을 확산하고 공동체 문화 보전 및 창조를 통해 21세기형 지역공동체를 복원함으로써 지속가능한 지역공동체 건설에 기여하게 될 것이다. 그리고 주민, 지자체, 학계, 시민단체, 기업, 언론, 선거관리위원회 등 지방자치와 풀뿌리 민주주의 활동에 관여하는 모든 분야의 협력 네트워크를 구축하여 지역의 물적-인적 인프라 활용을 극대화할 것이다. 즉 온-오프라인On-Off line 공론장 활성화, 자원 활동가 모집(전문가, 대학생 서포터즈, 일반 시민 등), 지역 언론사와 협력하여 지속가능발전 매니페스토 개발 활동을 생중계하는 등의 홍보활동을 강화하여 지속가능발전을 추구하는 지방의제21이 사회적 힘에 의한 제도화를 실천하게 될 것이다.

지속가능발전의 가치를 확산하고 이 활동의 제도화를 목표로 지속가능한 지역공동체 실현을 추구하는 장기적 목표와 함께 주민 스스로 현안을 찾고 해결방법을 찾아가는 정기적 토의 과정, 소수의 전문가에 의한 top-down 방식이 아닌 button-up 방식의 아젠다 개발에 주목하여, 지속가능한 지역공동체 민선 6기 매니페스토 개발사업이 과거 소수의 명망가와 엘리트가 주축이 되어 의제를 설정했던 데에서 탈피하여 시민의 눈높이에서 특정 이해 관계자의 사익

추구와 특정 집단의 요구를 넘어서 시민의 참여와 소통을 바탕으로 시민의 삶에서 생산되는 지역 아젠다를 도출해낼 것이다. 군중 속에 파묻혀 정체성을 잃은 시민이 자기 스스로를 표현하고 타인에게 대화를 시도하며 공동체의 이웃 관계를 회복하는 과정은 지역 주민이 생활인의 정치적 삶으로 귀환하는 데 도움이 될 것이다.

(2) 사업의 흐름 및 세부 사업 소개

지속가능한 지역공동체를 위한 민선 6기 매니페스토 개발 사업은 아래와 같은 흐름으로 진행될 것이다. 먼저 민선 6기 지방자치단체에서 추진할 '지속가능한 지역공동체 정책 아젠다' 개발에 참여할 각 분야별 정책 전문가를 학계와 시민사회단체, 직능 단체, 공익기관 및 기구 등에서 광범위하게 섭외하여 모집한 후, 이들에게 정책을 제안하는 델파이 조사를 세 차례에 걸쳐 진행한다. 델파이 기법이란 전문가의 경험적 지식을 통한 통제된 피드백이 제공되는 과정에서 문제 해결 및 미래 예측을 하기 위한 기법으로서 전문가 합의법이라고도 한다. 델파이 방법은 전문가들의 의견 수립, 중재, 타협의 방식으로 반복적인 피드백을 통한 하향식 의견 도출 방법으로 문제를 해결하는 기법이다. 이처럼 델파이 방법은 어떠한 문제에 관하여 전문가들의 견해를 유도하고 종합하여 집단적 판단으로 정리하는 일련의 절차라고 정의할 수 있다. 이것은 추정하려는 문제에 관한 정확한 정보가 없을 때에 "두 사람의 의견이 한 사람의 의견보다 정확하다."는 계량적 객관의 원리와 "다수의 판단이 소수의 판단보다 정확하다."는 민주적 의사결정 원리에 논리적 근거를 두고 있다.

델파이 방법은 1948년 미국의 RAND연구소에서 개발되어 IT 분야, 연구개발 분야, 교육 분야, 군사 분야 등에서 활용되고 있다. 델파이라는 이름은 고대 그리스 신화에서 미래를 통찰하고 신탁한 것으로 등장하는 아폴로Apollo 신전의 옛 도읍지 명칭에서 따온 것인데, 이곳은 그리스의 성현들이 미래를 예측한 곳이기도 하다. 델파이 방법은 본래 미래 예측을 위해 창안된 것이지만, 최근에는 정책델파이 방식으로 정책 수립이나 목표 설정에도 많이 활용되고 있다. 그리고 델파이 방식은 각 전문가들 개인의 반응을 균등하게 통계적으로 처리함으로써 부당한 영향력을 행사하는 것을 방지하고 주관적인 판단을 종합하여 비교적 정확하고 객관적인 확률분포로 전환시킬 수 있다. 델파이 방법은 어떤 문제를 예측, 진단, 결정하는 데 의견의 일치를 볼 때까지 전문가 집단으로부터 반응을 체계적으로 도출하여 분석, 종합하는 조사 방법이다. 일련의 설문을 통해 수집된 의견을 계속적으로 환류해줌으로써 전문가 집단의 의견에 근접시켜 신뢰할 만한 결론을 도출하고자 한 것이다. 델파이 방법의 특징은 회의 등 전통적인 의사결정 방법이 갖는 문제점들을 해소, 극소화할 수 있다는 점이다. 각 전문가들에게 개별적으로 설문지를 전달하고 그 종합된 결과를 회수하는 과정을 거듭함으로써 독립적이고 동등한 입장에서 의견에 접근해갈 수 있다.유문종·이창언·김성균, 2011

지속가능한 지역공동체 지역 아젠다를 개발하는 첫 과정에서 델파이 기법을 활용하는 이유는 익명성이 보장되는 조사 방법이기에 전문가가 모여서 지역의 정책을 폭넓게 고민할 수 있기 때문이다. 이처럼 특정 분야에서 요구되는 전문가들의 정책 생산 능력과 함께 타인의 의견을 살펴보고 의견 조정 작업, 합의 도출, 중재, 반복 수행을 통하여 지역 아젠다에 합의해가는 과정이 우리에게 필요한 미덕임을 강조하기 위해서였다.

〈그림 11〉 델파이 조사의 단계

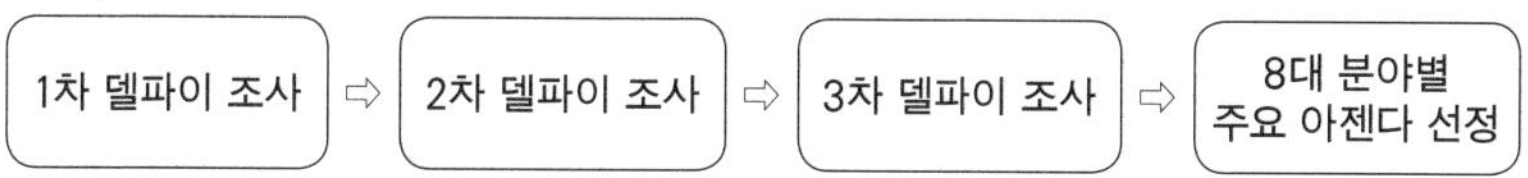

세 차례의 델파이 조사를 통해 8대 분야별 주요 아젠다가 선정되면 시민 정책 수요 조사를 진행하게 된다. 시민 정책 수요 조사는 단순 여론 조사 방식에서 쓰는 전화 설문 조사가 아니라 숙의 과정을 통해 정돈된 시민의 의사를 확인하며 수렴하는 공론 조사 방식으로 진행되어야 한다. 공론 조사Deliberative Poll란 숙의 과정을 거친 국민 여론 조사로서 통상적인 여론 조사 방법이 일반 시민의 피상적인 태도 조사에 그치는 약점을 숙의와 토론 과정을 덧붙여 보완하려는 것이다. 우리가 공론 조사를 통해 지역 정책 아젠다를 선정하는 이유는 소수의 전문가가 위로부터 아젠다를 설정하는 것이 아니라 지역 주민이 스스로 지역 현안을 찾고 공공 아젠다를 만들어가는 과정을 통해 수요자 중심의 정책을 만들기 위해서다. 이처럼 생활정치, 생활형 정책이 더 많이 나오게 하고 서로 경쟁하는 환경을 만들기 위해서는 정치인들이 그만큼 시민 눈높이에 맞춰 정책을 고민해야 하지만 시민들도 정치권이 스스로 자정 능력을 발휘할 때까지 앉아서 기다리는 것은 올바른 선택이 아니다. 시민들 스스로 정책의 작성 과정에서 의견을 표출하고, 적극적으로 참여해야 한다. 이러한 정책 결정 과정에서 주민 참여가 확대되는 것이 지방자치제도를 정착

〈표 29〉 일반 여론 조사와 공론 조사의 비교

구분	일반 여론 조사	공론 조사
개념	순간적인 인식 수준 진단	설문 → 학습및 토론 → 2차 설문
방법	전화, 우편, 웹사이트 등 수동적 참여	학습 및 토론 필수, 능동적 참여
결과	고정된 선호의 단순 취합	학습 및 토론을 거친 선호 변경
장점	많은 수의 시민을 대상으로 의견 수렴	학습과 토론을 통한 신중한 의사 결정
단점	비교적 단순하고 피상적인 의견 수렴	비용, 시간 소요, 복잡한 절차, 적은 표본 집단

시키고 지방의 자치 역량을 강화하기 위한 가장 시급한 과제일 것이다. 결국 생활 정치, 생활 정책이 활성화되어야 한다. 이는 지역 주민에게 신뢰받는 지방자치, 소통의 정치를 확산시키기 위한 중요한 과정이기도 하다. 일반 여론 조사와 숙의를 동반한 공론 조사와의 차이는 여러 측면에서 살펴볼 수 있으며, 이를 정리해보면 〈표 29〉와 같다.

시민 정책 수요 조사라는 정량 조사와 함께 대면 접촉 방식의 정성 조사인 시민 심층 토론회를 동시에 진행해야 한다. 이는 8대 분야별 주요 아젠다 선정에 담긴 정책 선호의 이유와 다양한 이야기를 살펴보기 위해서다. 전문가 델파이 조사가 익명성을 요구하는 방식이고, 시민 정책 수요 조사가 양적인 조사 방법이라면, 시민 심층 토론회는 이를 보완하기 위하여 면대면을 원칙으로 다양한 정성적인 자료를 얻기 위하여 진행한다.

집단 토의Group Discussion와 집단 인터뷰Group Interview 형식을 결합한 심층 토론회는 그 문제와 이해관계가 있거나 다른 이해관계를 갖고 있는 시민을 대상으로 집단 토의를 시도한다. 이는 각자가 처한 위치와 지위에서 벗어나 공공의 선에 접근할 수 있는 접점을 찾으려는 노력이다. 이는 대면접촉 관계를 가진 소수의 구성원이 상호작용하고 그로 인해 생긴 상호 의존 관계로 맺어진 개인들의 모임에서 다양한 이야기와 함께 집단 효과Volume effect 및 선택 효과Selection를 통해 각 지역의 공공선에 접근할 수 있다는 판단에 근거한다.

따라서 이런 심층 토론회는 전문가 델파이 조사를 통해 선정된 8대 분야별 주요 아젠다를 중심 주제로 하는 집단 인터뷰Group Interview의 형태로 진행되며, 각 아젠다에 공통된 관심을 가진 시민과 서로 영향을 줄 수 있는 시민을 대상으로 시민심층 토론회의 패널을 선정하여 실시한다. 심층 시민 토론회는 의도적으로 선발된 집단Connected Group을 통해 진행되는데, 개인들은 이러한 집단 안에서 의사소통과 아울러 경쟁 및 협동을 포함하는 집단 상호작용의 기본 과정들을 경험하게 되는데 그중에는 집단 내 지도력 등이 포함된 집단적 의사결정을 내리게 된다. 이를 통해 시민과 지역 전문가가 바라보는 정책 선호도의 차이를 확인하고 지자체의 발전 전망에 대한 다양한 의견을 조율하고 합의를 도출해낼 수 있다.

이렇게 지역사회의 각 분야 관련자들이 참여하여 개발하고 다수 시민들의 의견을 합리적으로 수렴한 8대 분야별 3개 주요 아젠다는 민선 6기 지방선거에서 지역사회의 가장 뜨거운 이슈로 부각되어 단체장 및 지방의원 후보자뿐만 아니라 각 정당과 언론사에서도 가장 중요하게 취급하는 지역 현안이 될 것이다. 이는 바꾸어 말하면 지속가능한 지역공동체 실현을 위한 8대 분야별 지역 아젠다를 개발하고 시민 의견을 수렴하는 과정을 지역사회가 주목하는 뜨거운 이

벤트로 폭발시켜야 한다는 제안이다. 사업 전 과정에서는 1992년 리우회의에서 채택한 「의제21」에 언급된 주요 9개 그룹 중 지방정부를 제외한 8대 그룹의 균형 잡힌 참여와 의견이 반영되어야 함을 다시 한 번 강조한다.

마지막으로 온라인 소통의 장인 (가칭) '온통'을 개설, 운영하면서 더 넓은 시민들의 의견을 수시로 수렴하며 반영하고, 한편으로는 이 활동을 시민적 관심사로 확대할 수 있는 활동을 병행해야 한다. 온라인 활동은 개별 지역에서 독자적으로 진행하게 되면 전국적 이슈로 폭발시키기도 어렵거니와 지역 주민의 관심을 높이는 데도 한계가 있다. 따라서 전국적 네트워크를 구축하여 이 사업을 진행시키면서 공동의 사이트를 개설하거나 전국 사이트에 각 지역별 사이트를 연동시켜 전국과 지역이 수시로 소통하며 활동을 전개하는 것이 꼭

〈그림 12〉 심층 시민 토론회의 단계

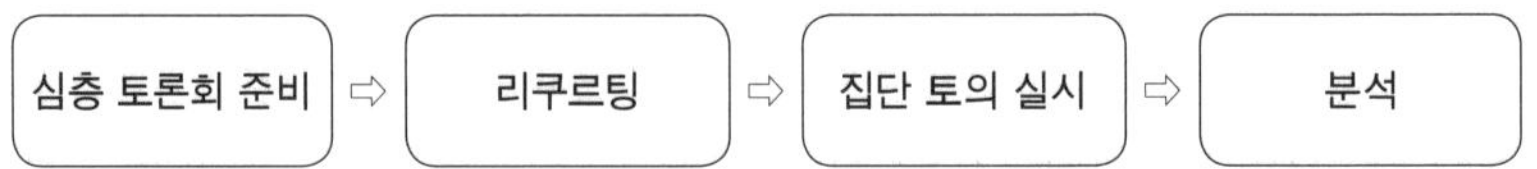

〈그림 13〉 우선순위 10대 아젠다 선정 및 정책 제안 의견 수렴 과정

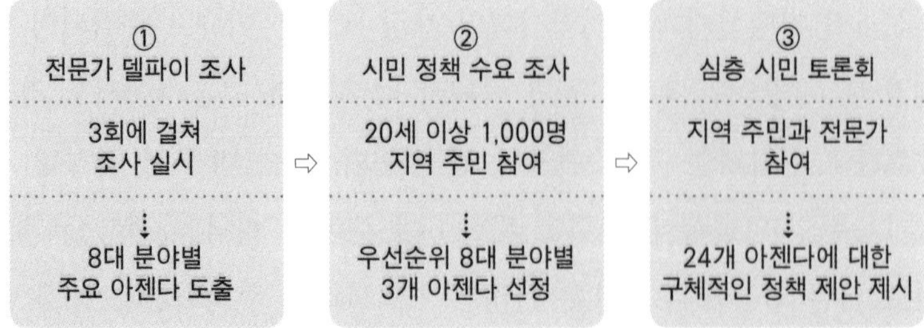

필요하다.

전문가 델파이 조사, 시민 정책 조사, 온라인 소통의 장을 통해 도출된 아젠다와 정책 아이디어를 최종 정리하고, 이를 한 권의 보고서로 만들어 『지속가능한 지역공동체를 위한 민선 6기 정책집』을 발표하는 시기는 2014년 2월경이 될 것이다. 전체적인 흐름도를 그려보면 아래와 같은 그림이 될 것이다. 완성된 내용을 활용하기 위하여 정책집을 각 정당 및 후보자에게 전달하여 이행 약속을 받아내는 과정은 지방의제21이 주도적으로 진행하기에는 여러 어려움이 있으며, 자칫 불필요한 오해를 불러일으킬 수 있다. 따라서 정당 및 후보자와의 협약이나 이행을 촉구하며 선거운동 기간에 지속가능발전의 가치와 정책을 확산하는 활동은 지역 시민단체와 언론 기관에 위임하는 것이 바람직할 것이다.

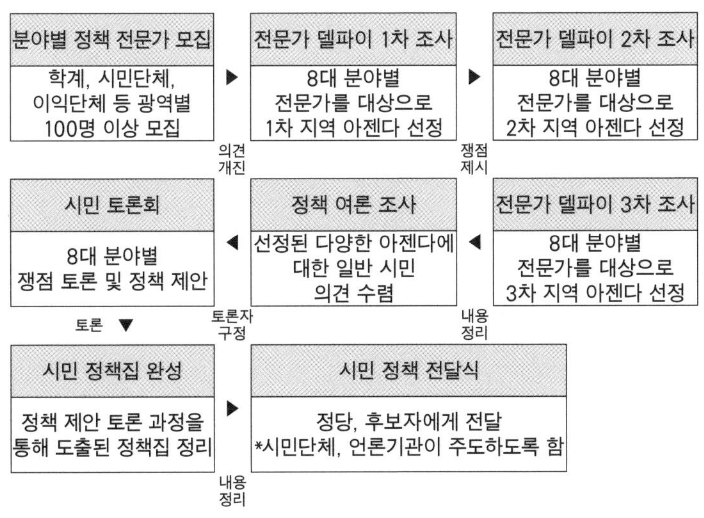

〈그림 14〉 지속가능한 지역공동체를 위한 8대 분야별 지역 아젠다 개발사업 흐름도

6장

마치며

이 책은 지방의제21 추진 과정을 중심으로 지속가능발전과 지속가능성 과정을 검토하였다. 지방의제21의 등장과 확산, 성과와 한계를 분석하였고, 리우회의 이후 20년이 갖는 의미를 새로운 20년에 비추어 정리하였다. 특히 로컬 거버넌스 시대의 새로운 지방 지속가능발전 비전으로 '지속가능한 지역공동체' 개념을 설정하고, 추진 현황과 실천 과제를 제시하였다.

또한 향후 새로운 추진 전략은 다양성, 창의성, 적응성 등을 갖추면서도 국가나 국제적 지원 조직과 연대하며, 지방의 전략을 전 지구적 프로그램으로 연결시킬 수 있어야 함을 제시하였다. 이를 위해 지속가능발전을 위한 제도적 틀의 필요성과 설계에 대해서도 역설하였다.

이 과정에서 전국 지방의제21 전문가, 활동가, 관련 공무원 등이 FGI나 델파이 조사를 통해 비전, 목표, 원칙, 의제를 갖춘 지속가능한 지역공동체의 새로운 추진 전략을 제시한 것은 그 자체로 지방의제21과 지속가능성 과정의 본질을 잘 살린 일이었다.

지속가능발전은 전 세계적으로 스톡홀름 UN인간환경회의까지 거슬러 올라가면 40년이 넘는 이론적, 실천적 의미를 갖고 있으며, 우리나라의 경우도 최소한 15~20년의 역사를 갖고 있는 셈이다. 1994년 말 경기도 안산에서 시범적으로 지방의제21을 작성하였고 1995년 부산과 인천 등에서 본격적으로 시작하였다.

한국에서 1990년대는 새로운 시민운동이 발전하기 시작한 시기였다. 때마침 1992년 리우회의에 참여한 전 세계 비정부조직NGO들의 활동이 그 규모, 쟁점, 내용 면에서 새로운 비전과 메시지를 전해주었다. 이는 1980년대까지의 반독재 민중운동의 시대가 NGO들의 시민운동으로 전환될 수 있는 계기가 되었다.

지방의제21은 여기서 한 걸음 더 나아갔다. 그야말로 '갈등을 넘어 협력 사회로' 관점과 활동의 방향을 바꾸어놓은 것이다. 추구해야 할 내용적인 측면에서는 경제 발전, 사회 통합, 환경 보전으로 제각기 나뉘어 있던 흐름을 통합적인 관점에서 접근하여 지속가능성을 목표로 해야 함을 분명히 해왔다.

지방의제21은 지속가능발전을 추구하는 운동인 것이다. '협력적'이고 '참여적'이어야 한다는 가치를 부여하고 있지만, 방법과 수단이라는 측면에서는 거버넌스에 초점을 맞추게 되었다. 1987년 「브룬트란트 보고서」가 발표되고 주요 이해 당사자 포럼이 만들어진 이후 1992년 리우회의의 '의제21'에 9개 주요 그룹이 명시되기에 이른다. 여기에 힘입어 지속가능발전의 추구와 지방의제21의 추진은 일관되게 협력적, 참여적 거버넌스를 강조해왔다. 다시 말해서 지방의제21은 거버넌스 운동인 것이다.

지방의제21은 마을 만들기에서부터 기후변화대응에 이르기까지 마을에서부터 지구를 잇는 실천 활동을 벌여왔다. 지속가능발전과 지방의제21의 적소niche는 역시 지역이었다. 향후 지방의제21의 비전과 목표로 '지속가능한 지역공동체'를 설정한 것도 같은 맥락이다. 지방의제21은 마을운동, 지역운동이자 지구시민 운동인 것이다.

또 다른 측면에서 볼 때, 지속가능발전의 가치는 더욱더 전 세계적이고 시대적이며 역사적인 가치로 확대, 확산되고 있다. 다양한 형태로 분화되어온 유럽 국가 및 도시들의 사례와는 달리 우리나라의 경우 '지방의제21'이라는 기치 아래 지방 지속가능성 과정을 일관되게 추진해왔다. 한국에서 하나의 운동을 이처럼 오랫동안 지속해온 예는 찾아보기 어려울 것이다. 지방의제21은 창조적이고 미래 지향적인 운동이다.

지방의제21의 지속가능발전 거버넌스는 그동안 환경문제와 환경 측면의 지속가능성에 주로 초점을 맞추어왔다는 지적을 받기도 했다. 하지만 환경 측면의 지속가능성을 중심으로 기존의 자연보호운동이나 환경운동의 수준을 크게 향상시켰다는 점에서 진가를 발휘해왔다고 할 수 있다. 단지 '보호'하거나 '반대'하는 데 그치지 않고, 마을 만들기(가꾸기), 하천 살리기, 장터, 로컬푸드, 도시대학, 매니페스토, 사회적 경제, 성주류화, 환경 거버넌스, 에너지, 기후변화대응 등으로 점차 진화하면서 다양한 쟁점과 분야들을 개척했을 뿐만 아니라 관련 시민사회단체들과 그 활동을 연계하는 매개 역할 또한 수행해왔다.

ICLEI가 2012년 세계총회와 리우+20회의를 통해 밝혔듯이 지금까지의 성과는 이제 지방(정부)의 정책을 변화시키는 쪽으로 전환되어야 한다. 여전한 '밀실 문화'를 걷어내고 지방정부와 지역의 다양한 이해 당사자들이 생활과 제도로서의 지속가능발전을 추구할 수 있는 플랫폼을 지방의제21이 제공하게 될 것이다. 이러한 변화가 안정적이고 일관되게 진행될 수 있도록 하는 중앙정부와 국제기구들의 역할 또한 중요한 것은 당연하다.

주해

1 초점집단면접법이라고도 한다. 표적시장으로 예상되는 소비자를 일정한 자격기준에 따라 6~12명 정도 선발하여 한 장소에 모이게 한 후 면접자의 진행 아래 조사 목적과 관련된 토론을 함으로써 자료를 수집하는 마케팅 조사 기법이다. 소비자를 대상으로 수치화된 자료를 수집하는 정량적quantitative 조사 방법과는 달리 토론을 통하여 소비자의 심리 상태를 파악하는 정성적qualitative 조사 방법이며, 정량적 조사에 앞서 탐색 조사로 이용된다. 보통 1시간 30분에서 2시간 정도 걸리며, 응답자들 간의 상호작용을 통하여 유익한 정보가 도출되어야 하므로 면접자는 응답자 전원이 자유로운 분위기에서 자신의 의견을 말할 수 있도록 유도해야 한다. 또 대화에 의해 자료가 수집되므로 면접자의 대인간 커뮤니케이션 능력과 청취 능력, 응답자 발언에 이은 탐사 질문 능력이 요구된다. 면접법의 결과로 설문지 작성에 필요한 기본 정보를 수집할 수 있고, 신제품에 대한 아이디어, 소비자의 제품 구매 및 사용 실태에 대한 이해, 제품 사용에서의 문제점 등을 파악할 수 있다.네이버 지식백과

2 델파이 조사법은 시나리오 작성법과 마찬가지로 질적 조사 방법이다. 델파이 조사는 질적인 조사를 하면서도 통계적인 방법을 채택한다는 점에서 시나리오 작성법과 차이가 있다. 델파이 조사는 조사 참가자가 연구주제에 관련된 사람들에게 면밀하게 기획한 익명의 설문지 조사를 반복적으로 실시함으로써, 조사 참가자들이 직접 한곳에 모여 논의를 하지 않고서도 집단성원의 합의를 유도할 수 있는 일종의 집단협의 방법이다. 이러한 델파이 조사법은 예측 주제에 관한 전문적 식견과 소양을 갖춘 전문가 집단을 대상으로 하여 익명으로 나타난 각 전문가들의 직관적 예측과 전문적 판단을 반복적으로 환류하여 예측과 판단을 한곳에 집약함으로써 가장 효과적인 예측 결과를 도출하는 데 그 목적이 있다. 델파이Delphi라는 이름은 고대 그리스 신화에서 아폴로신이 미래를 내다보고 신탁을 했다는 신전인 '델파이 신전'에서 빌려 와 붙인 이름이다.허인호

1998

3 3월 20일, 4월 24일, 5월 22일, 6월 26일 등 네 차례에 걸쳐 매회 20~30명의 지방의제21 추진 기구 사무국 실무자들과 전문가가 참여하여 진행되었다.

4 한국매니페스토실천본부가 지방자치단체장의 공약 이행 현황을 평가하기 위해 수집한 내부 자료를 활용하였다.

5 ICLEI는 지속가능발전을 추구하는 세계 각국 지방정부를 회원으로 하는 국제 조직이다. 1990년 유엔본부에서 개최된 '지속가능한 미래를 위한 제1차 지방정부 세계회의'에 참여한 세계 43개국 200여 개 지방정부들이 유엔의 지원을 받아 창립한 유엔 기관이다. 1991년 캐나다 토론토의 세계 사무국, 독일 프라이부르크의 유럽 사무국에서 활동을 시작하였고, 그간 1992년 리우회의(브라질 리우데자네이루), 2002년 리우+10회의(남아프리카공화국 요하네스버그), 2012년 리우+20회의(브라질 리우데자네이루)를 주도해왔다. 1990년 창립 당시에는 '지속가능성을 위한 세계지방정부ICLEI: International Council for Local Environmental Initiatives'라는 이름으로 출범하였는데, 2003년 현재의 이름으로 변경하였다. 2013년 현재 84개국 1,200개의 지방정부를 회원 도시로 두고 있고, 15개 지역의 국가사무소에서 250여 명의 실무자가 일하고 있다. 이외에도 20여 개국, 50여 개 단체가 준회원으로 가입되어 있다.오수길 · 이창언, 2013: 442

6 티모시 도일·더그 맥케이언 지음, 이유진 옮김, 『환경정치학』, 2002, 한울, p.202.

7 거버넌스의 개념 등장은 기존 국가 중심 체제의 한계와 함께 국가 역할을 축소하는 의미를 내포하고 있다. 그러나 국가 역할에 대한 시각은 학자마다 다양하다. 예를 들어, Kettl 2000이나 Pierre & Peters 2000는 거버넌스가 반드시 정부 역할의 축소를 의미하지 않는다고 본다.

8 제솝Jessop 1995은 거버넌스의 등장을 국내외 환경의 변화에 따라 정부가 관리주의에서 기업가주의로 변화하거나, 케인스적 복지국가에서 슘페터적 노동국가로 변화하면서 나타난 새로운 운영체계로 보았다.

9 이는 로컬 거버넌스를 중시하는 입장이다.

10 이런 의미에서 시민사회에서 주로 사용하는 어법인 협치協治, 공치公治,

共治 개념에 가장 근접하는 것은 Kooiman2003의 '사회-정치적 거버넌스 social-political governance' 개념이라 할 수 있다. 이전에는 찾아보기 힘들었던 거버넌스 양식들을 모두 '새로운' 거버넌스라 할 수 있겠지만, 일방적 조종과 통제('국가' 혹은 '시장' 혼자서 일하기)에서 양방향 혹은 다중 설계(함께 일하기)로 전환하려는 논의에서 강조되는 거버넌스를 특히 '뉴 거버넌스'라고 할 수 있다.

11 구조적 틈이라는 주장은 본래 경쟁 영역을 언급하는 것이었는데, 경쟁이란 행위자 속성의 문제가 아니라 관계의 문제라는 것, 경쟁은 관찰되는 관계가 아니라 창발적인 관계라는 것, 경쟁은 단지 결과가 아니라 과정이라는 것, 불완전한 경쟁은 단지 권력의 문제가 아니라 자유의 문제라는 것 등의 특징이 있다.Burt, 1992: 3-7

12 주요 내용은 지속가능성을 위한 국제적인 법적 틀을 개발할 때 정부 이해 당사자들을 인정, 국제적 개발 협력 과정에 대표성과 영향력을 보장, 국가 및 국제 지속가능발전 기금에 대한 정부 이해 당사자들의 접근을 개선, 통합적인 도시 해결책과 포용적인 녹색 도시 경제를 위한 새로운 시장 창출의 틀 확립, 네트워크와 협의체의 강화, ICLEI와의 협력 강화, 복원력 있고 포용적인 녹색 도시 경제를 향한 전환 등이다.

13 ICLEI는 리우+20회의 평가문에서 "국가 의제21을 집행해온 국가 성공스토리를 보여줄 수 있는 국가는 많지 않다. 마찬가지로 UN기후변화협약에서 교토의정서라는 이행규칙으로 진입하는 데도 13년이 걸렸다. 반면, ICLEI가 첫 번째 도시지도자정상회담을 소집하고, 지방기후행동계획에 1,000여 개 지방정부를 참여시킨 기후보호 도시 캠페인에 착수하는 데 불과 8개월밖에 걸리지 않았다."고 지적했다.

14 ICLEI 2012 세계총회에는 17명의 지방자치단체장을 비롯하여 18개 지방자치단체 정책담당관 등 60명이 참석하였다. 이들은 별도로 '지속가능발전 한국지방정부정상포럼'을 통해 'ICLEI 총회와 Rio+20에 전하는 지방정부의 메시지'를 발표하기도 했다. ICLEI 세계총회에는 911개 지방정부, 176개 연구기관, 94개 기업, 6개 국제조직, 71개 지역조직에서 총 1,664명이 참가하였고, 89명의 지방자치단체장이 참석하였으며, 총 45개 세션에서 259명이 발표자, 진행자, 토론자, 사회자로 참여하였다. 세계총회 결과

서울시가 ICLEI의 9번째 지역본부인 동아시아본부를 유치하였고, 염태영 수원시장은 ICLEI 집행위원으로 재선되었다.

15 중앙정부와 지방정부 양쪽에서 모두 지속가능발전의 기조를 유지할 수 있는 지속가능발전기본법이 2007년에 제정되고 2008년에 발효되었지만, 이명박 정부는 지속가능발전기본법을 지속가능발전법으로 격하시켰다.

16 ICLEI는 『세계 지방의제21 20년사』에서 지방정부의 전략, 시민사회 이니셔티브, 공동 행동, 국가 정책, 국제 협력 등의 소제목으로 다섯 가지 유형을 구분하였다. 유형화의 의의를 살리기 위해 이를 지방정부 주도형, 시민사회 주도 및 민관 협력형, 지역 조직체들 간의 협력과 네트워크형, 중앙정부 주도형, 국제 협력형 등으로 이름 붙일 수 있다.

17 최근에도 2013년 4월 9일 푸른세종21실천협의회가 출범했고, 2013년 4월 30일에는 맑고푸른김천21추진협의회가 창립총회를 가졌다.

18 이 그림이 의제 수립과 추진 기구 창립 현황을 정리한 것이라는 데 주의해야 한다. 이미 수립된 의제와 창립된 추진 기구가 사라진 것이 아니라 어떤 형태로든 활동을 지속하고 있기 때문에 이 그림은 한국 지방의제21의 역사적 경향을 파악하는 데 한정된 것이다.

19 민-관 파트너십의 정의, 의미, 지방의제21 추진 과정에서 나타난 민-관 파트너십의 형태에 대해서는 오수길[2001]을 참고하라.

20 글로벌 시대 NGO와 거버넌스의 등장 배경과 형태, 이론과 모델, 정책은 주성수[2000; 2004]를 참고하라.

21 지방의제21의 추진을 이끌었던 리우회의의 지속가능발전은 자연의 생태체계를 유지시키는 환경용량carrying capacity의 범위 안에서 인간의 물질적 삶의 질을 향상시키는 경제 발전을 상정한다. 지속가능발전이 과연 유용한 개념인가에 대한 논쟁도 일어나고 있다. 최근에는 미래 세대를 위해 자연 보전과 경제 발전을 어떻게 조화시키느냐에 대한 관점의 차이로 약한 지속가능성weak sustainability과 강한 지속가능성strong sustainability 개념[정대연, 2003]을 둘러싼 검토가 진행되고 있다.

22 우리나라 지방의제21의 부문별 구성 내용을 분석한 결과, 환경(47.4%), 사회(24.8%), 제도(17.6%), 경제(10.2%) 등의 순으로 나타나고 있다. 실제로 매년 예산을 확보해 의제 실천 활동이 이루어지고 있는 경우는 환경 부

문에 치우쳐 있다고 본다. 자세한 내용은 최진하[2005: 67]를 참고하라.

23 ICLEI가 분석한 보고서[2002]에 의하면, 선진국 그룹이라고 할 수 있는 유럽과 북미 지역의 경우 지방의제21을 지속가능발전 또는 지속적인 성장에 초점을 맞추지만, 후진국 그룹이라고 할 수 있는 아프리카 지역에서는 빈곤 문제 해결에 초점을 맞추고, 남미 지역은 지역공동체 개발에 중점을 둔다. 개발도상국들이 주류를 이루고 있는 아시아·태평양 지역에서는 주로 환경 보전 활동에 초점을 맞추고 있다.[대통령자문 지속가능발전위원회, 2006: 26]

24 우리나라의 지방의제21이 환경 부문에 치우쳐 있음을 보여주는 단적인 예가 의제 명칭이다. 전국 자치단체들의 지방의제21 명칭 가운데 84%가 자연환경의 쾌적성을 상징하는 개념어(푸른, 녹색, 환경, 청정, 그린, 자연, 맑고 깨끗한 등)를 사용하고 있다.[정규호, 2005: 45]

25 신뢰란 상대방이 선의적goodwill으로 행동하였을 때보다 악의적mal-intended이거나 기회주의적opportunistic으로 행동하면, 훨씬 더 큰 이익을 얻을 수 있음에도 불구하고, 선의적인 방향으로 행동할 것이라는 믿음에 기반하고 있다는 윤리적 성격을 내재한 개념이라 할 수 있다.

26 신뢰는 교환관계와 관련된 모든 사람들이 공유하는 기대의 총합으로 규정되며 사회적 교환관계를 유지하는 데 필수적인 요소로 작용한다. 공동체적 신뢰는 첫째, 조직 간 관계에서 상대방이 약속한 사항들을 성실하게 이행하려고 최선을 다해 노력할 것이라고 믿는 계약 이행 신뢰. 둘째, 상대방이 협력 파트너로서의 역할을 효과적으로 수행할 수 있는 충분한 역량을 가지고 있다고 믿는 역량 신뢰. 셋째, 당초 약속한 사항 외에 파트너십의 유지와 발전을 위해 상대방이 기꺼이 추가의 노력이나 투자를 할 것이라 믿는 선의 신뢰. 넷째, 계약관계를 초월하여 파트너의 복지에 대해 진정한 관심을 가질 것으로 믿는 관대성 신뢰로 정의한다.[Sako, 1991]

27 제3장 제2절 참조.

28 한명숙 국회의원은 2013년 6월 13일, 국회의원회관에서 [지속가능발전을 위한 국회토론회]를 개최하여 우리나라 지속가능발전을 뒷받침할 수 있는 법률을 정비하기도 했다.

29 이 표는 환경부,2011 고재경2012의 논의를 일부 활용하였다.

30 북한은 2009년 4월 제12기 최고인민회의에서 기존의 1998년 헌법을 개정하였다. 이번 개정헌법에서 가장 괄목할 만한 내용은 제100조의 신설이다. 즉, "조선민주주의인민공화국 국방위원회 위원장은 조선민주주인민공화국의 최고령도자이다."라고 규정함으로써, 국방위원장의 영도자로서의 지위를 강화하였다.

31 이하 160쪽까지는 권기태2013의 논의를 전재한 것이다.

32 이하 163쪽 〈표 18〉까지는 김병완2013의 논의를 전재한 것이다.

33 "전국 45개 기초지방자치단체장이 소속 정당을 떠나 원전 반대에 목소리를 모아 관심을 끈다. 김성환 서울 노원구청장을 비롯한 45개 단체장은 13일 오후 서울 중구 대한상공회의소 국제회의장에서 '탈핵 에너지 전환을 위한 도시 선언 및 공동 심포지엄'을 열고 지자체의 실질적인 에너지 정책 변화를 약속했다. 이해식 서울 강동구청장, 차성수 서울 금천구청장, 민형배 광주 광산구청장, 곽상욱 경기 오산시장, 안병용 경기 의정부시장, 염태영 경기 수원시장 6명이 대표로 나서 '탈핵 에너지 전환을 위한 도시 선언문'을 발표했다. 도시 선언문은 지속가능한 에너지 중심 국가로 나가기 위한 연구·실천을 통한 국가 에너지 정책 전환을 촉구하는 내용을 담고 있다. 에너지 조례 제정, 불필요한 에너지 수요 절감 대책 확대, 시민 주도 에너지협동조합 방식으로 신재생에너지 보급 확대, 녹색일자리를 활용한 국가 균형 발전 기반 조성 등이다. 특히 단체장들은 수명을 다한 원전 가동 중단과 원전 증설 반대 입장을 천명, 정부 입장과 전면 배치되는 주장을 제기했다. 정부는 강원 경북에 새로 원전 2~3기를 늘리는 한편 2030년까지 수명을 다하는 12개 원전 전체의 수명을 연장할 방침이다. 지방자치단체장의 공식적인 탈핵 선언은 지난 9일 박원순 서울시장에 이어 두 번째다. 박 시장은 당시 환경 분야 과제로 '자원과 에너지 생산 도시'로의 전환을 약속하고 그중 첫째 사업계획으로 '원전 하나 줄이기'를 내세웠다. 에너지 절약과 신재생에너지 확대 보급으로 2014년까지 원전 1기 대체 효과를 내겠다는 방침이다."『내일신문』 2012년 2월 14일

34 정부 교체로 인하여 국가 수준에서는 지속가능발전에 대한 개념이 동

요되고 추진 체계가 변경되는 등 혼란스러웠으나 지방정부 차원에서는 1995년 민선 1기부터 여러 차례 단체장의 교체에도 불구하고 지역별 편차는 있었지만 지방의제21 활동은 꾸준히 지속되고 있다. 2013년 6월 현재 244개 지방정부 중 94개의 지방정부가 지방의제21 관련 조례를 갖추고 있으며, 그 외 대부분의 지방정부도 지방의제21 활동을 뒷받침할 수 있는 조례를 마련해놓고 있다.

35 경상남도녹색경남21추진협의회 발전전략 TF팀, 경상남도녹색경남21추진협의회 발전전략 연구 보고서(2012. 8), 44쪽 〈표 2-19〉에서 인용.

36 유엔지속가능발전센터UN Office for Sustainable Development는 유엔과 한국 정부가 2011년에 설립한 국제기구로서 의제21, 요하네스버그 이행계획, 리우+20회의의 결과를 비롯하여 지속가능발전에 관한 국제적 합의를 이행하기 위해 각국 정부를 지원하는 데 목적을 두고 있다. 센터는 유엔경제사회국UNDESA: UN Department of Economic and Social Affairs의 지속가능발전부DSD: Division for Sustainable Development가 관리하며, 한국의 환경부, 연세대학교, 인천시의 지원을 받고 있다.

부록

지방의제21 전국대회 선언문

지방의제21 창립대회 대회사•
전국 지방의제21 네트워크의 문을 활짝 열며

전국의 지방의제21 기구를 총망라하는 '지방의제21 전국협의회' 창립을 기쁘게 맞이합니다.

전국 248개 자치단체 중에서 123곳의 자치단체가 지방의제21을 작성하였으며, 지금도 작성·추진 중인 곳이 65개, 그리고 지방의제21 추진 계획을 세워놓고 있는 곳이 57개로 집계되고 있습니다. 자치단체 중 절반 이상이 지방의제21을 선포하였으며, 이와 같은 추세라면 머지않아 거의 모든 자치단체가 지방의제21을 수립할 것으로 보입니다.

하지만 상당수의 자치단체가 조직이나 예산 부족으로 지방의제21을 수립·선포하는 데 그쳐 실천으로까지 나아가지 못한 상황입니다. 환경부가 지치단체별 지방의제21 추진을 돕기 위해 애쓰고 있으나, 아직 조직 및 예산 등의 행정 지원이 미약한 실정입니다. 전국 16개 광역자치단체 중에서 14개 광역자치단체에서 지방의제21을 수립하였으나 실천을 전제로 한 추진협의회를 구성한 곳이 적을 뿐 아니라, 확보된 예산도 부족해 다양한 사업의 실천에까지는 이르지 못하고 있습니다.

• 제1회 지방의제21 전국대회는 1999년 9월 제주도에서 개최되었으나 별도의 선언문을 채택하지 않았다. 제1회 지방의제21 창립대회 대회사, 축사(224쪽), 환영사(226쪽)는 제1회 지방의제21 전국대회의 공식적인 선언문, 결의문이 아닌 지방의제21 창립대회(2000년 6월) 공식 문건이다.

때마침 지난해 제주도에서 열린 '전국 지방의제21 추진 관련자 워크숍'이 기폭제가 됨에 따라 지방의제21 추진 기구를 중심으로 의제의 실천 확산을 위한 공감대가 크게 형성되어 '지방의제21 전국협의회'의 발족까지 이어진 것에 대해 진심으로 기쁘게 생각합니다.

지방의제21을 작성하고, 작성된 의제를 실천에 옮겨나감에 있어서 파트너십은 여러 가지를 의미합니다.

첫째로, 지방의제21의 작성 과정에서 '파트너십'은 지방자치단체, 청년단체, 여성단체, 과학자, 농부, 기업, 노조, 원주민과 환경 그룹과 같은 9개의 주요 참가자 그룹에 의해서 이루어지도록 권장되고 있습니다.

둘째로, 지방의제21의 실천을 위한 시민 전개를 위한 파트너십은 지역사회에 바탕을 둔 환경보호를 의미하는 것으로, 시범 사업 과정에 걸친 파트너십이 권장되고 있습니다.

셋째로, 국가 차원에서의 지방의제21의 파트너십은 광역자치단체와 기초자치단체의 파트너십, 그리고 기초자치단체들 간의 파트너십을 의미합니다.

이러한 관점에서 오늘 창립된 '지방의제21 전국협의회'의 의미와 가치는 매우 크다 하겠습니다. 이른바 지방 혁신의 하나의 물결이라고 보아도 좋을 듯합니다.

전국협의회는 국내외에서 추진되는 지방의제21의 정보를 공유하고, 경험을 나누며, 실천을 촉진함으로써 지역환경을 개선함은 물론, 지속가능한 국가 발전에도 기여할 것으로 기대됩니다. 또한 전국협의회는 지역 간에 파트너십을 형성할 수 있도록 지원하고, 지역의 우수한 사례를 발굴하여 다른 지역으로 보급·확산시키는 촉매제 역할을 맡게 될 것이며, 국내외의 지방의제21 추진과 관련된 정보 교류 창구 기능을 갖고, 지속가능한 발전 방안을 연구하고 정책을 제언하기 위한 기구의 역할을 다할 것입니다.

지방의제의 특성은 지역민들이 합심하여 하나씩 실천해나간다는 데 의미가 있습니다. 그런 의미에서 전국협의회도 또 다른 출발점이 될 수 있을 것입니다. 지역의 모든 구성원들이 파트너십을 발휘하며 지방의제21의 네트워크를 강화하고, 이를 통하여 지구환경시대의 새 장을 열어나가야 하겠습니다.

오늘 이 창립총회가 있기까지 많은 수고를 해주신 '지방의제21 전국협의회 준비위원회' 위원 여러분과 아낌없는 지원을 해준 환경부와 경기도 당국에 심심한 사의를 표하며, 여러분과 여러분 모두의 가정에 행운이 함께 하시길 빕니다.

2000년 6월 16일

푸른경기21실천협의회 공동회장

김귀곤

지방의제21 창립대회 축사
전국 지방의제21로 세계화·지방화에 부합해야

존경하는 임창열 경기도지사님, 김귀곤 지방의제21 전국협의회 공동회장님, 박영숙 한국환경사회·정책연구소장님 그리고 이 자리에 참석하신 전국의 지방의제21 관계관 여러분!

오늘, '지방의제21'의 추진 확산 및 실천 활성화를 주도할 '지방의제21 전국협의회'를 창립하는 뜻 깊은 자리에서 축하의 말씀을 드리게 된 것을 매우 기쁘게 생각하며, 이 소중한 자리를 마련하느라 애쓰신 푸른경기21 실천협의회 및 전국협의회 준비위원 여러분의 노고에 치하의 말씀을 드립니다.

'92년 리우회의 이래, 세계 각국에서는 21세기 지구환경 보전을 위한 지역단위의 행동계획인 '지방의제21'을 추진함으로써 새천년의 새로운 패러다임으로서의 '지속가능한 발전'의 실현에 온 힘을 기울이고 있습니다.

'지방의제21'은 그 목적을 지구환경 보전에 두고 있다는 점에서 '세계화'에 부합하고, 추진주체가 지역사회의 주민, 기업, 지방정부라는 점에서 '지방화'에 걸맞는다고 하겠습니다.

우리나라도 160여 개 지방자치단체에서 '지방의제21'을 수립하였거나 수립 중에 있습니다만, 안타깝게도 아직 '지방의제21'을 실천에 옮기지 못한 채 수립단계에 머물고 있는 자치단체가 많고, 일부 자치단체에서는 '지방의제21'을 수립조차 못 하고 있는 실정입니다.

이러한 '지방의제21'을 활성화하기 위해서는 추진 상황을 평가하여 잘된 점은 더욱 발전시키고 미흡한 점은 개선·보완하여야 하며, 관계자에 대한 지속적인 교육·훈련도 필요합니다.

또한, 지역 특성에 맞는 실천 과제를 개발·보급하고 자치단체 간의 활발한 정보 교류를 통하여 수범 사례를 발굴·확산하는 일도 '지방의제21' 추진 활성화에 매우 긴요한 과제입니다.

그동안 이러한 역할을 앞장서서 수행할 전국 네트워크화의 필요성이 제기됨에 따라 '지방의제21 전국협의회'의 설립을 위한 노력을 경주하여 왔습니다.

그동안의 노력이 결실을 맺어 이제 '지방의제21 전국협의회'가 힘찬 첫 걸음을 내딛는 순간을 맞이하게 되었습니다.

'지방의제21 전국협의회' 구성을 계기로 전국의 모든 자치단체가 빠짐없이 '지방의제21'을 수립하고 실천하는 데 크게 기여하리라 기대됩니다.

'지방의제21 전국협의회'의 무궁한 발전을 기원하면서 다시 한 번 바쁘신 가운데에도 이 뜻 깊은 자리를 마련해주신 임창열 지사님을 비롯한 관계관 여러분의 노고에 뜨거운 감사를 드립니다.

감사합니다.

2000년 6월 16일

환경부장관 김명자

지방의제21 창립대회 환영사
새천년 첫해 화두인 환경 보전에 앞장서는 협의회 기대

환경의 시대로 불리는 새천년의 첫해를 맞이하여 지방의제21 전국협의회 창립총회가 우리 경기도에서 열리게 된 것을 매우 뜻 깊게 생각하며 900만 도민과 함께 진심으로 축하드립니다.

아울러 바쁘신 중에도 자리를 함께 해주신 김명자 환경부장관님, 청와대 김유배 수석님과 내외 귀빈 여러분! 그리고 오늘 지방의제21 전국협의회의 창립을 위하여 참여와 협력을 아끼지 않으신 각 시·도 지방의제 관계자 여러분을 환영하며 그동안의 노고에 대하여 감사의 말씀을 드립니다.

새천년의 화두로 환경문제가 대두되고 있습니다. 지금까지 우리는 '개발이냐 보존이냐'의 선택의 문제에서 경제 성장 위주의 정책으로 환경문제가 다소 소홀하게 다루어져 왔습니다. 그러나 이제는 어떻게 하면 지역개발과 환경 보전을 조화시키고 상호 균형을 유지할 수 있는가에 초점을 맞추어 이른바 '지속가능한 개발Sustainable Development'의 전략을 수립·시행하고 온 국민의 의식 속에 뿌리내리게 해야 할 것입니다.

김대중 대통령님께서도 지난 5일 환경의 날 기념식에서 "인간과 자연이 더불어 사는 생명공동체"를 만들어야 한다고 천명하시면서 환경문제들을 기업 및 시민단체들과 협의하기 위하여 대통령 자문기구로 '지속가능 발전위원회'를 설치하겠다고 천명하신 바 있습니다. 이에 맞추어 우리 도는 지속가능 개발 정책을 수립·심의하기 위하여 '환경정책위원회'를 구성·운영하고 있습니다.

또한, 환경의식 전환은 어린 시절부터 생활화해야 한다는 차원에서 도내 초등학생 모두에게 '환경일기장'을 제작 배포하고 '환경정책 5개년 계획'과 '푸른경기21'을 선포하는 등 환경 보전 시책을 적극 추진하고 있습니다.

'지방의제21'은 우리와 우리 후손들이 살아갈 21세기를 위해 지속가능한 개발의 이념 아래 지역사회를 구성하는 주민, 기업, 행정 모두가 참여와 협력을 통한 구체적인 행동 과제들을 설정하고 이를 하나하나 실천해나가자는 지역공동체의 실천 규약이며, 변혁운동이라고 생각합니다.

존경하는 내외 귀빈 여러분! 여러분께서도 잘 아시는 바와 같이 우리 도는 전국 최초로 광명 쓰레기소각장과 서울 구로구 하수처리장 공동 이용에 관한 협약을 서울시와 체결함으로써 지방자치단체 간 환경 빅딜을 처음으로 성사시킨 바 있습니다.

이 사례는 서로 역지사지의 정신으로 작은 것을 양보하여 더 큰 것을 얻어내는 '윈-윈WIN-WIN 전략'으로 환경문제를 해결할 수 있다는 것을 보여준 쾌거라 할 수 있습니다. 또한 죽음의 바다로만 인식되어온 시화호의 수질이 개선되면서 최근에는 천연기념물 노랑부리 백로가 찾아와 먹이를 찾는 모습이 발견된 것은, 어려운 여건 속에서도 환경 보전을 위해 꾸준히 실천해온 NGO 여러분들의 열정과 행정기관의 지속적 관심과 노력으로 맺어진 결실이라고 생각합니다.

이러한 의미에서 오늘 지방의제21 전국협의회 창립을 계기로, 지역적인 특성에 따라 상이한 실천 경험과 추진 체계들을 서로 공유하고 벤치마킹함으로써 지방의제21의 추진이 더욱 활성화되고 차원 높아질 것으로 확신하고 있습니다. 또한, 이를 바탕으로 국가적 의제 설정에도 크게 기여할 것으로 믿어 의심치 않습니다.

아무쪼록 오늘의 전국협의회 창립을 계기로 더욱 다양한 지역사회의 구성원을 아우르고 주민 속에 깊게 뿌리내려 진정한 풀뿌리 환경 보전 운동으로 발전되기를 기대해봅니다. 끝으로 오늘 선임된 초대 회장님들을 비롯한 임원진 여러분께 진심으로 축하드리며, 그동안 이 행사를 위해 애써주신 관계자 여러분께 다시 한 번 따뜻한 격려와 감사의 말씀을 드립니다.

2000년 6월 16일

경기도지사 임창열

제2회 지방의제21 전국대회 인천 선언문

지방의제21은 지역 주민, 민간단체, 기업, 지방자치단체 등 지역사회의 구성원이 동등한 파트너로 함께 참여하여 환경적으로 건전하고 지속가능한 발전을 위한 행동계획을 만들고 이를 실천해나가는 지역사회운동이다.

이번 인천에서 개최된 제2회 지방의제21 전국대회는 지방의제21 추진기구들 간의 실천 경험과 정보를 공유하고, 지방의제21을 전국적으로 확산시키는 중요한 계기가 되었다.

그러나 지방의제21의 실천과 발전을 위해서는 우리 모두의 더 많은 노력이 필요하다는 인식하에 다음과 같이 우리의 입장을 밝힌다.

1. 우리는 지역 주민이 지속가능한 사회 발전의 주역임을 인식하여 지방의제21의 실천 활동에 대한 관심과 참여를 증진시키도록 한다.

1. 우리는 민간단체NGO가 민·관·기업 간에 동등한 파트너십을 이루어 지방의제21이 지역사회에 정착하는 데 주력하도록 한다.

1. 우리는 기업이 지역환경 개선과 지구환경 보전에 책임 있는 일원으로서 지방의제21 실천 활동에 적극 나서도록 한다.

1. 우리는 지방자치단체가 지역사회 구성원과 협의하여 지방의제21의 작성과 실천, 그리고 평가와 환류의 순환체계를 구축하도록 한다.

1. 우리는 중앙정부가 개발과 보전이 조화된 정책을 추진하도록 하며, 지속가능발전위원회의 설치 정신이 지방자치단체 차원에서도 반영될 수 있도록 한다.

1. 우리는 남북정상회담에서 합의한 화해와 협력의 정신을 바탕으로 한반도의 지속가능한 발전 방안을 함께 모색해나가도록 한다.

2000년 9월 29일

지방의제21 전국협의회

제3회 지방의제21 전국대회 전주 선언문

1992년 지구환경정상회의에서 '리우선언'이 발표된 지 내년이면 10주년을 맞이한다. 그동안 세계 각국은 '의제21'의 실천을 위해 '국가의제21'을 작성하고, 매년 국가 이행 보고서를 UN에 제출해왔으며, 또한 전 세계 3,000개 이상의 지방자치단체들은 '지방의제21'을 작성하고, 이에 따른 다양한 실천 사업을 전개해왔다.

그러나 지구환경문제는 여전히 개선되지 않고 있으며, 오히려 점점 더 악화되어가고 있는 실정이다. 이에 따라 세계 각국은 최근, 지난 10년간의 '의제21' 사업을 종합적으로 평가·분석하고, 향후의 발전 방향과 과제를 새로이 점검함으로서 '리우+10회의'와 이후의 추진 전략을 활발히 모색하고 있다.

우리나라의 '지방의제21'은 이제 전국적인 물결이 되었다. 전국 지자체의 80%가 '지방의제21'을 추진함으로써, 세계 다른 어느 나라보다도 높은 참여율을 보이고 있으나, 실제적인 성과 도출과 제도적 안정화를 위해서는 아직도 우리 앞에 해결해야 할 많은 과제가 놓여 있음 또한 사실이다.

이에 우리는 '지방의제21'의 전국적 활성화를 위하여 다음과 같이 노력할 것을 다짐한다.

1. 우리는 '리우선언'에 나타난 '의제21'의 기본 정신을 되새겨, 지난 10년

간의 활동을 평가함과 동시에, 새로운 자세로 한 단계 발전한 '지방의제21'을 추진해나가는 데 앞장선다.

2. 우리는 '지방의제21'이 지역사회에 확고히 뿌리내릴 수 있도록 추진기구의 법적·제도적 장치를 마련하고, 조직의 내실화를 위해 힘쓴다.

3. 우리는 '의제21 실천조직'과 '지속가능발전위원회CSD'가 지속가능한 지역사회 발전을 위한 양 수레바퀴임을 인식하여 '지방정부의 CSD 도입'을 다각도로 적극 노력한다.

4. 우리는 '지방의제21'의 올바른 발전을 유도하기 위하여 정기적인 평가와 환류 작업을 실시하며, 이를 위해 지역의 지속가능성 지표 개발에 적극 나선다.

5. 우리는 '지방의제21'이 민·관·기업의 동등한 파트너십을 기초로 이루어짐을 인식하여 모든 지역사회 구성원이 보다 적극적으로 참여하도록 열린 자세를 솔선해 보이며, 교육 및 홍보사업을 더욱 강화한다.

2001년 9월 7일

제3회 지방의제21 전국대회 참가자 일동

제4회 지방의제21 전국대회 대구 선언문

지난 8월 요하네스버그에서 개최된 지속가능발전세계정상회의WSSD는 기대에 미치지 못한 성과에도 불구하고 우리에게 지구적 차원의 책임을 인식하게 된 계기가 되었다.

우리는 이번 WSSD 회의를 통해 더욱 악화되고 있는 지구환경문제의 해결을 위해서는 지역에서의 실천이 가장 중요한 과제임을 다시 한 번 확인하고, 보다 큰 책임감을 갖게 되었다. 또한 지역의 지속가능한 발전을 위해서는 환경 부문과 더불어 빈곤을 포함한 경제와 사회, 문화 부문의 통합적 관리가 매우 중요함에 모두가 공감하였다. 뿐만 아니라 한국 사회에서 지방자치의 조기 정착을 위한 거버넌스Governance의 실천 모델로서 지방의제21의 추진은 앞으로도 매우 중요한 의미가 있음을 깨닫는다. 이에 지역사회 구성원의 파트너십과 행정 전 부문의 참여를 전제로 지방의제21의 실천 전략인 '지방행동21'로 심화되어감에 따라 우리는 다음과 같은 입장을 밝히고 다 함께 노력해나갈 것을 다짐한다.

- 우리는 짧은 기간에도 불구하고 전국적인 운동으로 발전되어가고 있는 지방의제21 운동이 우리 사회의 지속가능한 발전을 위한 중요한 역할을 하고 있음을 거듭 확인한다.

• 우리는 지방의제21 운동을 통해 시민과 기업, 행정의 파트너십이 활성화되고 지역 차원에서의 좋은 거버넌스Governance가 정착되어간다는 사실을 귀중한 성과로 자부하고 이를 더욱 발전시켜나갈 것이다.

• 우리는 지방의제21 운동이 계획 수립 단계에서 실천 활동 단계로 발전되어야 함을 인식하고 경제·사회·환경과 문화적 차원의 통합적 접근을 통해 지역 실천을 강화해나가도록 한다.

• 우리는 지방의제21 운동이 이룩한 많은 성과에도 불구하고, 법적·제도적 장치가 미비한 현실을 개선하여 안정적이고 지속적인 활동의 기반을 마련하기 위해 적극 노력한다.

• 우리는 WSSD 이행계획에 포함된 지역 차원에서의 지속가능발전위원회 설치·운영의 필요성을 공감하고 지역 여건에 적합한 방식으로 구성하기 위하여 최대한 노력한다.

• 우리는 지방의제21 운동이 지구적 차원에서의 협력을 통해 지구환경보전에 기여할 수 있음을 인식하고 아시아를 비롯한 세계 각국과의 국제적 연대 활동을 적극 전개한다.

2002년 10월 25일

제4회 지방의제21 전국대회 참가자 일동

제5회 지방의제21 전국대회 서울 결의문

'지방의제21이 열어가는 분권과 참여의 세상'의 주체로 나서자

최근 정부는 국정의 주요 과제로서 지방분권화를 강력 추진하고 있다. 시민의 참여와 자치는 민주적 가치의 실현하고, 지속가능한 지역사회를 만드는 데 있어서 가장 중요한 기초이자 동력이다. 따라서 지역사회의 구성원인 시민, 기업, 행정 등은 협치Governance의 정신으로 지역의 특성을 살린 지속가능한 발전 정책을 수렴·추진해야 하며, 이것이 바로 우리가 추구하는 지방분권의 올바른 방향이라 생각한다.

우리는 2002년에 열린 지속가능발전세계정상회의WSSD에서 전 세계지방정부가 '이제는 행동에 나설 때'라고 주장한 것에 크게 공감하며, 우리의 지방의제21이 '행동하는 지방의제21'로 거듭나도록 제5회 지방의제21 전국대회 참여자 일동은 다음과 같이 합심해 노력할 것을 결의한다.

- '지방의제21'은 다양한 지역사회 구성원의 참여와 어울림의 장이 되어야 한다. 특히, 여성, 노인, 아동과 청소년, 장애인 등 사회적 약자의 권리가 보호되고, 그들의 자기실현의 기회가 확대되도록 함께 힘을 모아나간다.

- 실제적 분권을 통해 지속가능발전이 이루어짐을 인식하고, 전국의 지방의제21 추진 기구는 지방분권화 시대를 실현하기 위해 지역차원의

협치Governance 체계를 완성하는 데 앞장선다.

• 지방행정 전 부문에 지속가능발전 정책이 통합·실천되도록 하기 위해 지방자치단체는 WSSD 이행계획에 명시된 바와 같이 '지속가능발전위원회'를 조속히 구성할 것을 제안한다.

• 중앙정부는 국가와 지역의 지속가능한 발전과 지방의제21이 보다 활성화되도록 중앙 부처 내에 지속가능발전 담당 부서를 두며 조속한 시일 내에 (가칭)「지속가능발전이행촉진법」을 제정하여 지방의제21의 제도적 안정화 방안을 마련할 것을 촉구한다.

• 우리는 지역의 지속가능한 발전을 위한 구체적 행동계획으로서 하천의 통합관리를 위한 '유역의제21'의 추진, 살맛나는 마을 만들기를 위한 주민자치의 '마을의제21', 그리고 지방자치단체의 녹색 구매 활성화 등의 사업을 적극 전개한다.

2003년 9월 25일

제5회 지방의제21 전국대회 참가자 일동

제6회 지방의제21 전국대회 충남 결의문

지속가능한 지구의 미래를 지역에서 창조하자!

지방의제21 지난 10년간 활동을 되돌아보고 향후 10년을 설계하여 지속가능한 지구의 미래를 지역에서부터 창조해나가기 위해 우리는 여기에 모였다. 대회 기간 동안 지혜를 모으고 서로를 격려하며 새로운 목표와 비전을 세웠으며, 이를 실현해나갈 수 있는 길을 찾고자 함께 토론하였다. 리우회의 이후 10여 년 넘게 진행된 우리 사회 지방의제21 활동을 성찰하고, 지난 2월부터 진행된 지방의제21 중장기 발전 전략과 제도화 사업을 통하여 지방의제21 향후 10년의 발전 전략과 제도화 방안을 모색하였다.

사흘 동안 진행된 평가와 성찰, 한바탕 어울림 속에서 피어난 연대와 협력의 힘을 바탕으로 우리는 다음 과제들을 해결해나갈 것을 함께 결의한다.

1. 지방의제21은 지역의 지속가능한 발전 전략 및 실행계획이자 평가와 환류 체계임을 다시 한 번 확인하며 지방의제21의 법적 기반을 확보해나간다.

1. 모든 지역 발전 전략 및 계획은 지속가능성의 확보에 궁극적인 성패가 달려 있으므로 우리는 지방의제21 10년의 경험을 활용하여 지속가능한 지역 발전 계획이 수립되고 실천될 수 있도록 한다.

1. 자치와 분권, 지역 혁신의 시대에 걸맞은 지역 녹색 거버넌스를 실현하고 지속가능한 지역 발전 전략을 수행할 수 있는 민관 협치 체계가 신속히 마련되도록 하며, 이를 위해 행정의 적극적인 참여와 역할을 요청한다.

1. 지방의제21의 제도화에 따른 내적 역량 강화 및 지역사회에서의 바람직한 역할 수행을 위해 교육과 훈련을 강화하고, 조직 운영과 사업을 혁신하여 한 단계 성숙한 지방의제21 활동을 전개한다.

1. 지방의제21의 상향식 활동 방식을 확대·심화시켜 나가며, 기초단위의 활동을 강화하고 전국적 네트워크 조직으로서 전국협의회 사업을 안정화시켜서 기초로부터 시작하여 광역과 전국으로 이어지는 유기적 협력 체계로 발전시켜나간다.

1. 우리는 2005년도 전국협의회 정기 총회 때까지 다양한 토론과 연구를 통하여 한국 사회 지방의제21의 중장기 발전 전략 수립을 완료하고, 제도화를 위한 구체적인 로드맵을 완성한다.

2004년 9월 18일

제6회 지방의제21 전국대회 참가자 일동

제7회 지방의제21 전국대회 경남 결의문

지속가능한 지역 발전으로 지역을 새롭게 창조해나가자!

지속가능한 지역사회를 창조해나가기 위해 전국 각지에서 활동해온 우리는 9월 22일부터 24일까지 경남 창원에서 "지속가능한 미래, 참여의 힘으로!"라는 슬로건 아래 제7회 전국대회를 진행하였다.

지속가능한 지역 발전 비전과 정책 아젠다를 토론하면서 한국 사회 지방의제21의 나아갈 길을 모색하였으며 구체적 실천 방안을 마련하기 위해 '녹색 구매 활성화 방안'을 비롯하여 10개의 컨퍼런스를 열었고 '2005 지속가능발전 박람회'를 통하여 전국 각지의 우수 사례들을 교류하였다. 또한 우포늪 등 경남 지역의 우수한 생태, 문화, 역사의 현장을 방문하여 다양한 방식으로 추진되고 있는 경남 각 지역의 지속가능한 지역 발전 활동들을 체험하였다.

사흘 동안 진행된 토론과 연구, 교류와 어울림 속에서 다져진 연대와 협력을 바탕으로 우리는 다음과 같이 결의한다.

1. 지속가능한 지역 발전 비전을 실현해나가기 위한 '법적 기반 마련', '지역 발전 비전과 계획 수립', '지역 거버넌스 기반과 체계 구축' 등 3대 과제 해결을 위해 지속적으로 노력한다.

1. 법적 기반 마련을 위해서는 중앙정부의 역할이 중요함을 다시금 확인

하면서 지속가능한 지역 발전을 위한 중앙정부의 법적 기반이 이루어질 수 있도록 적극 추진한다.

1. 지역발전 비전과 계획 수립을 위해서는 지방자치단체의 관심과 참여가 전제되어야 하기에 지난 10년의 활동 성과를 바탕으로 효율적인 협력체계를 더욱 강화, 발전시켜나간다.

1. 지속가능한 지역사회는 주민 참여와 자치 역량이 뒷받침되어야만 실현될 수 있다. 우리는 지방의제21 운동이 더욱더 주민생활 속으로 발전해나갈 수 있도록 노력한다.

1. 우리는 2006년 7월 1일부터 시작되는 민선 4기의 핵심 아젠다가 '지속가능한 지역사회 만들기'로 정립될 수 있도록 관련 정책을 개발하고 확산시켜나간다.

2005년 9월 24일

제7회 지방의제21 전국대회 참가자 일동

제8회 지방의제21 전국대회 이행계획
"이제는 로컬푸드Local Food다"

(가) 전문

농업 중심지역인 전라남도 지역에서 전국대회가 개최되는 것을 계기로, 지속가능한 지역사회를 구축하는 데 농촌 및 농업의 역할에 대한 인식을 제고하고, 지방의제21의 역할과 과제를 모색하는 계기를 마련하고자 이 자리에 모였다.

1992년 리우회의에서 채택된 「의제21Agenda 21」의 제14장(농업)과 2000년 새천년발전목표MDGs: Millennium Development Goals, 2002년 지속가능발전세계정상회의WSSD에서 우선 이행 과제로 제시된 WEHABWater, Energy, Health, Agriculture, Bio-diversity에서는 농업이 지속가능한 경제 성장 및 사회의 구축뿐만 아니라 물, 에너지, 건강, 생물종다양성과 관련하여 중요한 역할을 한다는 것을 언급하고 있다.

현재의 세계 식량 체계하에서는 농민들의 영농을 통한 재생산 그리고 도시민들의 안전한 먹을거리의 섭취가 구조적으로 제약되어 있어, 농촌사회의 붕괴와 도시민들의 건강을 위협하고 있으며, 자본집약적 영농에 의해 경작지의 산성화, 사막화를 가져와 지구환경을 악화시켜 지속가능한 영농이 불가능해지고 있다.

그동안 우리는 농촌에서의 생산을 중심으로 한 농업제도와 정책으로 인하여 농업에 대한 도시의 역할과 중요성을 소홀히 다뤄왔다. 농촌에서 생산되는 먹을거리를 소비하는 도시 지자체 및 소비자 역시 핵심적인 이해 당사자라는 인식을 공유하고, 농촌뿐만 아니라 도시의 적극적인 참여를 통해 지속가능한 농업과 먹을거리, 그리고 지역사회의 발전을 도모할 필요가 있다.

이에, 제8회 지방의제21 전국대회에 참가한 지방의제21 추진 기구 및 참가자들은 "순천 대회 이행계획: 이제는 로컬푸드다"를 2007년 지역 의제 추진 기구의 주요 의제로 채택할 것에 합의하고 이를 적극 실천할 것을 결의한다.

(나) 배경

• 현재의 세계 식량 체계하에서는 지속가능한 지역사회와 농업이 달성되기 어려움을 인식함.

- 첫째, 먹을거리 생산자와 소비자의 거리가 멀어짐에 따라 거대자본의 독점 구조가 강화됨.
- 둘째, 소농/가족농이 쇠퇴하고, 지역의 환경과 특성에 맞는 지역local, national 농업의 발전을 저해하고 있음.
- 셋째, 먹을거리 공급이 원거리에서 이루어지기 때문에 비상시 식량 보장에 어려움이 발생하며 기아의 발생을 막을 수가 없음.
- 넷째, 지역에서 생산되는 신선한 먹을거리가 아니라 원거리에서 오는 가공식품이 중심이 되면서, 식원성 질병과 건강 불평등을 심화시킴.
- 다섯째, 자본집약적 영농에 의해 경작지의 산성화, 사막화를 가져와 지구환경을 악화시키고 지속가능한 영농이 불가능해짐.
- 여섯째, 생산지와 소비지 간 자원 순환고리가 단절되면서 생산지에서는 토양자원이 과다 유출되고, 소비지에서는 에너지를 과다배출

(쓰레기 증가)하는 등 자원의 왜곡된 분배가 이루어짐.

- 서구에서는 1980년대부터 시민사회 영역에서 지역사회의 먹을거리 보장(Community Food Security-생산과 소비연결)과 먹을거리의 기본권/시민권 운동이 시작되었으며 1990년대 이후 '지역먹을거리정책협의회Local Food Policy Council'를 설립, "민관협력으로 통합적인 지역사회 먹을거리정책을 수립"함.
- 그동안 농촌에서의 생산을 중심으로 한 농업제도와 정책으로 인하여 농업에 대한 도시의 역할과 중요성이 소홀히 다뤄짐. 농촌에서 생산되는 먹을거리를 소비하는 도시 지자체 및 소비자 역시 핵심적인 이해당사자라는 인식을 공유하고, 이들의 적극적인 참여를 통해 지속가능한 농업과 먹을거리, 그리고 지역사회의 발전을 도모하고자 함.

(다) 로컬푸드Local Food의 개념

- '로컬푸드'란, 기본적으로 먹을거리 생산자와 소비자 사이의 이동 거리food mile를 기준으로 그 거리를 가능한 줄임으로써, 먹을거리라는 재화만이 갖고 있는 질적인 요인(이동 거리가 멀어지고 소비 시간이 길어지면 품질-영양과 신선도-이 급격히 떨어지는 속성)을 극대화하고자 하는 취지를 갖고 있음.
- 로컬푸드는 물리적 거리 측면과 함께 사회적 관계의 거리 측면도 동시에 고려되어야 하는 개념으로서, 생산자와 소비자가 통합되는 것을 목표로 하며, 상호 간 직접적인 접촉 관계 속에서 양자 간의 신뢰 관계와 커뮤니케이션을 유지하고 지속가능한 먹을거리 생산과 소비와 함께 경제적인 이득을 담보할 수 있음.
- 로컬푸드의 직거래 증진을 통하여 다음의 효과 기대 가능

1) 모든 지역 주민에게 신선하고 질 좋은 먹을거리 보장 가능
2) 생산자와 소비자의 경제적 이득 증진
3) 지역사회 유지와 지역경제 활성화
4) 건강 증진을 통한 사회적 비용 예방과 건강/영양 불평등 완화
5) 지역 농업의 지속가능 농업화 유도를 통한 관행 농업의 환경문제 개선
6) 먹을거리 수송 거리 단축을 통한 CO_2 배출 저감으로 지구 온난화 문제 해결 기여
7) 시민 및 청소년에 대한 먹을거리/생태 교육 효과 극대화
8) 지역의 전통 문화 및 음식 문화 유지 및 증진
9) 먹을거리 체계의 지역화를 통해 의사결정의 민주화 가능

(라) 접근 원칙

1. 모든 사람들이 안전한 먹을거리를 안정적으로 공급받을 권리(상품이 아닌 권리)
2. 소농·가족농 판로 확보와 중소 유통·가공·판매업자 육성을 통한 지역사회의 유지 및 활성화
3. 지역농산물의 순환을 고려한 통합적 정책 목표 및 전략(환경·지역사회·보건의료·사회복지·교육·문화 등)의 수립
4. 지역 내 물, 에너지, 건강, 생물종다양성 문제와 연계
5. 민주적 지역 먹을거리 거버넌스의 구축
6. 닫힌 로컬이 아닌 글로벌로 열린 로컬: 다민족 음식 문화의 증진 보장

(마) 로컬푸드 추진 형태

1. 공동체지원농업CSA: Community Supported Agriculture

생산자와 소비자가 계약을 체결하여 생산자의 안정적인 소득을 보장하면서 지속가능한 농업을 증진하는 일종의 계약 영농. 소비자가 생산자의 영농을 미리 지원하고, 생산자와 위험을 공유하며, 나중에 수확물을 분배받는 것으로서, 생산자인 농민과 소비자가 함께하는 농업.

2. 농민시장Farmers' Market

생산자가 중간 상인을 거치지 않고 직접 소비자들에게 자기가 생산한 농산물을 판매할 수 있는 직거래 공간으로서, 갓 수확한 신선한 농산물을 통해 지역의 생산자와 소비자를 직접 연결하고 상호 간의 커뮤니케이션 증진을 통해 신뢰 구축 가능.

3. 도시농업(도심내 및 도시근교)

도시민들이 도시 및 도시 근교에서 직접 먹을거리 생산할 수 있도록 지원하며, 생산물은 생산자 또는 이웃이 소비함으로써 신선 농산물에 대한 접근성 극대화를 통해 여가활동, 체험교육을 통한 농업 이해 등을 증진.

4. 공공기관 및 단체의 구매조달

지역 농민과 지역의 공공 기관을 연결하여 지역 농산물의 대규모 구매가 이루어지는 것으로, 학교, 지자체, 사회복지 시설, 군대, 병원뿐만 아니라 기업에서의 급식에 사용. 또한 국가나 지자체의 영양 보조 사회복지 프로그램에서도 사용 가능(푸드뱅크, 영유아 영양 보조 지원 사업, 결식아동 식사 보조 등). 이를 통해 건강/영양 불평등의 획기적인 개선과 보건의료에 드는 사회적 비용 절감 효과 기대 가능.

5. 로컬푸드 사용에 대한 인센티브 제공

로컬푸드의 가공, 유통, 소비에 동참하는 행위자들에 대한 정부와 지

자체의 행정적/재정적 인센티브를 제공함으로써 로컬푸드의 활성화 기대

(바) 지방의제21 이행계획

로컬푸드 시스템(지역식량체계)이 지역에 구축될 수 있도록 지방의제21 추진 기구는 '지속가능한 농업 의제'를 수립하고 다음과 같은 이행계획을 실천하기 위해 노력한다.

1. 통합적 의사결정기구 수립

• 지자체의 농업 및 먹을거리 정책들을 총괄적으로 심의, 의결하는 '지역먹을거리정책협의회' 구성
• 지역에 거주하는 농업 및 먹을거리 관련 다양한 이해 당사자들의 참여 보장

2. 농업, 음식에 대한 인식 전환

• 로컬푸드에 대한 인식 증대를 위한 홍보 및 교육 프로그램 추진

3. 지역 농산물의 의무적 구매

• 학교, 병원, 기업체, 지자체 등 공공 기관의 급식 프로그램과 연계
• 지역별, 지역 내 기관 구매 실적에 대한 평가 실시

4. 생산자(단체)와 소비자(단체)의 조직적 연결

• 생산자(단체)와 소비자(단체)가 안정적이고 체계적으로 연계될 수 있도록 프로그램을 개발, 지원

(예) 농민장터 개설, 먹을거리 중심의 도농 교류 프로그램 활성화(자매결연 등)

5. 로컬푸드와 관련된 제도와 조직, 조례, 인증제도 등의 정비

• 로컬푸드 인증제도 정비
• 기존의 먹을거리 관련 정책의 통합적 정비를 통한 로컬푸드 증진
• 로컬푸드 활성화를 위한 지원 정책 수립 및 예산 확보

(예) 민간 영역 인센티브(식당, 가공업체, 유통업체), 지역사회 복지정책과 연계

6. 모니터링 및 평가

• 매년 활동 성과 검토 및 보고서를 작성하여 지역사회와 공유
• 전체 및 각 품목별 지역 먹을거리 자급률 산정 및 제고 방안 제시

7. 지역 농업의제21 보고서'를 작성, 배포

• 전국적인 '순천이행계획'의 실천을 모니터링, 평가하기 위하여 지방의제21 전국협의회는 매년 전국 지방의제21 추진 기구들의 실천 내용을 취합, '(가칭)지역 농업의제21 보고서'를 작성, 배포

2006년 10월 21일

제8회 지방의제21 전국대회 참가자 일동

제9회 지방의제21 전국대회

지방의 지속가능한 발전을 위한 10대 과제 만들기

□ 사업 목적

- 지속가능발전기본법이 2007년 7월에 제정되었지만 지자체 차원에서는 지속가능발전을, 지방의제21을 실현하기 위한 분위기와 기반은 성숙되지 않았음.
- 현재 대선을 앞두고 우리 사회의 미래를 위한 다양한 대안들이 제시되고 있음.
- 지방의 지속가능한 발전은 지속가능한 대한민국을 만들기 위한 기본 인프라이며, 국가적 핵심 과제임.
- 지방의 지속가능한 발전을 고민하고 실천하고 있는 주체들의 뜻을 10대 과제로 집약하여 대선 후보들에게 제안하고, 지방의제21 발전 전략의 핵심 과제로 채택함.

□ 선정된 10대 과제

1. 지속가능발전 이행을 위한 유기적 추진 체계 구축
2. 지방의제21의 지역지속가능발전 추진 체계로의 정착 지원
3. 지속가능발전을 전담하는 정부기구 신설

4. 지속가능발전 교육의 정착을 위한 체계 구축

5. 정부정책 수립 시 의제21Agenda21과 WSSD 이행계획 반영

6. 지방자치단체의 지속가능발전 전략 수립의 제도화

7. 지속가능발전의 실행을 뒷받침하기 위한 재정 체계 구축

8. 도시계획 수립 과정에 지속가능발전의 원칙 반영

9. 정부정책 수립과 집행에 있어 시민 참여와 민관 파트너십 원칙의 제도화

10. 거버넌스 체계의 사회적 정착을 위한 인력 및 예산 체계 마련

□ 선정된 10대 과제 세부 내용

1. 지속가능발전 이행을 위한 유기적 추진 체계 구축

제안 요지

• 1992년 리우회의 이후 전 세계적인 지속가능발전 추진 노력과 지난 10여 년에 걸친 우리나라에서의 지방의제21 작성과 추진에도 불구하고, 아직까지 정부가 지속가능발전 이행을 위한 통합적인 체계를 구축하지 못하고 있음.

실행 내용

• 민관 파트너십의 모범 사례를 축적해온 지방의제21의 경험과 역량을 지방 지속가능발전의 추진 체계로 구축하는 방안 마련.

• 최근 제정된 지속가능발전기본법이 지방지속가능발전위원회의 명칭·구성·운영을 지자체에 위임함을 고려하여 지방의제21 추진 기구와 지

방지속가능발전위원회가 유기적으로 연계될 수 있도록 통합적 운영 방안 마련.

2. 지방의제21의 지역지속가능발전 추진 체계로의 정착 지원

제안 요지

• 환경 의제에서 지속가능발전 의제로의 전환이 논의되는 현 시점에도 지방의제21의 정신과 경험에 대한 이해 부족으로 지역지속가능발전의 추진이 쉽지 않음 상황임.

실행 내용

• 실천 사업 위주의 지방의제21 추진 기구가 지역의 지속가능발전 의제와 정책 개발, 논의 구조를 확대·운영될 수 있도록 정책적 지원 방안 마련.

• 지속가능발전기본법의 시행령·시행규칙에 지원 방안 명시 또는 조례 제정 등으로 근거를 마련하도록 권고.

• 지방의제21 담당 부서를 환경부서에서 기획부서로 전환.

3. 지속가능발전을 전담하는 정부 기구 신설

제안 요지

• 현재 정부 내에서 지속가능발전을 담당하는 지속가능발전위원회의 자문기구로서의 위상은 지속가능발전 정책의 실행에 한계 요인으로 작용하고 있으며, 환경부 여기 사회·경제·환경 이슈의 통합 조정 역할을 수행하기에는 역량이 부족함.

실행 내용

• 사회·경제·환경부처를 통합하여 지속가능발전을 전담하는 기구의 신설 검토.
• 사회·경제·환경 이슈를 중심에 두고 국가의 미래를 통합적으로 설계하는 가칭 '미래 전략처' 신설 검토.
• 대통령자문 지속가능발전위원회의 권한과 예산을 확대하는 방안 검토.

4. 지속가능발전 교육의 정착을 위한 체계 구축

제안 요지

• 지속가능발전이 전 세계적인 발전 패러다임으로 정착되고 있으나, 우리나라에서는 아직 지속가능발전에 대한 이해가 부족하므로 지속가능발전 교육을 위한 정책 개발 및 시행이 시급함.

실행 내용

• 지속가능발전 교육의 체계적 추진을 위한 로드맵 작성
• 정부 내 지속가능발전 교육을 담당하는 기구 설치
• 공무원 연수 및 교육 프로그램에 지속가능발전 교육 포함
• 학교 교과과정에 지속가능발전 교육 관련 내용 포함

5. 정부정책 수립 시 의제21Agenda21과 WSSD 이행계획 반영

제안 요지

- 의제21은 1992년 리우회의의 핵심 산물이자 국제사회의 약속이며, 그 10년간의 실천 과정을 점검한 2002년 세계지속가능발전정상회의에서 의제21을 존중하고 이의 실천을 강조해 이행계획을 채택했음에도 우리나라에서는 산발적으로 이뤄지거나 경시되는 실정임.

실행 내용

- 사회경제, 자원 보존 및 관리, 주요 그룹의 역할 강화, 이행 수단 등의 제21의 내용을 국가지속가능발전 기본 전략과 이행계획에 반영하여 정부 계획 수립.
- 빈곤 퇴치, 지속가능한 생산과 소비, 자연자원 보전 및 관리, 보건 등 지속가능발전 의제의 이행을 촉구한 WSSD의 내용을 체계적으로 이행하기 위해 국가지속가능발전 기본 전략과 이행계획에 반영하여 정부 계획 수립.

6. 지방자치단체의 지속가능발전전략 수립의 제도화

제안 요지

- 2006년 10월 정부가 지속가능발전 전략 및 이행계획을 수립하였고, 지속가능발전기본법이 지방자치단체의 이행계획 수립을 규정하고 있지만, 이행계획 수립의 강제력이나 지자체 역량 등을 고려할 때, 지속가능발전전략 수립을 제도화할 수 있는 추가적 노력이 필요함.

실행 내용

- 민선 4기 지자체장의 임기가 만료되는 2009년까지 지방의 기본 전략

이 수립될 수 있도록 로드맵 제시 및 실행.

- 지자체에서 지속가능발전 정책을 기획부서가 담당하도록 제도화 추진.
- 지자체 정책과 지방의제21 추진 기구의 경험과 역량의 연계성 강화 추진.

7. 지속가능발전의 실행을 뒷받침하기 위한 재정 체계 구축

제안 요지

- 지속가능발전의 필요성에 대한 사회적 공감대가 형성되고 관련 정책이 개발되고 있으나 실행을 위한 재정 체계가 마련되지 않고 있음.

실행 내용

- 정부와 지자체의 예산 체계에 지속가능발전의 실행을 위한 재정과목 신설 검토.
- 지속가능발전 특별회계를 신설하여 관련 정책을 안정적으로 추진하는 방안 검토.
- 정부 주도로 지속가능발전 기금을 마련하여 지자체, 시민단체, 기업, 개인이 추진하는 지속가능발전 활동을 지원.

8. 도시계획 수립 과정에 지속가능발전의 원칙 반영

제안 요지

- 도시계획은 지방 지속가능발전의 핵심 정책계획이므로 수립 과정에

지속가능발전의 원칙을 반영하여 환경 친화적이고 지속가능한 도시 발전을 유도할 필요가 있음.

실행 내용

- 지속가능발전기본법의 지속가능발전 기본 전략에 기초하여 도시계획과 환경계획의 통합적 운용체계 구축.
- 도시계획과 환경계획의 정책 목표를 통합하기 위한 정책주기 조정도시계획과 환경계획의 정책 목표를 통합하기 위한 정책 주기 조정.
- 도시계획 수립 시 지속가능성 평가 및 지속가능발전 지표를 반영한 평가 체계 운영.

9. 정부정책 수립과 집행에 있어 시민 참여와 민관 파트너십 원칙의 제도화

제안 요지

- 새로운 거버넌스의 핵심적 방식인 시민 참여와 민관 파트너십을 뒷받침하는 법적·제도적 근거가 취약하여 정부 정책의 수립과 집행에 실질적으로 연계되지 못하고 있음.

실행 내용

- 중앙 및 지방정부의 정책 수립과 집행에 있어 시민 참여와 민관 파트너십 증진을 위한 법·조례 제정.
- 이는 정책의제 설정 과정에서부터 시민 참여와 민관 파트너십을 촉진하기 위한 장치로서, 다양한 방식의 정책 결정과 집행 과정의 일환으

로 간주해야 함.

10. 거버넌스 체계의 사회적 정착을 위한 인력 및 예산 체계 마련

제안 요지

• 정부의 정책 결정과 실행에 있어 민관 협력이 가동되고 이를 실현하기 위한 거버넌스 기구가 설립되고 있으나, 이를 체계적으로 운영하기 위한 예산 및 인력 확보는 취약한 실정임.

실행 내용

• 거버넌스가 단순히 민간의 자원을 활용한다는 효율성 우선의 관점 탈피.
• 분야별 민관 거버넌스 기구의 운영 현황 정리 및 평가.
• 거버넌스 활성화를 위한 체계적 인력 운영 제도와 예산 지원 체계 정립.

2007년 10월 6일

제9회 지방의제21 전국대회 참가자 일동

제10회 지방의제21 전국대회
지방의제21이 실천할 전국공동의제 2008
"지구의 희망, 지역의 행동, 지방의제21!"

지구와 지역의 지속가능한 발전을 위해 전국 각지에서 활동해온 우리는 2008년 7월 10일부터 12일까지 제주국제컨벤션센터에서 "지구의 희망, 지역의 행동, 지방의제21"라는 슬로건 아래 제10회 지방의제21 전국대회 를 진행하였다.

이번 대회 참가자들은 지속가능한 지역 발전 우수 사례를 나누고 지방의제21 발전 전략 심포지엄, 전국공동의제 토론회를 개최하여 전국의 지방의제21이 한마음 한 뜻으로 협력하고 실천할 공동 의제를 토의하고 아래와 같이 우리의 공동 과제를 정리하고 실천할 것을 결의한다.

• 지방의제21 발전 전략 심포지엄에서 전국 네트워크 활동을 통한 지방의제21 추진 10년을 뒤돌아보고 향후 10년을 준비하는 과제의 정리 방향을 협의하고 아래와 같이 주요 과제를 추진해나가도록 한다.

1. "지방의제21 발전전략 수립 방향"과 "지방의제21 발전을 위한 30 프로젝트 수립"은 지난 10년간의 추진 과정에서 도출된 과제를 중심으로 세부 추진 전략을 수립한다.
2. 거버넌스 운동의 정착과 시스템의 구축 과제에 관련한 지방의제21 추진 기구의 발전 단계별 모델화와 성장 매뉴얼을 제시한다.
3. 지방의제21을 주류화하기 위해 지속가능발전과 신거버넌스 등 핵

심 요소를 단명하고 단순하게 정리하여 누구나 쉽게 이해하고 다가서도록 노력한다.

• 지역 기후변화대응 토론회에서 기후변화대응이 전 인류가 해결해야 하는 시급한 과제임과 동시에 우리 지역의 실천이 이 문제를 해결할 수 있는 가장 중요한 방법이라는 점을 공감하고 전국의 지속가능발전협의회(의제21)는 아래와 같이 지속가능발전과 기후 안정화를 위한 기후 보호 도시 의제를 발굴하고 실천하도록 한다.

1. 지역별로 기후변화대응 협의체governance를 구한다.
2. 기후변화대응 행동계획을 수립한다.
3. 전국적으로 중앙정부-지방자치단체-지방의제21은 기후변화대응을 위한 협력 체계를 구축하며 기후변화대응을 위한 공동 사업을 발굴하고 시행한다.
4. 모든 행사는 이산화탄소 감축을 위해 그린이벤트Green Event로 추진한다.

• 지속가능한 마을 만들기 토론회에서 마을 만들기 모범 사례를 검토한 결과, 모범 사례는 마을 단위 주민 욕구들을 제대로 파악하고 그러한 욕구로부터 실천이 이루어졌다는 것을 확인하고 아래와 같이 지방의제21의 마을 만들기 사업 방향을 정리한다.

1. 주민들의 욕구는 마을 단위에서 해결해야 할 주된 의제들이므로 주민들의 욕구를 확인하는 과정에 마을 단위의 의제가 설정되는 방향으로 마을 만들기를 추진한다
1. 마을 만들기 실천도 주민들에 의해 이루어져야 하므로 '동네 한바

퀴' 프로그램이나 '좋은 동네 시민대학'과 같은 교육과 실천 프로그램이 주민들 곁으로 가까이 다가가도록 노력한다.

• 전국 지방의제21 성평등네트워크 만들기 워크숍에서 성평등이 지속가능발전을 위한 핵심 이슈임을 재확인하고 지방의제21의 성 관점화를 위한 노력을 아래와 같이 체계적으로 구체화해나가야 한다.

1. 제10회 전국대회의 성평등 주제회의 결과로 '지방의제21 전국 성평등 의제 네트워크'를 구성하고, 네트워크 준비위원회는 2008년 내에 '지방의제21과 여성'이란 주제로 전국 단위 정책 포럼을 개최한다.
1. 전국의 지방의제21 추진 기구는 ① 지방의제21 내 여성 참여 확대와, ② 성평등 활동 주체 조직하기, ③ 성평등한 지방의제21 만들기를 위한 노력을 해야 한다.

• 이상과 같이 정리한 「지방의제21이 실천할 전국공동의제 2008」은 전국협의회, 광역협의회, 기초협의회가 공동협력하고 각 협의회의 여건에 맞추어 지방의제21과 실천 사업에 반영한다.

2008년 7월 12일

제10회 지방의제21 전국대회 참가자 일동

제11회 지방의제21 전국대회
2009 지속가능발전 인천 선언
"지속가능한 도시를 향한 힘찬 발걸음"

1. 인천 선언

지구와 지역의 지속가능발전을 위해 전국 각지에서 활동해온 한국의 지방의제21 관계자들은 9월 2일부터 9월 4일까지 인천 송도에서 '지속가능한 도시를 꿈꾼다'를 주제로 국제 포럼과 6개 주제별 국내외 사례를 토의하고 지속가능한 도시로의 전환을 위한 서로의 경험을 공유하고 실천과 협력을 확대하는 '2009 지속가능발전 인천선언'을 채택한다.

또한 이번 대회를 통해 확인된 해외의 지속가능한 도시를 위한 실천적이고 성공적인 노력에 귀 기울이며 지속가능한 도시를 통한 우리의 미래는 지구적 협력과 소통의 확대로 가능함을 확신한다.

1. 핵심 원칙

보다 강화된 참여로부터!

도시의 계획과 재생에 다양한 이해 당사자 특히 여성과 노인, 청소년의 실질적 참여가 보장되도록 제도적 개선과 역량 강화를 위해 노력해야 한다.

보다 강화된 협력으로부터!

도시의 경제, 환경, 사회 모든 영역에서 형식적 협력을 넘어 창조적 협력으로 발전할 수 있도록 정부와 시민사회가 함께 노력해야한다.

보다 정의롭게!

지속가능한 도시로의 전환을 통해 사회적 약자와 생태계가 충분한 혜택을 받을 수 있도록 계획과 실천에서 정의가 강조되어야 한다.

보다 성 평등하게!

지속가능하지 않은 도시는 성 불평등한 가치관과 문화에서 비롯된바 크다. 따라서 성 평등은 지속가능한 도시의 전제로서 모든 정책에서 고려되어야 한다.

다시 지방의제21을 통한 지방 행동으로!

지속가능한 도시는 새로운 목표이자 운동이다. 이는 지방의제21을 통해 지방 행동으로 더욱 구체화되고 달성되어야 한다.

1. 지속가능한 도시 6대 분야별 실천 과제

- 지속가능한 도시를 위하여 심화 정도에 비춰 오염 유발자들의 더욱 큰 책임성이 요구되는 때다. 지구 온난화의 피해를 고스란히 겪을 생태계와 기후 취약층을 우선적으로 고려하는 도시 정책과 실천이 필요하다.
- 지속가능한 도시를 위하여 도시 재생에서 원주민의 주거 복지가 우선적으로 고려되는 재정착 비율을 높이는 정책과 도시가 주거 공간으로서 공동체성을 높이고 정책 개발을 위해 노력해야 한다.

- 지속가능한 도시를 위하여 섬, 갯벌, 하구 등 해양 생태계와 유역의 생태문화 자원은 인류의 건강과 행복을 위하여 더 이상 훼손되어서는 안 되며, 지속가능한 관리가 될 수 있는 시스템을 구축해야 한다.
- 지속가능한 도시를 위하여 자원 순환형 지역사회의 비전과 계획을 지역사회 제 구성원이 거버넌스를 통해 마련하고 지역사회(공동체)의 자발적 참여와 주도하에 실현되는 방향으로 추진되도록 노력하자.
- 지속가능한 도시를 위하여 역사문화와 조화로운 도시정책을 통해 보존과 활용을 높이고, 역사문화의 관리를 위한 주민협의체를 지원, 강화하자.
- 지속가능한 도시를 위하여 도시의 주인으로서 시민 역량을 높이는 도시 교육을 확대하고 거버넌스 협력체계를 통해 마을 만들기 사업에서 도시계획까지 시민 참여가 확대되는 정부의 정책적 노력을 강화하자.

[1, 2]

이상과 같이 정리한 「지속가능발전 인천선언」은 정부뿐만 아니라 기업, 시민사회가 상호 협력하여 지방의제21 실천 사업에 반영한다.

2009년 9월 2일

제11회 지속가능발전 전국대회 및 세계 지속가능 도시 포럼 참가자 일동

제12회 지속가능발전 전국대회 충주 결의문

“기후행동21 충주 선언”

세계가 온통 기후변화로 몸살을 앓고 있다. 우리에게 다가온 기후변화는 지구촌 최대의 이슈가 된지 오래다. 이제 기후변화를 완화하는 것은 물론 ‘어떻게 적응하여 살 것인가’가 최대의 과제로 부상했다.

1992년 리우선언 이후 한국 사회의 거버넌스를 발전시키며 지역사회의 지속가능발전을 주도해온 한국의 지방의제21은 기후행동이 지속가능발전의 주요한 영역임을 인식하고 지난 2006년부터 본격적인 실천을 조식하는 한편 기후변화네트워크를 구축하여 정책저그 조직적 행동을 하여왔다.

2008년 국가 발전의 핵심 비전으로 ‘저탄소 녹색성장’이 제시된 이후, 기후변화대응은 한국 사회의 주요한 이슈가 되었을 뿐만 아니라, 기후변화대응과 관련한 논의와 실천 또한 광범위하게 확산되고 있다. 이러한 노력이 대부분 검증되기 어려운 한계를 있지만 나름대로 상당히 긍정적인 효과를 거두고 있다.

기후변화대응에서 교육、홍보도 중요하지만 궁극적으로 ‘온실가스를 몇 톤 줄였느냐’가 더 중요하다. 지금 우리 사회의 과제는 기후변화대응 수준을 높이고, ‘저탄소 녹색 성장’을 발전시키기 위해 ‘실적이 아니라 성과로 답하는 것’이다.

기후변화는 ‘너와 나는 물론 지구촌의 생명체 모두’에게 심대한 영향을 미치는 현상이고, 이미 인류에게 선택이 아닌 필수로 다가와 있다. 때문에 국민 모두가 합심해서 헤쳐 나가야 한다.

기후행동21은 필연적인 과제이기에 대한민국의 각 지방의제21 추진 기구는 '제12회 지속가능발전 전국대회'에 모여 다음을 선언한다.

1. 우리는 지구적으로 생각하고 지역적으로 행동한다.

1. 우리는 국가와 지방의 지속가능발전을 추구한다.

1. 우리는 온실가스를 적게 배출하는 삶을 지향한다.

1. 우리는 지방자치단체별 온실가스 배출을 2020년까지 2005년 대비 10% 감축하기 위해 노력한다.

1. 우리는 2011년까지 '기후행동21'을 수립하도록 한다.

1. 우리는 사회 구성원 전체의 참여와 합의를 존중하고 민주주의의 발전을 위해 노력한다.

1. 우리는 지속가능발전과 기후변화대응에 기여하는 국내·외의 모든 단체나 기관, 사람과 연대한다.

2010년 9월 30일

제12회 지속가능반전 전국대회 참가자 일동

제13회 지속가능발전 전국대회 대전 결의문

지속가능한 지역공동체를 위한 2013 지방정부정상포럼

"위기의 지구에서 희망을 말하다!"

지난 15년 동안 지속가능한 미래를 향한 지구적 책임의 이행을 촉구해 온 전국의 지방의제21 추진 기구들은 이제 제13회 지속가능발전 전국대회를 맞아 이곳 대전에 모여 미래를 위해 요구되는 대안적 '희망'을 말하였다. 지구 곳곳의 환경 위기가 국가와 지역은 물론 개개인의 지속가능한 삶마저 위태롭게 하는 지금, 지방의제21의 실천은 지역과 지구 그리고 인간 삶의 희망으로 다가갈 수 있게 하는 유일한 길임을 우리는 확신한다.

이제 한국 지방의제21은 2012년 리우+20 유엔지속가능발전회의를 앞두고 성찰과 도약을 통해 생태와 더불어, 이웃과 더불어, 미래 세대와 더불어 행복한 지역, 지속가능한 지구의 희망을 만드는 중심에 서고자 한다. 이를 위해 우리는 보다 깊게 그리고 보다 넓게 시민 속으로 들어가 지역 주민과 지역 생태의 희망 나아가 지구적 위기를 넘는 인류의 희망을 만들어나갈 것이다.

이번 전국대회에서 토론된 지역 통화, 청년 활동가, 벼룩시장, 도랑 살리기, 성 평등, 자전거 타기, 기후변화, 마을 만들기는 지속가능한 지역의 미래를 만드는 희망들이다. 타운홀 미팅으로 진단한 대중화, 생활화의 요구는 지방의제21의 유효한 내적 도전과제임을 확인하였다. 아울러 진정한 거버넌스를 위한 지방의제21의 제도적 진전과 이를 위한 정부의 역할이 중요함을 확인한다.

이러한 우리의 뜻을 모아 전국대회의 각 네트워크별 토론의 성과를 희망의 메시지로 정리하고 아래와 같이, 위기의 지구에서 희망을 말하고자 한다.

희망 하나,

지방의제21 청년 활동가의 미래가 지속가능발전 운동의 희망이다.

희망 둘,

도랑 만들기, 마을 만들기가 주민 행복과 지역 생태 회복의 희망이다

희망 셋,

지역 통화, 벼룩시장은 지역 녹색 경제의 희망이다.

희망 넷,

기후변화 극복을 위한 생활 속 자전거가 지구의 희망이다.

희망 다섯,

연안 보전, 그린스타트, 성 평등 운동은 지방의제21의 책임이다.

2011년 10월 7일

제13회 지속가능발전 전국대회 참가자 일동

제14회 지속가능발전 전국대회 여수 결의문
"우리가 원하는 미래, 바다에서 찾는 희망"

리우회의가 개최된 지 20년을 맞이하여 이곳 여수, 생명의 바다 앞에 모인 전국의 지방의제21 추진 기구들은 한국 지속가능발전 운동을 이끌어온 그간의 성과를 성찰하고, 다시 한 번 '우리가 원하는 미래Future We Want'를 위한 시대적 책임을 재확인하였다.

우리 지방의제21은 리우+20회의로 인해 새롭게 촉발된 전 세계 '지속가능발전목표'의 설정 논의를 주시하며, 한국적 맥락에서의 지속가능발전 전망과 과제를 제시하고 실천하는 책임을 인식하였다. 특히 제14회 지속가능발전 전국대회에서 확인된 것과 같이 바다와 연안의 생태계 보전이 인류 미래의 공동 과제임을 인식하였다.

이에 우리 지방의제21은 제14회 지속가능발전 전국대회를 마치며 지역의 지속가능한 발전 전략과 '실천적인 기후보호 공동 행동', '연안을 중심으로 한 해양 생태계 보전'을 위해 노력할 것을 선언하며 아래와 같이 '우리가 원하는 미래'를 위한 실천을 약속한다.

미래 하나,

Rio+20을 맞이하여 한국의 지속가능한 발전과 지방의제21 운동의 전망을 만들어간다.

미래 둘,

기후변화를 인류가 직면한 지속가능발전 핵심 이슈로 규정하고 지방의제21 고유의 기후보호 행동을 공동으로 전개한다.

미래 셋,

생명의 보고인 지속가능한 해양 생태계의 보전을 위한 정책 전환과 실천적 연안 네트워크 구성에 기여한다.

미래 넷,

지방의제21이 추구하는 가치에 따라 2013년 제15회 지속가능발전 전국대회를 도약과 희망의 축제로 만든다.

2012년 7월 6일

제14회 지속가능발전 전국대회 참가자 일동

第13회 지속가능발전 전국대회

지속가능한 지역공동체를 위한 2013 지방정부정상포럼 선언문

지속가능한 지역공동체 매니페스토

우리는 지속가능한 지역공동체를 실현하기 위해 아래의 8가지 분야에 집중적인 예산과 정책 역량을 투입하여 2018년까지 구체적인 성과를 낼 것이다.

가. 에너지와 식량의 자립기반을 구축하는 지역자립경제

나. 향토기업이 존중되며 자연과 공생·공영하는 녹색지역경제

다. 소통과 연대로 지역문제를 해결하는 활발한 이웃관계

라. 사회적, 세대별, 지역 간 차별이 없는 공동체 형평성

마. 다양한 생물 종과 공존하는 생태적 건강성

바. 저탄소 생활양식과 인식전환을 위한 기후변화대응

사. 향토 역사·문화와 공동체의 가치를 존중하는 공동체 문화

아. 민주시민교육과 주민참여제도 확산을 통한 민주주의 역량 강화

우리는 지속가능한 지역공동체를 위한 5대 목표와 8대 분야의 발전을 촉진시켜나가기 위한 제반 활동에 대한 점검과 평가를 진행한다. 나아가 그 결과를 '지속가능발전 전국대회'를 통해 매년 공유하며 더 나은 미래로 전진하기 위해 노력한다.

우리는 지속가능한 지역공동체를 만들어가는 국내외의 모든 노력을 옹호하고 지원하며, 관련 활동이 제도적 기반 위에서 안정적으로 추진될 수 있도록 한다. 나아가 지속가능성의 가치가 경제, 사회, 환경 영역에서 주류화될 수 있도록 최선을 다한다.

2013년 9월 4일

지속가능한 지역공동체를 위한 2013 지방정부 선언 참가자 일동

서울 은평구청장 김 우 영	인천 남구청장 박 우 섭
인천 남동구청장 배 진 교	인천 동구청장 조 택 상
인천 부평구청장 홍 미 영	울산 동구청장 김 종 훈
울산 북구청장 윤 종 오	부천시장 김 만 수
수원시장 염 태 영	안산시장 김 철 민
강원 속초시장 채 용 생	강원 횡성군수 고 석 용
충남도지사 안 희 정	충남 서천군수 나 소 열
아산시장 복 기 왕	전북 익산시장 이 한 수
전남 곡성군수 허 남 석	전남 순천시장 조 충 훈

강성철·이기영·이종식·김도엽(2006), 「부산의 지속가능성 분석: '부산의제21'을 중심으로」, 『지방정부연구』 10(1).
강성철·문경주·김도엽(2012), 「환경거버넌스 체제의 성과에 미치는 영향요인: 지방의제21 추진기구 구성원의 인식을 중심으로」, 『지방정부연구』 16(1).
강정운(2004), 「지방의제21의 활성화를 위한 과제: 경상남도를 중심으로」, 『지역발전연구』 4(2): 15-37.
고문헌(2010), 「저탄소 녹색성장을 위한 비교헌법적 연구」, 『환경법연구』 제32권 3호.
구도완(2003), 「발전국가에서 녹색국가로」, 『시민과 세계』 3.
권기태(2013), 「지속가능발전법과 저탄소 녹색성장 기본법의 개편방향 제안」, 『지속가능발전을 위한 국회토론회』, 한명숙 국회의원실.
권혁범(2004), 『국민으로부터의 탈퇴』, 삼인.
김갑곤(2005), 「지방의제21 10년에 대한 문제 제기」, 『도시와 빈곤』 통권 75호, 한국도시연구소.
김귀곤(1994), 「지방의제21과 외국의 대응사례」, 『환경정책』 2(1).
김귀곤(1995), 「지속가능한 도시개발을 위한 지방의제21의 작성 및 시행방안에 관한 연구」, 『국토계획』 30(5).
김동희(2005), 「독일 생태공동체의 교육에 대한 소고」, 『한국비교정부학보』 9(1),
김병완(2001), 『환경정책의 논리와 실제』, 나남.
김병완(2005), 「지방의제21의 새로운 10년 방향 모색: 지역발전을 위한 적극적 의제활동 제안」, 『지속가능한 지역발전정책 수립을 위한 지방의제21 토론회』, 지방의제21 전국협의회.
김병완(2013), 「녹색성장을 넘어 지속가능발전으로」, 『지속가능발전을 위한 국회토론회』, 한명숙 국회의원실.

김석준 외(2000), 『뉴 거버넌스 연구』, 대왕문화사.

대통령자문 지속가능발전위원회(2006), 「지속가능한 지역발전을 위한 지방의제21의 새로운 전략과 재작성 지침 개발」, (사)광주시민환경연구소.

데이비드 헬드(1996), 안외순 옮김, 『정치이론과 현대국가』, 학문과 사상사.

맑고푸른시흥21실천협의회(2003), 『2003년도 사업보고서』.

맑고푸른시흥21실천협의회(2005), 『맑고푸른시흥21 5주년 사업평가보고서』.

맑고푸른시흥21실천협의회(2009), 『시흥의제21 조직체계 및 활동내용 진단과 평가 연구』, (사)한국지속가능발전센터.

박미호·이명우(2002), 「우리나라 중소도시의 녹지보전과 녹화추진 방안: '지방의제21' 실천을 중심으로」, 『한국조경학회지』 30(2).

박상필(2002), 「거버넌스에서 민주주의의 급진적 재구축」, 『한국행정학회 2002년도 춘계학술대회 발표집』.

박상필(2005), 『NGO』, 아르케.

박상필(2011), 『NGO학: 자율 참여 연대의 동학』, 아르케.

송문곤·우형택(2007), 「대구광역시 지방의제21의 분석과 평가」, 『한국환경과학회지』 16(1).

신윤관(2005), 「지방의제21의 절망과 희망: 지방의제21 10년의 성찰을 위한 준비」, 『도시와 빈곤』.

신윤관(2010), 「지방의제21 제도화 방안 모색」, 『지방의제21 제도화 방안 토론회』, 푸른경기21실천협의회.

염태영(2004), 「지방의제21 10년의 성과와 반성」, 『제6회 지방의제21 전국대회 자료집』』, 수원: 지방의제21 전국협의회.

염태영(2004), 「지방의제21 10년의 성과와 반성」, 『제6회 지방의제21 전국대회 자료집』.

오수길(2001), 「지방행정의 민·관 파트너십 사례 연구-'지방의제21' 추진 과정을 중심으로-」, 성균관대학교 대학원 박사학위 청구 논문.

오수길(2003), 「파트너십 거버넌스의 가능성과 한계: '지방의제21' 추진 과정의 경험」, 『한국행정논집』 15(2).

오수길(2005), 「지방정부 환경 거버넌스의 진단: 경기도내 지방의제21 추진 기구들을 중심으로」, 『지방정부연구』 9(4).
오수길(2006), 「민관협력의 거버넌스: 지방의제21 추진 과정의 경험」, 파주: 한국학술정보.
오수길(2007), 「협력적 거버넌스의 이론과 실천적 과제」, 『행정포커스』 3/4.
오수길(2008), 「공공성과 지속가능성: 지방의제21을 중심으로」, 윤수재 외 편, 『새로운 시대의 공공성 연구』, 법문사.
오수길(2009), 「협력적 로컬거버넌스 평가의 쟁점과 과제: 지방의제21 평가체계의 표준화를 중심으로」, 『국정관리연구』 4(1).
오수길(2010), 「지방의제21 추진경험의 특성과 협력의 평가 방안: 경기의제21 추진 과정을 중심으로」, 『국정관리연구』 5(1).
오수길·곽병훈(2012), 「덴마크의 지방의제21 추진 과정 분석: 한국과의 비교와 함의」, 『한국비교정부학보』 16(2).
오수길·이창언(2013), 「한국 지방의제21의 새로운 추진전략에 관한 연구」, 『지방정부연구』 17(2).
오영석(1998), 「지구환경정책의 지역정책화과정에 관한 연구: '지방의제21'의 정책화과정을 중심으로」, 『한국행정학보』 32(1).
우동기·문태훈(1994), 「지방의제21에 대한 도시정부의 대응행태: 서울시와 외국도시와의 비교」, 『환경정책』 2(1).
우형택(2006), 「지방의제21의 정량적 분석을 위한 평가 모델의 개발」, 『한국환경과학회지」 15(12).
유문종(2005), 「지속가능한 지역발전을 위한 지방의제21 10년의 성과와 앞으로의 과제」, 『도시와 빈곤』 75.
윤경준(2003), 「지방의제21에 있어 주요 집단의 참여유형에 관한 비교 연구」, 『한국행정학보』 37(2).
윤경준·안형기(2004), 「심의민주주의적 의사결정의 효과성: 지방의제21 작성을 중심으로」, 『한국행정학보』 38(2).
윤기관·성봉석(1998), 「지속가능한 개발과 지방의제21의 실제적 이행방안」, 『경영논총』 14.
윤양수(1994), 「지방의제21과 외국도시의 대응사례」, 『국토정보』 11월호.
이동근 외(1999), 「지방의제21의 작성현황분석 및 평가」, 『국토계획』 34(2).

이미홍(2007), 「지역개발과 거버넌스」, 『자치행정』 12월호: 42-45.
이창언(2009), 「한국 사회 거버넌스의 제약요인과 민주적 구축 방안」, 『한국NGO학회·한국비영리학회 공동추계학술대회 발표집』.
이창언(2013a), 「한국 로컬거버넌스(지방의제21)의 현황과 민주적 재구축」, 『진보평론』 55.
이창언·유문종(2013b), 「정치사회와 신뢰: 시민과의 약속 매니페스토」, 『사회문제를 보는 새로운 눈: 한국 사회의 33가지 쟁점』, 선인.
이창언(2013c), 「먹을거리 위기의 대안, 로컬푸드」, 『사회문제를 보는 새로운 눈: 한국 사회의 33가지 쟁점』, 선인.
임형백·윤준상(2001), 「'지방의제21'의 개선방향에 관한 연구」, 『지역사회개발연구」 26(1).
장순희·정연홍(2001), 「지방의제21의 정책과정분석을 통한 실효성제고 방안」, 『지역개발연구』 9.
전춘명(2009), 「지속가능한 생태도시 모형 연구: 독일 프라이부르크시를 중심으로」, 『한국비교정부학보』 13(2).
정규호(2005), 「지속가능발전과 거버넌스. 지방의제21」, 『도시와 빈곤』 75, 한국도시연구소.
정대연(2003), 「지속가능한 발전의 사회학적 고찰」, 『환경영향평가』 12(1).
정대연(2003), 「지속가능한 발전의 사회학적 고찰」, 『한국환경영향평가학회』.
정순오(1995), 「지방정부의 지방의제21 수립구상」, 『지방행정연구」 10(2).
정응호(2003), 「지방의제21의 효율적 운영 방안에 관한 연구」, 『한국환경과학회지』 12(4).
조대엽(2007), 「제1부 거대전환의 사회변동과 시장·시민사회」, 『21세기 한국의 기업과 시민사회』, 굿인포메이션.
주성수(2000), 『글로벌 거버넌스와 NGO』, 아르케.
주성수(2004), 『NGO와 시민사회』, 한양대출판부.
지방의제21 전국협의회(2005), 『지방의제21 추진 가이드북 2005』.
차재권(2008), 「지방자치단체 환경 거버넌스의 비교연구: 부산과 인천의 '지방의제21' 실천 과정과 성과를 중심으로」, 『사회과학논집』 39(1).

최진하(2005), 「한국 지방의제21 내용 분석을 통해 본 10년의 현황과 과제」, 『제10회 지방의제21 정책포럼 발표논문』, 지방의제21 전국협의회.
티모시 도일·더그 맥케이컨(2002), 『환경정치학』, 한울아카데미.
한국매니페스토실천본부(2010), 「2010시민매니페스토제안서」(서울).
환경부(2001), 『지방의제21 추진현황 분석 및 평가지표 개발에 관한 연구』.
환경부(2002), 『지역별 특성에 적합한 지방의제21 추진 모델 개발』.
환경부(2004), 『지속가능한 지역발전을 위한 환경거버넌스 구축 방안』.
환경부(2005), 『지속가능한 지방발전을 위한 지방의제21 제도화 방안에 관한 연구』.
환경부(2007), 『지방의제21 시범지자체 평가 및 활성화 방안』, 지방의제21 전국협의회.
환경부(2011), 『지방의제21 해외 추진사례와 한국 지방의제21 발전 방안』.
허인호(1998), 『지식경제시대의 존재혁명』, 삼성경제연구소.

해외 문헌

Agger, Annika. (2010). Involving Citizens in Sustainable Development: Evidence of New Forms of Participation in the Danish Agenda 21 Schemes. Local Environment, 15(6): 541-552.
Alcátara, C. H, 1998, "uses and abuses of the concept of governance", International Social Science Journal, vol. 155, published by UNESCO.
Centre for Development and the Environment. (2003). Local Agenda 21 in the Nordic Countries: National Strategies and Local Status. University Of Oslo.
Edwards, Andres R. (2010). 『지속가능성 혁명』, 오수길 옮김, 서울: 시스테마; The Sustainability Revolution: Portrait of a Paradigm Shift. BC, Canada: New Society Publishers, 2005.
Fragoso Neves, Ana Rita. (2007). Local Agenda 21 and the Implementation of Renewable Energies at the Local Level. Lisbon: Department of Environmental Sciences and Engineering.
Gladwin, T. N., T. Krause and J. J. Kennelly. (1995). Shifting Paradigm for

Sustainable Development: Implications for Management Theory and Practice. Academy of Management Review, 20: 874-917.

Gram-Hanssen, Kirsten. (2000). Local Agenda 21: Traditional Gemeinschaft or Late-Modern Subpolitics? Journal of Environmental Policy & Planning, 2: 225-235.

ICLEI. (2013). 『세계 지방의제21 20년사』, 한국지속가능발전센터 옮김, 서울: 리북; Local Sustainability 2012: Taking Stock and Moving Forward – Global Review. ICLEI, 2012.

Jacobs, M. (1991). The Green Economy: Environment, Sustainable Development and the Politics of the Future. London: Pluto Press.

Jessop, B., 1995, "towards a Schumpeterian workfare regime in Britain? reflections on regulation, governance and welfare state", Environment and Planning A, vol. 27, no. 6.

Lipietz, Alain. (2002). 『녹색 희망: 아직도 생태주의자가 되길 주저하는 좌파 친구들에게』, 박지현·허남혁 옮김, 서울: 도서출판 이후; Vert esperance: L'avenir de l'ecologie politique. Paris: La Decouverte, 1993.

Puddifoot, J. (1995). Dimensions of Community Identity. Journal of Community and Applied Social Psychology, 5: 357-370.

Relph, Edward. (1976). Place and Placelessness. London: Pion.

Smardon, Richard C. (2008). A comparison of Local Agenda 21 implementation in North American, European and Indian cities. Management of Environmental Quality: An International Journal, 19(1): 118-137.

Spatial Planning Department. (2000). Local Agenda 21 in Denmark: State of implementation in late 1998. Ministry of Environment and Energy.

Tharan, Doris. (2004). Denmark Case Study: Analysis of National Strategies for Sustainable Development. Working paper, Environmental Policy Research Centre. Freie Unicersitä Berlin.

Tuan, Yi-Fu. (1976). Geopiety: A Theme in Man's Attachment to Nature and to Place. In D. Lowenthal and M. J. Bowden(eds.), Geographies of the Mind: Essays in Historical Geosophy in Honor of John Kirtland Wright, 11-39. NY: Oxford University Press.

Tuan, Yi-Fu. (1977). Space and Place: The Perspective of Experience. Minneapolis: University of Minnesota Press.

WCED(World Commission on Environment and Development). (1987). Our Common Future. The Report of the World Commission on Environment and Development. Oxford: Oxford University Press.

While, Aidan, Andrew EG Jonas, and David Gibbs. "The environment and the entrepreneurial city: searching for the urban 'sustainability; fix' in Manchester and Leeds." International Journal of Urban and Regional Research 28.3.

참고한 사이트

전국지속가능발전협의회홈페이지 http://www.la21.or.kr/main.asp

찾아보기

ㄱ

거버넌스Governance 4~9, 12, 17~19, 22, 25, 28~31, 40, 42, 44~50, 53~56, 64~67, 70, 71, 73~75, 82, 84, 86, 89, 95, 104, 109, 110, 114, 115, 117, 123, 126~128, 130, 131, 134, 135, 142, 148, 158, 160, 163, 166, 176, 177, 187, 188, 190, 193, 195, 208, 209, 212, 213
공동체 형평성 12, 22
공동체 문화 22, 23, 124, 196
과정 4, 5~10, 12, 13, 17, 19~22, 24, 25, 27, 28, 29, 34, 39, 42, 44, 45, 48, 50, 55, 56, 61, 65~77, 81, 83, 84, 87, 88, 91, 94~102, 104, 105, 109~111 114, 116, 120, 121, 125~128, 130, 133~136, 144, 145, 150, 151, 154, 165, 177, 178, 180, 182, 183, 187~189, 193, 195~203, 207, 209, 213, 214
관계성relationship 10, 28, 90, 104, 117, 122, 124, 125, 129, 130
국가지속가능발전 기본 전략 162
기후변화대응 22, 23, 124, 142, 190

ㄴ

네트워크 4, 5, 18, 28, 39, 45, 48, 49, 54, 56, 66, 71, 75, 77, 81, 85, 100, 104, 117, 118, 119, 129, 130, 136, 154, 160, 163, 186, 196, 202, 213
녹색 지역경제 22, 124

ㄷ

다원민주주의 129
담론민주주의 129
델파이 방법Delphi technique 21, 197, 198
동반자 관계 81

ㄹ

로컬 거버넌스 1, 5, 6, 10, 11, 18, 19, 54, 91, 117, 188, 190, 194, 207, 212
로컬푸드 84, 166, 190, 209
리우+20회의 27, 61, 62, 65, 96, 145, 165, 209
리우선언 35, 150

ㅁ

마을 만들기 84, 77, 184~187, 209
매니페스토 9, 13, 29, 71, 84, 188, 190, 194~197
민주성democracy 3, 125, 126, 128, 129, 182, 183
민주주의 역량 23, 124
민주화 18, 39, 42, 54, 55, 83, 87, 120

ㅂ

보편성 101, 124, 125
분권화 4, 43
브룬트란트 보고서 34, 36, 39, 67, 74, 208
비정부기구NGO: non governmental organization 18, 38, 45, 54, 55, 63, 70, 71, 78, 81, 88, 96, 151, 208, 214

ㅅ

사회자본 41, 44, 45, 132
사회적 능력social capacity 11, 110, 115, 126, 127
사회적 통합 41
삶의 질 향상 41, 115, 183
생태적 건강 124
성장의 한계 34, 35, 39, 149
세계환경개발위원회WCED: World Commission on Environment and Development 36
세대 간 형평성 41, 123
스톡홀름회의 34, 145
신공공관리론 46
신뢰 5, 7, 56, 71, 75, 81, 104, 112, 117, 118, 119, 126, 130, 134~136, 179, 180, 215
신자유주의 45, 47, 55, 129

ㅇ
요하네스버그 선언문 38
유엔지속가능발전회의UNCSD 61, 153, 154, 161
유엔환경개발회의UNCED 61, 95, 153, 172, 173
이웃관계 22, 124

ㅈ
자치법규 145~147, 158, 175, 190
저먼워치Germanwatch 25, 109
정치적 기회 구조 83
제도적 틀Institutional Framework 8, 12, 17, 20, 55, 97, 104, 207
제도화 5, 6, 9, 13, 28, 72, 75, 79, 80, 92, 93, 100, 132, 144, 145, 147, 148, 150, 152, 155, 165~171, 175, 189, 190, 195, 196
조례 80, 89, 93, 146, 164, 166, 168 ~190
주민감사관제 176
주민참여예산제 176, 193
주요 그룹Major 9 Groups /G9 80, 81, 96, 99, 193, 208
지구화 74, 83, 100, 104
지방 지속가능성 과정Local Sustainability Process 5, 12, 17, 20, 66, 72~75, 101, 105, 116, 126, 134, 209
지방 지속가능성 이니셔티브 65
지방의제21 1, 4,~6, 8~13, 18~24, 27 ~31, 38~42, 44, 54~77, 61~72, 75~103, 105, 107, 110, 124, 125, 132, 144, 146~148, 153, 154, 163, 165~176, 188, 196, 207~217
지방의제21 전국협의회(전국지속가능발전협의회) 77
지방정부정상포럼 28, 77
지방행동21Local Action 21 21, 38, 39
지방화 42, 83, 101, 153
지속가능발전 8, 10, 12, 18, 20, 212, 24, 25, 28, 29, 31, 33, 35~44, 59, 61~88, 91, 96~100, 115, 121~127, 134, 145~155, 158~163, 165~169, 171~177, 188~196, 203, 207~217
지속가능발전세계정상회의WSSD 37, 149
지속가능발전의 사다리 40, 42, 43
지속가능성sustainability 4~6, 8, 11~13, 17, 19, 20, 22, 24, 25, 27, 28, 36, 42, 61~75, 87, 90, 94, 95, 100, 102~105, 110, 115, 117, 120~122, 125~134, 145, 146, 149, 154, 160, 161, 171, 173, 176, 191, 193, 207~209, 213, 214
지속가능성을 위한 세계지방정부ICLEI, Local Governments for Sustainability 27, 145, 148, 212
지속가능한 민주주의 119
지역 5~18, 22, 25, 64, 68, 81, 97, 101~104, 111, 113~125
지역 자립경제 22, 124
지역공동체local community 1, 3, 7~13, 23~25, 27~29, 76, 82, 100, 104, 104, 105, 107, 109, 110~117, 119~127, 129~133, 137, 139~148, 150, 151, 153, 154, 158, 165, 167, 173~175, 179, 183, 184, 187, 191, 193~198, 201, 203, 207, 209, 215
지역성 100, 101, 113, 124, 125

ㅊ
참여 4~6, 18, 28, 41, 42, 45, 49, 52, 54, 67~69, 71~73, 75, 81, 85~88, 90, 93, 94, 97, 100, 104, 10, 120, 121, 124, 129, 132, 139, 147, 151, 166, 176, 177~185, 188, 190, 194, 196, 199, 200, 202
참여 민주주의 73, 129
참여적 관리 모델 8, 12, 44

ㅌ
통합적 관리체계 8, 13, 130, 133
통합적 접근 98, 132, 192

ㅍ
파트너십 18, 38, 39, 44, 47~49, 54, 56, 74, 80, 89, 104, 130, 134, 136, 166,

214, 215
표적집단면접법FGI: focus group interview 21

ㅎ
형평성 22, 25, 30, 41, 43, 100, 122 ~124, 129, 159, 188
호혜성 117, 118, 134, 135
환경적으로 건전하고 지속가능한 발전ESSD 80
환류 21, 22, 25, 81, 94, 126, 129, 133, 166, 189, 195

삶의 행복을 꿈꾸는 교육은 어디에서 오는가?

미래 100년을 향한 새로운 교육

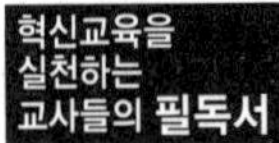

▶ 교육혁명을 앞당기는 배움책 이야기

혁신교육의 철학과 잉걸진 미래를 만나다!

핀란드 교육혁명
한국교육연구네트워크 총서 01 | 320쪽 | 값 15,000원

일제고사를 넘어서
한국교육연구네트워크 총서 02 | 284쪽 | 값 13,000원

새로운 사회를 여는 교육혁명
한국교육연구네트워크 총서 03 | 380쪽 | 값 17,000원

교장제도 혁명
한국교육연구네트워크 총서 04 | 268쪽 | 값 14,000원

새로운 사회를 여는 교육자치 혁명
한국교육연구네트워크 총서 05 | 312쪽 | 값 15,000원

혁신학교에 대한 교육학적 성찰
한국교육연구네트워크 총서 06 | 308쪽 | 값 15,000원

혁신학교
성열관·이순철 지음 | 224쪽 | 값 12,000원

행복한 혁신학교 만들기
초등교육과정연구모임 지음 | 264쪽 | 값 13,000원

서울형 혁신학교 이야기
이부영 지음 | 320쪽 | 값 15,000원

혁신교육, 철학을 만나다
브렌트 데이비스·데니스 수마라 지음
현인철·서용선 옮김 | 304쪽 | 값 15,000원

혁신교육 존 듀이에게 묻다
서용선 지음 | 292쪽 | 값 14,000원

다시 읽는 조선 교육사
이만규 지음 | 750쪽 | 값 33,000원

프레이리와 교육
한국교육연구네트워크 번역 총서 01
존 엘리아스 지음 | 한국교육연구네트워크 옮김
276쪽 | 값 14,000원

교육은 사회를 바꿀 수 있을까?
한국교육연구네트워크 번역 총서 02
마이클 애플 지음 | 강희룡·김선우·박원순·이형빈 옮김
352쪽 | 값 16,000원

비판적 페다고지는 세상을 변화시킬 수 있는가?
한국교육연구네트워크 번역 총서 03
Seewha Cho 지음 | 심성보·조시화 옮김 | 280쪽 | 값 14,000원

마이클 애플의 민주학교
한국교육연구네트워크 번역 총서 04
마이클 애플·제임스 빈 엮음 | 강희룡 옮김 | 276쪽 | 값 14,000원

미래교육의 열쇠, 창의적 문화교육
심광현·노명우·강정석 지음 | 368쪽 | 값 16,000원

대한민국 교사, 어떻게 가르칠 것인가?
윤성관 지음 | 320쪽 | 값 15,000원

아이들을 어떻게 가르칠 것인가
사토 마나부 지음 | 박찬영 옮김 | 232쪽 | 값 13,000원

아이들의 배움은 어떻게 깊어지는가
이시이 쥰지 지음 | 방지현·이창희 옮김 | 200쪽 | 값 11,000원

모두를 위한 국제이해교육
한국국제이해교육학회 지음 | 364쪽 | 값 16,000원
2015 세종도서 학술부문

경쟁을 넘어 발달 교육으로
현광일 지음 | 288쪽 | 값 14,000원

독일 교육, 왜 강한가?
박성희 지음 | 324쪽 | 값 15,000원

대한민국 교육혁명
교육혁명공동행동 연구위원회 지음 | 224쪽 | 값 12,000원

▶ 비고츠키 선집 시리즈
발달과 협력의 교육학 어떻게 읽을 것인가?

생각과 말
레프 세묘노비치 비고츠키 지음
배희철·김용호·D. 켈로그 옮김 | 690쪽 | 값 33,000원

도구와 기호
비고츠키·루리야 지음 | 비고츠키 연구회 옮김
336쪽 | 값 16,000원

어린이 자기행동숙달의 역사와 발달 I
L.S. 비고츠키 지음 | 비고츠키 연구회 옮김
564쪽 | 값 28,000원

어린이 자기행동숙달의 역사와 발달 II
L.S. 비고츠키 지음 | 비고츠키 연구회 옮김
552쪽 | 값 28,000원

어린이의 상상과 창조
L.S. 비고츠키 지음 | 비고츠키 연구회 옮김
280쪽 | 값 15,000원

연령과 위기
L.S. 비고츠키 지음 | 비고츠키연구회 옮김
336쪽 | 값 17,000원

성장과 분화
L.S. 비고츠키 지음 | 비고츠키 연구회 옮김
308쪽 | 값 15,000원

관계의 교육학, 비고츠키
진보교육연구소 비고츠키교육학실천연구모임 지음
300쪽 | 값 15,000원

비고츠키 생각과 말 쉽게 읽기
진보교육연구소 비고츠키교육학실천연구모임 지음
316쪽 | 값 15,000원

비고츠키와 인지 발달의 비밀
A.R. 루리야 지음 | 배희철 옮김 | 280쪽 | 값 15,000원

수업과 수업 사이
비고츠키 연구회 지음 | 196쪽 | 값 12,000원

▶ 평화샘 프로젝트 매뉴얼 시리즈
학교 폭력에 대한 근본적인 예방과 대책을 찾는다

학교 폭력 어떻게 만들어지는가
문재현 외 지음 | 300쪽 | 값 14,000원

학교 폭력, 멈춰!
문재현 외 지음 | 348쪽 | 값 15,000원

왕따, 이렇게 해결할 수 있다
문재현 외 지음 | 236쪽 | 값 12,000원

젊은 부모를 위한 백만 년의 육아 슬기
문재현 지음 | 240쪽 | 값 13,000원

아이들을 살리는 동네
문재현·신동명·김수동 지음 | 204쪽 | 값 10,000원

평화! 행복한 학교의 시작
문재현 외 지음 | 252쪽 | 값 12,000원

마을에 배움의 길이 있다
문재현 지음 | 208쪽 | 값 10,000원

▶ 4·16, 질문이 있는 교실 마주이야기
통합수업으로 혁신교육과정을 재구성하다!

통하는 공부
김태호·김형우·이경석·심우근·허진만 지음
324쪽 | 값 15,000원

내일 수업 어떻게 하지?
아이함께 지음 | 300쪽 | 값 15,000원
2015 세종도서 교양부문

인간 회복의 교육
성래운 지음 | 260쪽 | 값 13,000원

교과서 너머 교육과정 마주하기
이윤미 외 지음 | 368쪽 | 값 17,000원

수업 고수들 수업·교육과정·평가를 말하다
박현숙 외 지음 | 368쪽 | 값 17,000원

도덕 수업, 책으로 묻고 윤리로 답하다
울산도덕교사모임 지음 | 320쪽 | 값 15,000원

체육 교사, 수업을 말하다
전용진 지음 | 304쪽 | 값 15,000원

교실을 위한 프레이리
아이러 쇼어 엮음 | 사람대사람 옮김 | 412쪽 | 값 18,000원

걸림돌
키르스텐 세룹-빌펠트 지음 | 문봉애 옮김
248쪽 | 값 13,000원

마음의 힘을 기르는 감성수업
조선미 외 지음 | 300쪽 | 값 15,000원

작은 학교 아이들
지경준 엮음 | 376쪽 | 값 17,000원

감성 지휘자, 우리 선생님
박종국 지음 | 308쪽 | 값 15,000원

대한민국 입시혁명
참교육연구소 입시연구팀 지음 | 220쪽 | 값 12,000원

교사를 세우는 교육과정
박승열 지음 | 312쪽 | 값 15,000원

주제통합수업, 아이들을 수업의 주인공으로!
이윤미 외 지음 | 392쪽 | 값 17,000원

수업과 교육의 지평을 확장하는 수업 비평
윤양수 지음 | 316쪽 | 값 15,000원
2014 문화체육관광부 우수교양도서

교사, 선생이 되다
김태은 외 지음 | 260쪽 | 값 13,000원

교사의 전문성, 어떻게 만들어지나
국제교원노조연맹 보고서 | 김석규 옮김 392쪽 | 값 17,000원

수업의 정치
윤양수·원종희·장군 지음 | 280쪽 | 값 14,000원

학교협동조합, 현장체험학습과 마을교육공동체를 잇다
주수원 외 지음 | 296쪽 | 값 15,000원

거꾸로교실, 잠자는 아이들을 깨우는 수업의 비밀
이민경 지음 | 280쪽 | 값 14,000원

교사는 무엇으로 사는가
정은균 지음 | 292쪽 | 값 15,000원

마을교육공동체란 무엇인가?
서용선 외 지음 | 360쪽 | 값 17,000원

21세기 교육과 민주주의
한국교육연구네트워크 번역 총서 05
넬 나딩스 지음 | 심성보 옮김 | 392쪽 | 값 18,000원
2016 세종도서 학술부문

교사, 학교를 바꾸다
정진화 지음 | 372쪽 | 값 17,000원

함께 배움 학생 주도 배움 중심 수업 이렇게 한다
니시카와 준 지음 | 백경석 옮김 | 280쪽 | 값 15,000원

공교육은 왜?
홍섭근 지음 | 352쪽 | 값 16,000원

▶ 더불어 사는 정의로운 세상을 여는 인문사회과학
사람의 존엄과 평등의 가치를 배운다

밥상혁명
강양구 · 강이현 지음 | 298쪽 | 값 13,800원

도덕 교과서 무엇이 문제인가?
김대용 지음 | 272쪽 | 값 14,000원

자율주의와 진보교육
조엘 스프링 지음 | 심성보 옮김 | 320쪽 | 값 15,000원

민주화 이후의 공동체 교육
심성보 지음 | 392쪽 | 값 15,000원
2009 문화체육관광부 우수학술도서

갈등을 넘어 협력 사회로
이창언 · 오수길 · 유문종 · 신윤관 지음 | 288쪽 | 값 15,000원

동양사상과 마음교육
정재걸 외 지음 | 356쪽 | 값 16,000원
2015 세종도서 학술부문

교과서 밖에서 배우는 철학 공부
정은교 지음 | 280쪽 | 값 14,000원

교과서 밖에서 배우는 사회 공부
정은교 지음 | 304쪽 | 값 15,000원

교과서 밖에서 배우는 윤리 공부
정은교 지음 | 292쪽 | 값 15,000원

좌우지간 인권이다
안경환 지음 | 288쪽 | 값 13,000원

민주 시민교육
심성보 지음 | 544쪽 | 값 25,000원

민주 시민을 위한 도덕교육
심성보 지음 | 500쪽 | 값 25,000원
2015 세종도서 학술부문

교과서 밖에서 배우는 인문학 공부
정은교 지음 | 280쪽 | 값 13,000원

오래된 미래교육
정재걸 지음 | 392쪽 | 값 18,000원

대한민국 의료혁명
전국보건의료산업노동조합 엮음 | 548쪽 | 값 25,000원

교과서 밖에서 배우는 고전 공부
정은교 지음 | 288쪽 | 값 14,000원

전체 안의 전체 사고 속의 사고
김우창의 인문학을 읽다
현광일 지음 | 320쪽 | 값 15,000원

▶ 살림터 참교육 문예 시리즈
영혼이 있는 삶을 가르치는 온 선생님을 만나다!

꽃보다 귀한 우리 아이는
조재도 지음 | 244쪽 | 값 12,000원

성깔 있는 나무들
최은숙 지음 | 244쪽 | 값 12,000원

아이들에게 세상을 배웠네
명혜정 지음 | 240쪽 | 값 12,000원

밥상에서 세상으로
김흥숙 지음 | 280쪽 | 값 13,000원

선생님이 먼저 때렸는데요
강병철 지음 | 248쪽 | 값 12,000원

서울 여자, 시골 선생님 되다
조경선 지음 | 252쪽 | 값 12,000원

행복한 창의 교육
최창의 지음 | 328쪽 | 값 15,000원

북유럽 교육 기행
정애경 외 14인 지음 | 288쪽 | 값 14,000원

▶ 남북이 하나 되는 두물머리 평화교육
분단 극복을 위한 치열한 배움과 실천을 만나다

10년 후 통일
정동영·지승호 지음 | 328쪽 | 값 15,000원

선생님, 통일이 뭐예요?
정경호 지음 | 252쪽 | 값 13,000원

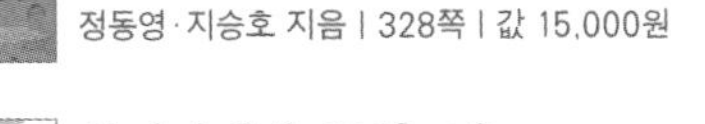
분단시대의 통일교육
성래운 지음 | 428쪽 | 값 18,000원

김창환 교수의 DMZ 지리 이야기
김창환 지음 | 264쪽 | 값 15,000원

▶ 출간 예정

근간
자기혁신과 공동의 성장을 위한
교사들의 필리버스터
윤양수 외 지음 | 280쪽 | 값 14,000원

근간
대한민국 교육감 이야기
최창의 엮음

근간
음악과 함께 떠나는 세계의 혁명 이야기
조광환 지음

근간
미국의 진보주의 교육 운동사
윌리엄 헤이스 지음 | 심성보 외 옮김

근간
존 듀이와 교육
한국교육연구네트워크번역총서 06 | 짐 개리슨 외 지음

근간
한글혁명
김슬옹 지음

근간
민주시민을 위한 역사교육
황현정 지음

근간
왜 학교인가
마스켈라인 J. & 시몬 M. 지음 | 윤선인 옮김

근간
경기의 기억을 걷다
경기남부역사교사모임 지음

근간
핀란드 교육의 기적은 어떻게 만들어지나
Hannele Niemi 외 지음 | 장수명 외 옮김

근간
함께 만들어가는 강명초 이야기
이부영 외 지음

근간
역사 교사로 산다는 것은
신용균 지음

근간
고쳐 쓴 갈래별 글쓰기 1
(시·소설·수필·희곡 쓰기 문예 편)
박안수 지음(개정 증보판)

근간
고쳐 쓴 갈래별 글쓰기 2
(논술·논설문·자기소개서·자서전·독서비평·설명문·보고서 쓰기 등 실용 고교용)
박안수 지음(개정 증보판)

근간
민주주의와 교육
Pilar Ocadiz, Pia Wong, Carlos Torres 지음 | 유성상 옮김

근간
어린이와 시 읽기
오인태 지음

참된 삶과 교육에 관한 생각 줍기